U0800410

新型钢箱组合结构拱桥

雷俊卿　张　坤　编著

中国铁道出版社

2015年·北　京

内容简介

本书作者在原铁道部科技开发重点科研课题和中交建设集团有限公司的合作研究基础上，结合新型钢箱组合结构拱桥的工程理论和结构特点，调研收集了国内外新型钢箱组合结构拱桥资料，结合相关拱桥的科研的理论研究、设计复核计算分析、钢桥的制造工艺过程了解、实桥的施工试验监测控制、养护维修方法等关键技术的研究成果，进行系统地归纳分析与总结提炼编写而成。

全书共由十一章组成，论述了新型钢箱组合结构拱桥的国内外的发展与技术特征、计算分析理论；新型钢箱组合结构拱桥的结构体系、设计流程、主要结构形式、构造特点、构造细节、结构特性、结构设计参数优化选择和静动力分析与结构效应；新型钢箱组合结构拱桥的制造和施工的关键技术研究；新型钢箱组合拱桥的施工监控理论和方法研究；新型钢箱组合拱桥的施工监测控制实例；新型钢箱组合结构拱桥的病害和损伤分析；新型钢箱组合结构拱桥的养护维修对策研究等。

本书作为新型钢箱组合结构拱桥理论与实践相结合的著作，内容丰富，可供从事铁路桥梁、公路桥梁、城市桥梁的工程技术人员、管理人员、科研工作者以及大专院校师生参考。

图书在版编目(CIP)数据

新型钢箱组合结构拱桥/雷俊卿，张坤编著．—北京：中国铁道出版社，2015.11

ISBN 978-7-113-21064-9

Ⅰ.①新… Ⅱ.①雷…②张… Ⅲ.①钢筋梁—混凝土结构—拱桥—研究 Ⅳ.①U448.22

中国版本图书馆 CIP 数据核字(2015)第 251523 号

书　　名：新型钢箱组合结构拱桥
作　　者：雷俊卿　张　坤

策　　划：曹艳芳
责任编辑：曹艳芳　**编辑部电话**：010-51873065　**电子信箱**：chengcheng0322@163.com
封面设计：崔　欣
责任校对：苗　丹
责任印制：郭向伟

出版发行：中国铁道出版社(100054，北京市西城区右安门西街 8 号)
网　　址：http://www.tdpress.com
印　　刷：北京精彩雅恒印刷有限公司
版　　次：2015 年 11 月第 1 版　2015 年 11 月第 1 次印刷
开　　本：787 mm×1 092 mm　1/16　印张：11.75　字数：293 千
书　　号：ISBN 978-7-113-21064-9
定　　价：36.00 元

前　言

新型钢箱组合结构拱桥由于其造型美观和结构稳定、跨越空间的能力和刚度大等特点，而广泛应用于铁路桥、公路桥和城市桥梁的建设之中。本书作者在原铁道部科技开发重点科研课题和中交建设集团有限公司的合作研究基础上，结合新型钢箱组合结构拱桥的工程理论和结构特点，调研收集了国内外新型钢箱组合结构拱桥资料，结合相关拱桥的科研的理论研究、设计复核计算分析、钢桥的制造工艺过程了解、实桥的施工试验监测控制、养护维修方法等关键技术的研究成果，进行系统地归纳分析与总结提炼编写而成。

全书共由十一章组成，主要内容为：论述了新型钢箱组合结构拱桥的国内外的发展与技术特征、计算分析理论；新型钢箱组合结构拱桥的结构体系、设计流程、主要结构形式、构造特点、构造细节、结构特性、结构设计参数优化选择和静动力分析与结构效应；新型钢箱组合结构拱桥的制造和施工的关键技术研究；新型钢箱组合拱桥的施工监控理论和方法研究；新型钢箱组合拱桥的施工监测控制实例；新型钢箱组合结构拱桥的病害和损伤分析；新型钢箱组合结构拱桥的养护维修对策研究等。

本书作者长期从事桥梁工程的科研教学、设计和工程监控测试等工作，主持和参加了我国多座高速铁路桥梁、高速公路桥梁以及城市桥梁的科研、设计、施工监控、技术咨询等工作。本书作为新型钢箱组合结构拱桥理论与实践相结合的著作，内容丰富，可供从事铁路桥梁、公路桥梁、城市桥梁的工程技术人员、管理人员、科研工作者以及大专院校师生参考。

本书由雷俊卿教授、张坤博士编著。在新型钢箱组合结构拱桥科研项目试验研究过程中，北京交通大学的师生们有：夏超逸、赵涛、田继科、陈翔、冯同同、张钊、谢远超、王钢、张桦、闫志刚、于天来、张楠、肖赟、曹珊珊、李忠三；中交建设集团有限公司的领导和工程师们有：谢建国、王武勤、冯贵莹、王珣、傅鑫彬、郝良秋、周峰、闵家瑞、李路生、林鹏凯、石新栋、刘洋；中铁第一勘察设计院集团有限公司的李承根、刘彦明等设计工程师们；中铁山桥集团有限公司的刘云成等同志们；分别参加了相关的拱桥的理论分析、现场试验监测、工厂制造工艺和拼装架设等工作，在此一并表示感谢。书中还参考了相关作者的部分论文和科技成果，也在此一并表示感谢。

由于作者水平有限，本书的错误与不当之处在所难免，敬请读者批评指正。

作者

2015 年 8 月于北京交通大学

目　　录

1 绪　　论

1.1 国内外新型钢箱组合结构拱桥的发展

拱桥是一种以拱结构(拱肋或拱圈)作为主要承重构件的桥型。在自重与桥面荷载作用下,拱结构的两端产生竖向反力与水平推力,而拱结构的内部产生轴向压力,因此与同等跨度的梁桥相比,拱结构的跨中弯矩大大减小,使得结构材料强度得以充分发挥。

现代大跨度桥梁理论认为,结构在荷载作用下,其传力路径越短,结构越合理。在桥梁主要的受力平面内,拉压杆件传力路径比受弯构件短得多,应力均匀流畅,传力简洁,其效能更大,耗费的材料较少,所以从力学角度来看,拱桥是一种优越的结构。又因具有外形美观、易与自然环境协调、施工方法多样等特点,拱桥一直以来都是大跨度桥梁的选择之一。

社会的进步与建筑材料的发展促进了拱桥的跨越式的发展。在钢的普及应用之前,拱桥一般是采用砖、石等材料的圬工拱桥,其跨径因材料性能受到限制。目前世界上跨度最大的圬工拱桥是位于我国山西的丹河新桥,其跨径为 146 m。随着社会的进步,铁和钢工业量产化以后,钢拱桥在欧洲与美国得到了突飞猛进的发展。我国钢拱桥的发展起步较晚,但在大规模基础设施建设的背景下,钢拱桥在我国桥梁上的应用日益增多,跨径逐步增大,结构形式也日新月异。

随着桥梁设计理论的发展、施工技术的提高,人们对于桥梁设计的要求,不再仅仅满足于安全与适用的基本功能,而是从桥梁美学的角度提出更高的期望。一座桥梁的完成,往往会成为一座城市或者一个地区的标志性建筑。拱桥的设计亦是如此,因为拱肋的造型与吊杆的布置有良好的美学表现力和空间艺术感,因此许多独特新颖的拱桥在桥梁建设中得以应用。

新型钢箱组合结构拱桥是一种将组成主拱肋的上、下钢箱拱肋(或主、副钢箱拱肋)部分分离,且拱脚设置在不同墩台或同一墩台上的拱桥体系。

地中海线是法国高速列车(TGV)的其中一条长度约为 250 km 的线路,于 2001 年 6 月开始运营,其中有几座代表性大跨度桥梁采用的是新型钢箱组合结构拱桥。

Garde-Adhémar 桥主跨采用 2×115.4 m 下承式钢箱叠合拱桥,如图 1-1 所示。拱肋斜度

图 1-1　法国地中海线 Garde-Adhémar 桥

为 6.34°，两主拱肋的拱顶通过拱肋平面内的副拱肋以及两个加劲杆相互连接。该桥采用桥位拼装的施工方法，施工工期为 28 个月。

Mornas bow-string 桥主跨采用 123.6 m 下承式钢箱叠合拱桥，拱肋由上、下拱肋连接而成，两榀平行拱肋跨中位置设置一道“X”支撑，如图 1-2 所示。该桥采用现场整体拼装后浮运法施工，施工工期 28 个月。

图 1-2　法国地中海线 Mornas bow-string 桥

Mondragon bow-string 桥主跨为 84 m，结构构造形式与 Mornas bow-string 桥相同，如图 1-3 所示。

图 1-3　法国地中海线 Mondragon bow-string 桥

位于钱塘江上的九堡大桥，其钢拱肋由主、副拱肋组成，主拱肋的轴线为二次抛物线，处于外倾 12°的同一平面内，副拱肋的轴线为空间曲线，同侧主、副拱肋之间设有等间距的横向连杆，两侧拱肋的拱顶段设有 3 道横向连杆，如图 1-4 所示。

太原市南中环汾河桥主桥的拱肋由外倾角度不同的主、副拱肋组成，同侧主、副拱肋之间设有拉杆。主拱肋的平面内设置主吊索与桥面连接，副拱肋通过副吊索与人行道挑臂连接，主拱肋通过斜吊索与桥面中线的立柱连接，如图 1-5 所示。

图 1-4　九堡大桥拱肋示意图

图 1-5　太原市南中环汾河桥拱肋示意图

甬台温铁路雁荡山特大桥主桥采用 2×90 m 下承式钢箱叠拱桥，如图 1-6 所示。两主拱肋的拱顶通过副拱肋连接，副拱肋与主拱轴线接近相切。该桥采用连续顶拉施工工艺进行架设。

图 1-6　甬台温铁路雁荡山特大桥

哈大高速铁路新开河特大桥采用 138 m 下承式钢箱叠拱，拱肋由上、下拱肋连接而成，两榀拱肋之间设三道“X”横撑，如图 1-7 所示。该桥采用“先梁后拱”法施工。

天津海河安阳桥采用新型的钢网拱结构，如图 1-8 所示，其主拱由 14 道独立的小拱箱组成，小拱箱和拱间连接共同形成主拱。

图 1-7 哈大高速铁路新开河特大桥

图 1-8 天津海河安阳桥

1.2 新型钢箱组合结构拱桥的技术与美学特征

1.2.1 桥梁结构的跨度与高度的特征

桥是跨越障碍的通道。毛主席用诗词:“一桥飞架南北,天堑变通途”来赞美中国第一座长江大桥——武汉长江大桥建成和顺利通车。桥梁是人类根据生活与生产发展的需要而兴建的一种公共建筑,它以自身的实用性、艺术性而极大地影响了人类的生活。随着人类物质文明和精神文明的发展,桥梁不仅是交通系统的重要组成部分,而且常常是一种标志性建筑物。桥梁美对于城市或区域形象的塑造更有义不容辞的责任。现如今,桥梁美学逐渐成为工程学界关注的课题。桥梁作为一种建筑,尤其是大桥,它具有使用和观赏两项功能,桥梁设计者运用结构力学原理进行设计,以满足交通使用的要求,同时,还要运用美学原理进行构思,以满足人们观赏及改变环境景观的要求。

桥梁本身作为一个公共建筑个体在视觉上要使人愉快,这是桥梁设计中的美学功能,而桥梁结构更重要的是它的交通功能。桥梁结构的跨度长短显示其跨越障碍的能力，是桥梁结构设计的一个重要的技术指标，桥梁跨径越长，则造桥技术要求越高；桥梁结构高度的高低是设计和施工难易的一个重要技术指标，桥梁建筑越高，说明桥梁建造技术越复杂。具体表现在拱桥结构类型上，就是拱桥的跨度和拱的矢高。表1-1统计了部分新型钢箱组合结构拱桥的跨度与高度。

表1-1 部分新型钢箱组合结构拱桥跨度与高度统计表

序号	桥名	类型	跨度(m)	高度(m)
1	Garde-Adhémar 桥	铁路桥梁	2×115.4	—
2	Mornas bow-string 桥	铁路桥梁	123.6	—
3	Mondragon bow-string 桥	铁路桥梁	84	—
4	九堡大桥	公路桥梁	3×210	43.8
5	太原市南中环汾河桥	公路桥梁	180	—
6	雁荡山特大桥	铁路桥梁	2×90	25
7	哈大铁路新开河特大桥	铁路桥梁	138	35
8	海河安阳桥	公路桥梁	220	39.8

1.2.2 桥梁空间形态的动态连续性与平顺性和安全性特征

桥梁建造离不开自然和人文的环境。环境可以理解为空间感觉和时间概念，这是评价桥梁与环境是否和谐的两个基本因素。其中，空间因素包括：自然风光及地形的规模和特点、人工环境的规模和特点。人文时间因素包括：当地桥梁建设的历史和传统、技术和文化水平。在桥梁结构的设计中，必须考虑下面两点：一是技术效应的景观化：透明、柔细；结构体系的空间与稳定发展；整体结构作用。二是整个结构的条理性和一体化：结构体系的简洁组合；所有结构构件截面形状的连贯和统一；艺术外形等。

桥梁结构空间形态的动态连续性是界域整体内外环境遵循平滑空间运作模式的必然结果。平滑空间为界域的桥梁建筑打破了传统桥梁建筑空间的封闭特征，为空间形态的动态连续变化提供了可能。具有界域属性的桥梁建筑跟界域一样由所在环境的不同组分所构成，桥梁包括其建筑的内部空间、外部空间、中间区域以及与桥梁建筑非物质因素相关的附属环境空间。这些空间环境相互融通、互为开放的运动共同组成了界域桥梁建筑的平滑空间的运动模式。在这一运动模式中，桥梁建筑内外部空间之间以及异质因素之间相互作用、聚合，能量相互转换，环境相互过渡的过程就形成了其空间形态富于节奏的动态连续性变化。这一变化节奏反过来又作用于桥梁建筑界域周围的环境，使之形成一个强度关联的整体。环境与节奏的结构构成了桥梁建筑动态的界域空间。其中，环境包含了一切与桥梁建筑相关的物质与非物质环境，而节奏则是构成建筑的异质元素与环境相互作用而产生的节奏。由此可以看出，桥梁建筑空间形态的动态变化是由其所处的环境及环境的关系决定的，桥梁建筑与环境结构相融合时的节奏变化决定了其空间形态的连续性。因此，具有界域属性的桥梁建筑随着与环境之间相融合的容惯性强度的增强，其空间的动态性及形态的连续性也愈加明显。这也是桥梁建筑界域空间与场域空间之间的区别，桥梁建筑场域空间是内部空间形态向外部环境的延伸、渗透，即桥梁建筑空间内在性对外在性的引导与指向，因此其空间的变化也指向桥梁建筑内部空间，而桥梁建筑的界域空间则与其相反，它是外部环境对桥梁建筑空间及形态的渗透、规定及影响，即桥梁建筑空间外在性对内在性的规约。也就是说，其空间变化的动态连续性是由所在环境与桥梁建筑之间的容惯性强度决定的，伴随着这种强度的逐渐增强，其空间形态也由复杂性动态构成向更为连续的塑性流动及信息媒介下的非物质互动转变并具有以下特性：

（1）桥梁结构空间形态复杂性的动态构成。桥梁建筑空间中的异质元素的冲突、过渡、转化，以及由此产生的多元结构线条的叠加和穿插等关系，形成了其空间构成的不确定性和联通流动性，共同组成了桥梁建筑空间形态的复杂性的动态构成。这些结构空间关系发生的过渡与转化的元素形式，将会不断地冲击着人们的视觉器官，激发了人们知觉上对空间动态连续变化的感知与审美变化。

（2）桥梁结构空间形态的塑性流动的平顺性特征。任何一个桥梁建筑实体空间都标志着与其所在环境的一种空间分隔，但桥梁建筑是根据环境某种节奏的渗透性而生成的形体，打破了与环境之间强硬的边界，形成了一个开放的间隔。这种间隔由桥梁建筑与环境之间的"阻断"转变为一种与环境某种节奏的"融合"，并通过平滑空间、模糊界面、空间的厚薄等特征表达出来其平顺性特征。随着模糊理论、混沌学和耗散结构等非线性科学的兴起，以及数字技术在桥梁建筑领域的应用，带来了桥梁建筑整体空间动态的流体变化的平顺性及连续的自由形态。

（3）桥梁结构空间与非物质空间的互动性特征。当代信息技术与数字媒介在桥梁建筑领域中的运用，形成了桥梁建筑容惯性的非物质平面，使桥梁建筑与非物质环境的信息互动以信息流的方式在整个城市、区域乃至更广阔的空间范围内延伸，构建了桥梁建筑在虚拟空间中与物质、非物质文化世界之间的信息关联，同时也实现了与不同时空历史的维度下的物质、非物质空间的信息交互。桥梁建筑的空间形态在信息网络的规定下构成了无限广阔的桥梁建筑信息界域，同时动态连续的信息流又规约着桥梁建筑的实体空间及形态，赋予了桥梁建筑空间新的与历史文化等交互的动态性意义。

还有与桥梁结构相关联的空间的景观布置，如美化桥头环境，使沿路景观更加和谐，车行其间，给乘客以顺畅、赏心悦目的感觉，还有利于交通安全。绿树成行可起到诱导视线的作用，如立交桥匝道的外侧成行植树，对行车就是良好的诱导标志，使得桥梁和道路具有美观和安全性的特征。

1.2.3　桥梁结构的景观美学设计特征

桥梁建筑艺术是建筑艺术的一个方面，它既要符合建筑艺术的一般规律，又要遵循桥梁结构自身力学与美学的特点。什么样的桥梁才是美的？我国著名桥梁专家茅以升院士谈到："桥的美首先表现在形体，亦即桥身的构造，要它在所处的环境中，显得既不可少，又不嫌多，秾纤得衷，修短合度。其次在艺术上，布置上处理得当，绝不画蛇添足。一条重要的法则是技术和艺术的统一，不彼此害彼。"

对于桥梁美学方面的探求，我国著名的桥梁美学专家唐寰澄先生在他的文章和专著中也多次提到：三个统一性是美的最重要属性，即：感性和理性的统一或感觉和意识的统一；客观和主观的统一或人和自然的协调统一，即"天人合一"的思想；形式和内容的统一，即造型和功能的一致。归纳起来的桥梁美学法则就是：多样和统一，协调与和谐，以及比例、对称和韵律。另外还有八纲：即刚柔、动静、阴阳、虚实的矛盾和统一。也可以理解为：桥梁设计要有新意，不要抄袭雷同，要同中有异，要和环境协调，结构要求比例匀称，没有画蛇添足的多余装饰，造型有动感和韵律美。

国外对桥梁的设计也强调“3E”，即功能(Efficiency)、经济(Economy)和优美(Elegance)三要素，这和我国适用、经济、美观的原则是一致的。德国的弗里茨·莱因哈特既是著名桥梁学家，也是现代桥梁美学的奠基人之一。他根据对建筑艺术美学价值的理解和分析研究，提出了由普遍美学概念引导出的10条桥梁美学评价原则：

①目的与功能的满足。他特别提出，质量和美必须统一起来，质量居第一优先地位。

②在三维空间中有好的、和谐的比例，优美的韵律。

③结构物的线和边的组合与排序。通俗地说，就是设计必须精炼、简洁，没有赘余构件；所有构件必须按其功能、比例、对称或反对称性有序组合排列起来，组成桥梁总体。

④精炼的艺术造型。

⑤与环境相协调。

⑥建筑材料的材质、材性、表面质地和色彩应与建筑物功能和环境要求相适应。

⑦灯饰夜景、色彩及色彩组合在美学效果中起着重要作用。

⑧表现出建筑物所应有的特性、特征或目的、地位。

⑨表现出建筑物的复杂性与多变性相结合所产生的艺术魅力。

⑩保护、建设自然环境，开发景观资源。

以上这10条原则便是连接在桥梁景观客体的美学属性和审美主体之间的枢纽。

桥梁各构件之间取得充分协调，才能创造出桥梁的形式美，这种协调主要借助于比例、匀称、平衡、韵律、重复、交替、层次等手法来完成。桥梁因其纵向水平方向的尺度显著伸长，因而易产生比例失调，采用垂直线和倾斜线可以缓和纵、横方向的不平衡，有效地防止这种失调的出现，例如拱桥的吊等。通常在进行桥梁美观设计时，不但要考虑从桥外横桥轴方向的构型，也不可忽视过桥时沿桥轴方向的形态美。

桥梁的功能美是重要的美学指标。桥梁工程师要遵循力学理论，在取得平衡并有紧张感的桥梁结构中求得内在美，在外观上体现一种力动感，从而产生功能美。例如：拱桥的动势表现在拱的优美弧线上，清新悦目，并且有一种典雅的气质，其中抛物线拱最富有力动感，圆弧拱则显得宁静。使之遵守美学的比例法则，保持纵、横方向的和谐。

桥梁的色彩和装饰美也是不可或缺的美学指标。桥梁的色彩设计也是桥梁美学设计的重要组成部分。配色时首先应根据周围自然环境及桥梁本身的形象、功能确定主色调，然后搭配其他颜色，既要注意整体上的平衡，又要突出重点，协调相同色、相似色及补色的统一，舍去多余的色。如我国哈大高速铁路位于长春市的新开河大桥，拱和系梁的基准色采用了与其雄伟气魄相一致的红色，与该大桥的背景色彩——湛蓝的天空相得益彰，显得分外瑰丽。装饰的恰当也是体现桥梁美学的一个重要环节，即在桥体表面或栏杆、墩台加上雕刻、铸件等饰物，还有夜间照明灯光的布景应用等，都可以来丰富桥梁建筑美学视觉的内涵，达到桥梁建筑之美融于自然环境和城市环境的美化之中。

1.2.4 桥梁施工技术的可行性特征

桥梁建筑的美观必须具有施工技术的可行性特征。如果一座桥梁的设计片面为了追求美学景观，使得造型怪异，施工技术复杂之难于达到技术的标准要求，我们就应该放弃这种怪异之造型。因此，我们在进行桥梁建筑的可行性研究和方案设计时，就要充分论证施工技术的可行性。

桥梁建筑的美观与经济是不可分割的。每个国家处在不同的经济发展水平,而经济水平往往在不同程度上制约着人们对美的追求,经济和美观都是衡量现代桥梁的重要指标。有的桥梁为了美学的需要,虽然比一般桥梁增加一些造价,但随着经济的发展和社会的进步,人们对桥梁美学态度发生广泛的转变,需要灵活而综合考虑“安全、经济、适用、美观”的关系进行设计。过分地讲究工程造价上的经济和不顾财政实力的盲目投入都是不可取的。桥梁本身各部分的结构设计宜简洁纤细、流畅明快,以使快速运动着的人们在最初的一瞥就得到明确的印象。只有当桥梁的形象清晰以及它的功能为人们所理解、所领悟的时候,人们才感到愉悦、感到美。

1.2.5 桥梁结构的养护维修方便性特征

桥梁建筑结构系统的养护维修方便性特征,应本着桥梁运营养护维修管理的“安全第一、预防为主、保障通行、综合管理”的方针,在充分吸收国内外各行业安全运营管理经验和先进理念的基础上,结合桥梁结构自身的实际发展要求,考虑运营的安全与养护要求的同时,兼顾桥梁系统的可检性、可达性、可靠性、可用性和可维护性等。桥梁是作为交通运输整体系统集成的重要基础保障,应采取合适的措施避免出现安全性灾难,并提供合适的、具有可操作性的、安全养护维修的管理体系。

桥梁结构养护维修方便性的主要工作内容包括桥梁检查及桥梁结构养护与维修管理的内容和方法,桥涵以及大跨度铁路桥梁养护维修加固的要点,桥梁检验评定的内容和方法,桥梁健全的安全度评估方法,既有线换梁、顶升改造技术,桥梁结构加固改造方法和技术措施,桥涵结构耐久性评估理论与技术对策,桥梁寿命评估理论和评估方法等。

有关桥梁养护维修之前的工作,应该是先做桥梁的检测评估。桥梁的检测评估可分为经常性检查、定期检测、特殊检测。经常性检查是指对桥梁及其附属设施的技术状况进行日常巡检;定期检测是指对桥梁及其附属设施的可靠性等进行定期检查评估,一般定期全面检查应该每年一次;特殊检测是指当桥梁遭遇地震、洪水、台风等自然灾害或者车船撞击等人为事故后所进行的可靠性检测评估,特殊检查应视实际需要而定,而且应该委托有相应能力的单位来承担。在检查的基础上,分析病害,摸清维修、中修、大修工作量,再分轻重缓急去安排维修或大、中修工作计划与资金。通过桥梁病害的检查、分析,可以发现设计、施工考虑不周的问题,发现当时技术条件的局限,使以后的工作得到改进。桥梁检测评估机构应当根据有关技术规范,提供真实、准确的检测数据和评估结论,评定桥梁的技术等级。

而基于风险的桥梁安全性评估总目标主要体现在风险评估和风险降低措施两个方面:首先运用科学的基于风险的安全评估方法,针对桥梁系统的特点和安全要求,事先查找并识别系统潜在的安全隐患,分析其发生的频率和严重程度,提出合理的工程措施或安全风险控制措施。接着再对于难以整改的安全隐患,从养护维修管理和人员因素的角度提出相应的运营养护维修制度等管理措施,以降低安全风险。同其他安全评估原则一致,桥梁安全评估的原则总体上要从公正性、科学性、整体性和可操作性四个方面来考虑。

桥梁结构的养护工程分为小修保养、中修、大修、改建。对技术状况为一类和二类的桥梁应加强小修保养,防止出现明显病害。对技术状况为三类的桥梁应及时进行中修,防止病害加快扩展,影响桥梁安全运营。对技术状况为四类和五类的桥梁,要立即采取车辆通行或交通管制方案，并依据桥梁特殊检查结果和技术论证分析，安排大修或改建。对于结构复杂的桥梁，应组织专家进行对交通管制方案和改建方案进行技术评审和论证。对荷载等级、宽度、抗灾能力、安全防护标准等技术指标低于所在技术标准的桥梁，应有计划地进行技术改造。

应该大力推广和发展桥梁养护机械化，实行大中小结合，以小型为主，逐步实现养护机械装备标准化、系统化，以保障养护质量，提高养护生产效率，降低劳动强度。积极研究并增设现代化交通工程设施和服务设施，及时抢险救援，提高桥梁服务水平。还要建立桥梁养护工程师制度，加强对桥梁的检查、测试、维护和改善工作。积极开展有针对性地应用科学研究，通过技术进步解决桥梁养护与管理手段方面的种种技术疑难，达到“多、快、好、省”的目的。桥梁设计工程师应重视桥梁的设计，选型方面要便于养护、材料要耐久，细部设计要周全，部分构件要尽可能考虑可更换，并应在可能遭受撞击的部位设置防撞设施，尽可能减少结构的暴露面，经济合理美观。若桥梁失养，则必使桥梁处于病害状态，带病工作，既包含着安全隐患，亦将大大缩短其使用寿命。桥梁设施维修养护的目的是经常保持其完好状态，并延长其使用寿命。

2 拱桥的计算理论

2.1 概　　述

拱桥的计算分析最初都是基于弹性理论的；随着拱桥向大跨度的发展，挠度理论逐渐取代了弹性理论应用到工程实际中去；随着近年来桥梁事业快速发展，许多新型大跨度拱桥层出不穷，少数简单的问题可按解析法求解；由于实际结构的形状和所受的荷载往往很复杂，解析法难以解决的问题，数值法就必然成为不可替代的广泛应用的方法，并不断得到发展。有限元法便是利用计算机程序求解的一种数值分析方法，深入工程技术领域中的各个方面。拱桥结构分析求解的方法如图 2-1 所示。

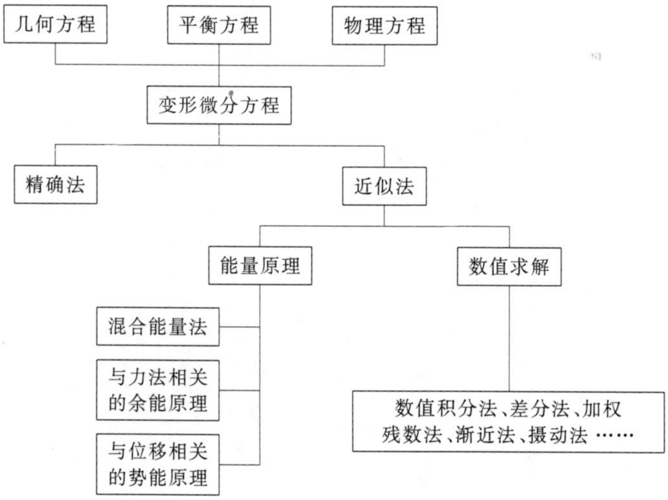

图 2-1　拱桥结构分析求解方法框图

2.2 挠度理论

挠度理论，即大变形理论的简称。在竖向荷载作用下，拱的两端支承处除有竖向反力外，还有水平推力，正是由于这个水平推力的作用，使拱内弯矩大大减小，也正是由于这个水平推力的存在，在竖向挠度发生时，其与反力相互作用产生附加弯矩，而考虑此附加弯矩的非线性计算理论则称为挠度理论。与吊桥挠度理论的分析结果相反，拱桥考虑挠度影响后内力大于不考虑此影响的内力，这意味着应用弹性理论所设计的拱桥存在不安全隐患。

2.2.1 基本假定

（1）平截面假定。拱圈截面变形仍按平面变形考虑，截面法线方向与切线方向的夹角在变形前后保持不变，且拱圈截面变形仍符合虎克定理。

(2)弹性中心不动假定。弹性中心在变形前后的位置不变，即将拱轴变形引起的弹性中心位置的改变量忽略不计。

(3)恒、活载可叠加假定。即认为可将恒、活载的内力分别计算分析，然后叠加求得总内力。这样处理虽符合加载顺序及设计习惯，但不符合非线性理论的一般规律，在计算中，若有必要，应将恒、活载作用一并考虑，并不影响这一理论的应用。

2.2.2 几何方程

在拱轴线上取一微段 ds，它在 x、y 坐标轴上的投影分别为 dx、dy，微段与水平轴(x 轴)的夹角为 φ，如图 2-2 所示。

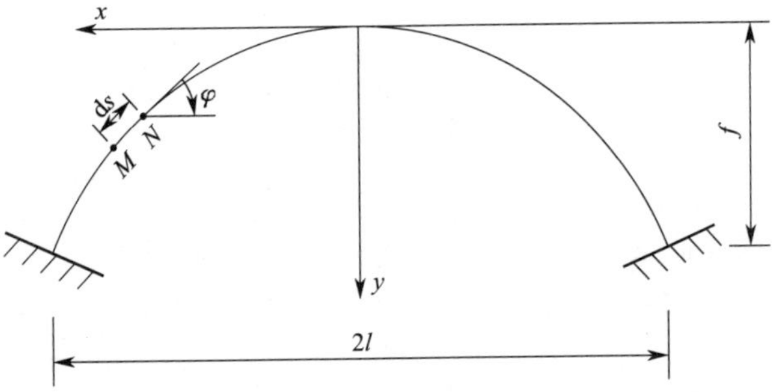

图 2-2 拱桥计算简图

设拱轴变形后微段起点处在 x、y 方向上的位移分别为 u 及 w，微段终点处的位移分别为 $u+\mathrm{d}u$ 及 $w+\mathrm{d}w$。用 ε 表示微段的轴向正应变，则微段变形后的几何关系有：

$$[(1+\varepsilon)\mathrm{d}s]^2=(\mathrm{d}x+\mathrm{d}u)^2+(\mathrm{d}y+\mathrm{d}w)^2 \tag{2-1}$$

将上式展开，注意到 $\frac{\mathrm{d}x}{\mathrm{d}s}=\cos\varphi$，$\frac{\mathrm{d}y}{\mathrm{d}s}=\sin\varphi$，并略去 ε^2、$\mathrm{d}u/\mathrm{d}s$、$\mathrm{d}w/\mathrm{d}s$ 等二阶微量，则可得：

$$\varepsilon=\frac{\mathrm{d}u}{\mathrm{d}s}\cos\varphi+\frac{\mathrm{d}w}{\mathrm{d}s}\sin\varphi \tag{2-2}$$

沿法线方向距轴线为 z 的任意点 P，在拱轴变形后沿 x、y 轴的位移分量设为 u_z、w_z，截面变形前后转角为 θ，由图 2-3 所示几何关系可知：

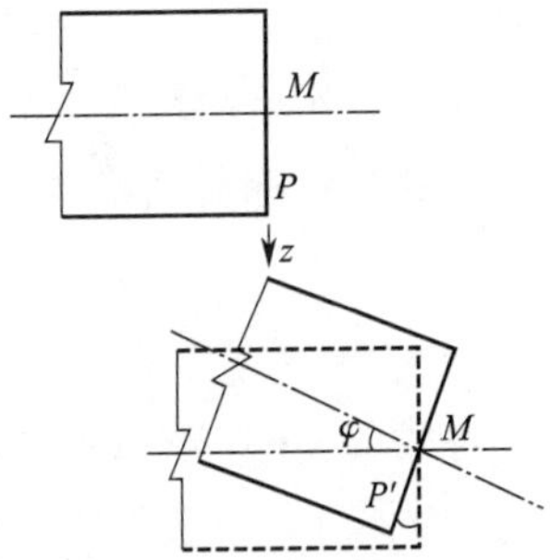

图 2-3 拱圈截面变位图

$$u_z=u-z\theta\cos\varphi,\ w_z=w-z\theta\sin\varphi$$

则由式(2-2)可得 P 点的正应变为：

$$\begin{aligned}\varepsilon_P&=\frac{\mathrm{d}u_z}{\mathrm{d}s}\cos\varphi+\frac{\mathrm{d}w_z}{\mathrm{d}s}\sin\varphi\\&=\frac{\mathrm{d}u}{\mathrm{d}s}\cos\varphi+\frac{\mathrm{d}w}{\mathrm{d}s}\sin\varphi-z\frac{\mathrm{d}\theta}{\mathrm{d}s}\\&=\varepsilon-z\frac{\mathrm{d}\theta}{\mathrm{d}s}\end{aligned} \tag{2-3}$$

根据胡克定律，截面上任一点的正应力为 $\sigma_p=E\varepsilon_p$，由正应力合成截面上的轴力 N 及弯矩 M。在此规定轴力以使拱截面受压为正，弯矩以使拱截面下缘受拉为正，于是轴力为：

$$N=-\int_A \sigma_p \mathrm{d}A=-E\int_A \varepsilon_p \mathrm{d}A=-E\int_A\left(\varepsilon-z\frac{\mathrm{d}\theta}{\mathrm{d}s}\right)\mathrm{d}A \tag{2-4}$$

将 $\varepsilon=-\dfrac{N}{EA}$ 及 $\dfrac{\mathrm{d}\theta}{\mathrm{d}s}=-\dfrac{M}{EI}$ 代入式中，并注意到 $\tan\varphi=\dfrac{\mathrm{d}y}{\mathrm{d}x}$，即可解得：

$$\theta=\frac{\mathrm{d}w}{\mathrm{d}x}+\frac{N}{EA}\tan\varphi \tag{2-5}$$

$$\frac{\mathrm{d}u}{\mathrm{d}x}=-\frac{\mathrm{d}w}{\mathrm{d}x}\frac{\mathrm{d}y}{\mathrm{d}x}-\frac{N}{EA}(1+\tan^2\varphi) \tag{2-6}$$

$$\frac{\mathrm{d}^2w}{\mathrm{d}x^2}=-\frac{M}{EI}\frac{1}{\cos\varphi}-\frac{\mathrm{d}}{\mathrm{d}x}\left(\frac{N}{EA}\tan\varphi\right) \tag{2-7}$$

式(2-5)～式(2-7)是考虑拱截面轴力对变形影响的关系式，亦可称为广义力与广义位移关系式。将式(2-7)展开，即得：

$$\frac{\mathrm{d}^2w}{\mathrm{d}x^2}=-\frac{M}{EI}\sec\varphi-\frac{\mathrm{d}}{\mathrm{d}x}\left(\frac{N}{EA}\right)\frac{\mathrm{d}y}{\mathrm{d}x}-\frac{N}{EA}\frac{\mathrm{d}^2y}{\mathrm{d}x^2} \tag{2-8}$$

2.2.3 平衡微分方程

如图 2-4 所示，取简支曲梁为无铰拱的基本计算结构，将赘余力简化到弹性中心上，并假定弹性中心位置在变形前后保持不变，考虑推力与挠度相互作用对拱内力影响的控制方程。

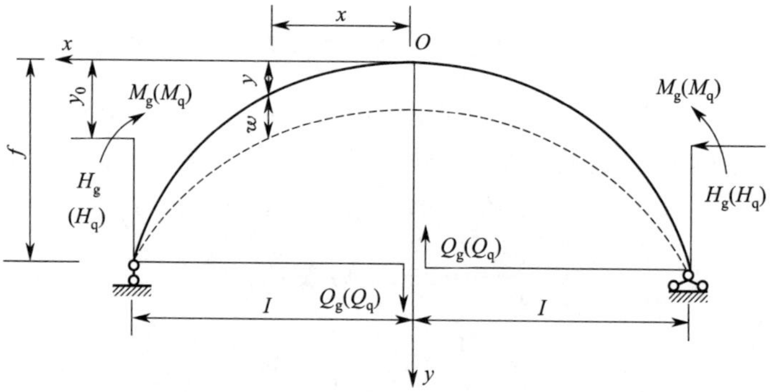

图 2-4　无铰拱计算简图

1)恒载作用阶段

恒载为对称荷载，$\theta_g=0$，则在恒载作用下拱任一截面的弯矩为：

$$\begin{aligned}M&=M_g^0+M_g-H_g[y_0-(y+W_g)]\\&=M_g^0+M_g+H_g(y-y_0)+H_gW_g\end{aligned} \tag{2-9}$$

将式(2-9)代入式(2-8)，得：

$$\frac{\mathrm{d}^2W_g}{\mathrm{d}x^2}+\frac{H_g}{EI}W_g\sec\varphi=f_g(x) \tag{2-10}$$

式中：

$$f_g(x)=-\frac{\sec\varphi}{EI}[M_g^0+M_g+H_g(y-y_0)]-\frac{\mathrm{d}}{\mathrm{d}x}\left(\frac{N_g}{EA}\tan\varphi\right) \tag{2-11}$$

其边界条件为：

$$W_{g}(l)=W_{g}(-l)=\frac{\mathrm{d}W_{g}}{\mathrm{d}x}\Big|_{x=0}=0 \tag{2-12}$$

2)活载作用阶段

活载作用在拱上时,拱任一截面弯矩为:

$$M=M_{g}^{0}+M_{q}^{0}+M_{g}+M_{q}+Q_{q}x+H_{g}(y-y_{0})+H_{q}(y-y_{0})+(H_{g}+H_{q})W_{g}+(H_{g}+H_{q})W_{q} \tag{2-13}$$

将其代入式(2-8),并代入到式(2-9),则有:

$$\frac{\mathrm{d}^{2}W_{q}}{\mathrm{d}x^{2}}+\frac{\sec\varphi}{EI}(H_{g}+H_{q})W_{q}=f_{q}(x) \tag{2-14}$$

式中:

$$f_{q}(x)=-\frac{\sec\varphi}{EI}\left[M_{q}^{0}+M_{q}+Q_{q}x+H_{q}(y-y_{0})\right]-\frac{\mathrm{d}}{\mathrm{d}x}\left(\frac{N_{q}}{EA}\tan\varphi\right)-\frac{H_{q}}{EI}W_{q}\sec\varphi\,\frac{\mathrm{d}^{2}W_{q}}{\mathrm{d}x^{2}}+\frac{\sec\varphi}{EI}(H_{g}+H_{q})W_{q} \tag{2-15}$$

其边界条件为:

$$W_{q}(l)=W_{q}(-l)=0 \tag{2-16}$$

各式中　M^{0}——简支曲梁上的荷载弯矩(N·m);

M——弹性中心处的赘余弯矩(N·m),下标 g、q 分别表示由恒载、活载引起;

H——弹性中心处的赘余水平力(N),下标 g、q 分别表示由恒载、活载引起;

Q——弹性中心处的赘余剪力(N),下标 g、q 分别表示由恒载、活载引起;

y_{0}——弹性中心至坐标原点的距离(m);

l——拱轴计算跨径的一半(m);

W——拱轴挠度(m);

φ——拱轴倾角(°);

N——拱轴轴力(N);

g、q——下标,g 表示恒载,q 表示活载;

A——拱圈面积(m^{2});

I——拱圈惯性矩(m^{4})。

式(2-10)、式(2-14)分别为拱在恒载、活载作用下,考虑水平推力与挠度相互作用对拱内力影响的控制方程。

2.2.4　约束方程

无铰拱在取简支曲梁作为基本计算结构时,拱脚的三个位移(相对于水平位移、左、右拱脚的转动)均受到限制。将这三个位移约束条件用拱的挠度及轴力来表示,即得求解控制方程的约束方程。

由式(2-6)可知拱轴任一点处的水平位移,因此拱脚的相对水平位移为:

$$\Delta_{h}=\int_{-l}^{l}\left(\frac{\mathrm{d}u}{\mathrm{d}x}\right)\mathrm{d}x=-\int_{-l}^{l}\left[\frac{\mathrm{d}w}{\mathrm{d}x}\,\frac{\mathrm{d}y}{\mathrm{d}x}+\frac{N}{EA}(1+\tan^{2}\varphi)\right]\mathrm{d}x \tag{2-17}$$

1)恒载作用阶段

恒载为对称荷载,$N_l=N_v=N_g$,且$\frac{\mathrm{d}w(-l)}{\mathrm{d}x}=-\frac{\mathrm{d}w(l)}{\mathrm{d}x}$,则有:

$$\Delta_h=2\left[\int_0^l W_g\frac{\mathrm{d}^2 y}{\mathrm{d}x^2}\mathrm{d}x-\int_0^l\frac{N_g}{EA}(1+\tan^2\varphi)\mathrm{d}x\right] \tag{2-18}$$

$$\theta_r=-\frac{\mathrm{d}W(l)}{\mathrm{d}x}-\frac{N_g}{EA_1}\tan\varphi_1=\theta_1 \tag{2-19}$$

由此恒载作用阶段的约束方程可以归纳为:

$$\int_0^l W_g\frac{\mathrm{d}^2 y}{\mathrm{d}x^2}\mathrm{d}x-\int_0^l\frac{N_g}{EA}(1+\tan^2\varphi)\mathrm{d}x=0 \tag{2-20}$$

$$\frac{\mathrm{d}W_g(l)}{\mathrm{d}x}+\frac{N_{gj}}{EA_j}\tan\varphi_j=0 \tag{2-21}$$

式中 N_{gj}——拱脚处恒载轴力;

A_j——拱脚截面积;

φ_j——拱脚倾角。

2)活载作用阶段

活载为非对称荷载,同理可归纳出活载作用阶段的三个约束方程:

$$\int_{-l}^l W_q\frac{\mathrm{d}^2 y}{\mathrm{d}x^2}\mathrm{d}x-\int_{-l}^l\frac{N_q}{EA}(1+\tan^2\varphi)\mathrm{d}x=0 \tag{2-22}$$

$$\frac{\mathrm{d}W(l)}{\mathrm{d}x}+\frac{N_{ql}}{EA_j}\tan\varphi_j=0 \tag{2-23}$$

$$\frac{\mathrm{d}W(-l)}{\mathrm{d}x}+\frac{N_{qr}}{EA_j}\tan\varphi_j=0 \tag{2-24}$$

式中 N_{ql}——左拱脚处的活载作用产生的轴力;

N_{qr}——右拱脚处的活载作用产生的轴力。

2.2.5 挠度理论的计算求解

无论恒载阶段,还是活载阶段,挠度理论的控制微分方程均可表达为:

$$W''+\frac{H}{EI}W\sec\varphi=f(x) \tag{2-25}$$

边界条件为:

$$W(l)=W(-l)=0 \tag{2-26}$$

约束方程为:

$$\int_{-l}^l W''_y\mathrm{d}x-\int_{-l}^l\frac{N}{EA}(1+\tan^2\varphi)\mathrm{d}x=0 \tag{2-27}$$

$$W'(l)+\frac{N_l\tan\varphi_j}{EA_j}=0 \tag{2-28}$$

$$W'(-l)+\frac{N_r\tan\varphi_j}{EA_j}=0 \tag{2-29}$$

常见的变截面拱有以下三种变化规律:

(1)Ritter 函数,即

$$I=\frac{I_0\sec\varphi}{1-(1-n)\dfrac{x}{l}} \tag{2-30}$$

(2)$n=1$ 时,即

$$I=I_0\sec\varphi \tag{2-31}$$

(3)$n=1$ 时,且 A 有与 I 相似的规律,即

$$I=I_0\sec\varphi \tag{2-32}$$

$$A=A_0\sec\varphi \tag{2-33}$$

式中 I_0——拱顶截面惯性矩;

A_0——拱顶截面面积。

此三种截面的变化规律均可找到方程(2-25)的解析解,按以下步骤即可获得挠度理论的全部解答:

①满足边界条件式(2-26),求出方程(2-25)全解,但解中含有弹性中心的三个赘余力及拱轴力 N。

②利用 $N\approx H/\cos\varphi$ 及三个约束方程可求出三个赘余力。

③回代数值积分和微分后,即可获得全部变形及内力。

④对于等截面拱,也可获得数值解。

2.3 有限元理论

随着近年来桥梁事业快速发展,许多新型大跨度拱桥层出不穷,由于实际结构的形状和所受的荷载往往很复杂,除了少数简单的问题之外,按解析法求解是非常困难的,所以数值法已成为不可替代的广泛应用的方法,并不断得到发展。有限单元法便是利用计算机的一种数值分析方法,深入工程技术领域中的各个方面。有限元方法的基本思想是将连续的求解区域离散为一组有限个且按一定方式相互联结的单元的组合体。

桥梁结构的有限元分析过程,概括起来可以分为以下几个步骤:

(1)结构离散和选择单元类型。通过所研究的结构划分为具有相关节点的等价系统,选择最适当的单元类型来模拟最接近的实际结构物的物理性能,单元大小必须适中,以便于给出足够精确的结果,同时也要节省计算所耗的时间。单元类型的选择取决于实际和在条件下物体的物理构成,也取决于计算所要求的精度,最常用的有梁单元、板单元及实体单元。

(2)选择位移模式。在完成结构的离散之后,就可以对典型单元进行特性分析。

(3)分析单元的力学特性:

①利用几何方程。

②利用本构方程,由应变表达式导出用结点位移表示单元应力的关系式:

$$\{\sigma\}=[D][B]\{\delta\}^e \tag{2-34}$$

式中 $\{\sigma\}$——单元内任一点的应力列阵;

$[D]$——与单元材料有关的弹性矩阵。

③ 利用变分原理建立作用于单元上的结点力和结点位移之间的关系式,即单元的平衡

方程：

$$\{F\}_0^e = [K]_0^e \{\delta\}^e \tag{2-35}$$

式中　$[K]_0^e$——单元坐标系下的单元刚度矩阵。

则最后可得整体坐标系中的空间杆件单元刚度方程为：

$$\{F\}^e = [K]^e \{\delta\}^e \tag{2-36}$$

式中　$[K]^e$——空间单元在整体坐标系中的单元刚度矩阵。

然后把各杆件的单元刚度矩阵按结点编号进行单刚组装，得到整体坐标系下结构结点荷载与结点位移的平衡方程，求解方程得出结点位移，再变换为单元局部坐标系下的结点位移，从而可以求得各单元的应力。

对于不同的结构可采用不同的单元形状，单元并能按不同的联结方式进行组合，所以可以模型化几何形状复杂的求解域。有限元方法现已广泛应用于桥梁结构分析中，基于该方法的桥梁结构电算程序很多，如大型通用有限元程序 ANSYS、SAP、MIDAS/Civil 等。现在大跨度拱桥的空间静、动力分析一般都采用有限元法进行。

(4)空间有限元计算程序的实现。采用通用的有限元分析软件或自编程序，即可进行结构的计算分析。

2.4　拱的面内和面外稳定理论

2.4.1　拱桥稳定性的基本概念及分类

结构失稳是指结构在外力增加到某一量值时，稳定性平衡状态开始偏离，稍有扰动，结构变形迅速增大使结构失去正常工作能力的现象。在桥梁结构中，总是要求其保持稳定平衡，也即沿各个方向都是稳定的。拱桥是一种主要承受压力的空间曲杆体系。对于该体系的失稳现象表现为结构的整体失稳或局部失稳。局部失稳是指部分子结构的失稳或个别构件的失稳。局部失稳也可能导致整个体系的失稳。整体失稳和局部失稳二者也常常耦合失稳。

和其他结构一样，拱桥的稳定问题有两种形式：第一类稳定，分支点失稳问题；第二类稳定，即极值点失稳问题。

拱桥的第一类稳定分析是指，如果拱所承受的荷载达到一定的临界值时，拱的平衡状态就会丧失稳定性，或者在竖向平面内拱轴线离开原来的纯压对称变形状态，向反对称的平面挠曲(向受压兼受弯状态转化)，称为拱的平面内屈曲；或者拱轴线逸出竖平面之外，转向空间弯扭的变形状态，称为拱的平面外屈曲或拱的侧倾(侧向屈曲)。上述两种失稳现象都是由于拱的平衡状态出现了分支偏移，使原来的平衡状态失去了稳定性而转向新的平衡状态。拱的第一类稳定问题在数学上是一个齐次方程的特征值问题，其本质为欧拉弹性理想中心压杆的临界稳定荷载相类似。

拱桥的极值点失稳是指拱桥存在初始缺陷或受偏心压力，在轴向压力的作用下产生弯曲变形，其荷载—挠度曲线开始挠度随荷载而增加，处于稳定平衡状态。荷载继续增加时，由于塑性的继续扩展，弯曲变形加快，到达一个极值点，要继续维持平衡必须减小压力。此时拱处于不稳定平衡状态，拱桥的荷载—挠度曲线只有极值点，没有出现平衡的分岔点，拱桥弯曲变形的性质没有改变，其本质上为弹塑性工程柱的稳定问题，因此称为极值点失稳，也称为第二类失稳。

关于拱的屈曲，在有限元法广泛应用之前，所有资料大多是由一阶弹性理论出发，假设拱轴不可压缩，在分支平衡处建立平衡方程，并给出临界荷载的解析解或数值解，且大多局限于拱轴线就是荷载索多边形的情况，即讨论的是抛物线拱承受沿跨度方向水平均布的竖向荷载、悬链线拱承受沿拱轴线均布的竖向荷载、圆弧拱承受均布法向压力、结构无几何缺陷的理想情况，这样，在拱的任意截面上，荷载仅产生轴向压力而无弯矩。

必须指出，有平衡分支的稳定问题只是在理想情况下才能出现，实际工程问题中，由于构件都存在初始缺陷和偏心荷载，因此一般都表现为第二类失稳。但是，由于第一类稳定问题是特征值问题，求解方便，在许多情况下两类问题的临界值又相差不大，因此研究第一类稳定问题仍有重要的工程意义。

2.4.2　稳定问题的计算方法

根据对稳定问题的不同理解和分析判定方法，我们可以得出不同的计算方法，常用的方法有以下三种：

(1)平衡法。中性平衡法或静力平衡法，简称平衡法，是求解结构稳定极限荷载的最基本的方法。对于有平衡分岔点的弹性稳定问题，在分支点存在着两个极为临近的平衡状态，一个是原结构的平衡状态，一个是已经有了微小变形的结构的平衡状态。平衡法是根据已产生了微小变形后结构的受力条件建立平衡方程而后求解的。如果得到的符合平衡方程的解有不止一个，那么其中具有最小值的一个才是该结构的屈曲荷载。平衡法只能求解屈曲荷载，但不能判断结构平衡状态的稳定性。尽管如此，由于常常只需要得到结构的屈曲荷载，而且在许多情况下，平衡法可以获得精确解，所以经常采用平衡法。平衡法最后得出的通常是一组微分方程，可以得出解析解，不过经常在数学求解上会遇到困难。因此，出现了许多近似方法，可以通过解析法或数值法来求解。

(2)能量法。由前面所述能量判定准则，如果结构处于平衡状态，那么总势能必有驻值，根据势能驻值原理，先由总势能对于位移的一阶变分为零，可得到平衡方程，求解此方程得出屈曲荷载。按照小变形理论，能量法通常只能获得屈曲荷载的近似解，但如果事先能了解屈曲后的变形形式，采用此变形形式作计算可以得到精确解。能量法用于大挠度理论分析，可以判断屈曲后的平衡是否稳定。也就是说，用势能驻值原理可以求解屈曲荷载，而用势能最小原理可以判断平衡的稳定性。瑞利—里兹法(Rayleigh-Rize)和伽辽金法(Galerkin)即为采用能量原理推出的方法。瑞利—里兹法首先假定满足几何边界条件位移函数，通过势能驻值原理列出平衡方程，从而求出临界荷载。而伽辽金法假定的位移函数不仅要满足几何边界条件，还要满足力学边界条件，因而求解结果更加精确。另外有限元法也是通过能量原理推导出刚度矩阵，形成平衡方程，由此求解。

(3)动力法。稳定问题也可以从动力学方面理解。处于平衡状态的结构体系，如果施加微小干扰使其发生振动，这时结构的变形和振动加速度都和已经作用在结构上的荷载有关。当荷载小于稳定的极限值时，加速度和变形的方向相反，因此撤去干扰后，运动将趋于静止，结构的平衡状态是稳定的；荷载大于极限值时，加速度和变形的方向相同，即使将干扰撤去，运动仍是发散的，因此结构的平衡状态是不稳定的；临界状态的荷载即为结构的屈曲荷载，结构振动频率为零结构即处于临界状态，据此即可求出屈曲荷载。

2.4.3 第一类稳定问题的有限元分析

1)线弹性有限元分析

在 T. L 列式下,结构的整体平衡方程为:

$$({}^{0}[k]_{0}+{}^{0}[k]_{L}+{}^{0}[k]_{\sigma})\{u\}=\{P\} \tag{2-37}$$

在 U. L 列式下,t 时刻状态下,结构的平衡方程为:

$$({}^{t}[k]_{0}+{}^{t}[k]_{\sigma})\{u\}=\{P\} \tag{2-38}$$

在发生第一类稳定前,结构处于初始构型线性平衡状态,因此,式(2-37)中大位移矩阵${}^{0}[k]_{L}$为零,而在 U. L 列式中不需要考虑大位移矩阵,所以,不论是 T. L 列式还是 U. L 列式,可以用统一的表达式,即:

$$([k]_{0}+[k]_{\sigma})\{u\}=\{P\} \tag{2-39}$$

$[k]_{0}$ 为初应力状态下的刚度矩阵,它完全由变形之初应力状态、位移场和单元的几何尺寸确定,如果把第一类失稳也看成是一种初应力状态,则稳定问题就可用式(2-39)求解。即对于某一已知的初应力状态求得其初应力矩阵作为参照矩阵$[k]_{0}$,以一个稳定安全系数因子 λ 改变初应力大小,初应力状态下刚度矩阵成为 $\lambda[k]_{\sigma}$,于是式(2-39)可以写成:

$$([k]_{0}+\lambda[k]_{\sigma})\{u\}=\{P\} \tag{2-40}$$

假设结构在某一应力状态下达到临界状态时,则在其位移附件必然存在挠度位移$\{u\}+\{\Delta u\}$使得系统在外力不变的条件下也处于平衡状态,因此有

$$([k]_{0}+\lambda[k]_{\sigma})(\{u\}+\{\Delta u\})=\{P\} \tag{2-41}$$

将式(2-41)减去式(2-40)得到

$$([k]_{0}+\lambda[k]_{\sigma})\{\Delta u\}=0 \tag{2-42}$$

要$\{\Delta u\}$存在非零解,根据线性代数可知即要求矩阵$([k]_{0}+\lambda[k]_{\sigma})$行列式的值为 0,即:

$$|([k]_{0}+\lambda[k]_{\sigma})|=0 \tag{2-43}$$

式(2-43)即为第一类稳定问题的控制方程,它归结为求解一个广义特征值问题,广义特征值为$\lambda_{i}(i=1,2,\cdots,n)$,特征向量为$\{\Delta u\}_{i}(i=1,2,\cdots,n)$分别表示各阶临界荷载的大小和相应的屈曲失稳模态,通常只有最小临界荷载和相应的屈曲形状具有实际意义。

一般说来,结构的稳定是相对于某种特定的荷载而言的,在大跨度桥梁结构中,结构内力一般由施工阶段的一期恒载内力和后期荷载(包括二期恒载、活载)引起的内力两部分组成。因此,可以把$[k]_{\sigma}$ 分成一期恒载的初应力刚度阵$[k_{1}]_{\sigma}$,和后期恒载的初应力刚度阵$[k_{2}]_{\sigma}$两部分。当计算一期恒载的稳定时$[k_{2}]_{\sigma}=0$,$[k]_{\sigma}$ 直接用恒载来计算,求出的 λ 即是稳定安全系数。若要计算后期荷载的稳定问题,则可将式(2-43)改写成:

$$|([k]_{0}+[k_{1}]_{0}+\lambda[k_{2}]_{\sigma})|=0 \tag{2-44}$$

若要计算逐阶段施工时每一阶段一期恒载及施工临时荷载的稳定性时,应当将上一阶段产生的初内力刚度矩阵$[K_{n}]_{\sigma}$ 近似看为一个常量,考虑倍增本阶段施工荷载以及其他外载作

用$[K_{n+1}]_\sigma$,式(2-44)可改写为:

$$|([k]_0+[K_n]_0+\lambda\ [K_{n+2}]_\sigma)|=0 \tag{2-45}$$

求得的最小特征值λ就是对应荷载的稳定安全系数,相应的特征向量就是失稳模态。

2)非线弹性有限元分析

在实际工程当中还经常会遇到如下的情况:

①结构构件内存在着残余应力,如钢构件的焊接残余应力。

②随着荷载的增加,在结构发生弹性失稳之前,部分构件已经进入了塑性。

③结构实际的安装误差。

④结构刚度比较小,随着荷载的不断增加,上述有限元分析中提出的参考荷载对应的初应力刚度矩阵$[k]_\sigma$与临界荷载对应的初应力矩阵$[K_\sigma]$失去了线性关系。

这时可将特征值问题与非线性分析结合起来求解,这就是第一类问题的非线性有限元分析法。这时,可以逐渐施加荷载至$\lambda_0\{P\}$,$\{P\}$为参考荷载,λ_0为期望的最小稳定安全系数,求出的结构初应力矩阵作为$[k_1]_\sigma$,在变形后的构形上由参考荷载按线性化稳定问题求出后期荷载的屈曲安全系数λ_α,检验结构在后期屈曲荷载作用下是否出现新的弹塑性单元,如果出现则作迭代修正后计算λ_α,最后计算出的临界荷载为:

$$\{P\}_{cr}=(\lambda_0+\lambda_\alpha)\{P\}=\lambda\{P\} \tag{2-46}$$

式中 λ——考虑考虑非线性的较精确的稳定安全系数。

从以上的叙述可以看出,第一类稳定问题不仅仅是线弹性问题而且还包含着几何非线性和材料非线性的内容。第一类稳定问题的真正内涵在于其对应的分支点失稳现象。也就是理想中心压杆的失稳,对于工程中的实际问题,由于材料特性和制造误差等及荷载偏心等因素的影响,不可能出现理想受力构件,也就不存在分支点失稳问题。所以实际工程问题都应该是第二类稳定问题即极值点失稳问题。

2.4.4 第二类稳定问题的有限元分析

如前所述,实际工程中的稳定问题都应属于极值点失稳问题。根据极值点失稳的定义,第二类稳定问题可以理解为结构的极限荷载的概念。极限承载力是从基于概率“极限设计”的思想中引出的概念。传统的“强度设计”以构件最大工作应力乘以安全系数等于材料的屈服应力为依据。但是,在一般的情况下,构件某截面开始屈服并不能代表结构完全破坏,结构所能承受的荷载通常较构件开始屈服时的荷载要大,为了利用这一结构强度储备量,“极限设计”提出了极限荷载的概念。即引起结构完全崩溃的荷载,并将结构的工作荷载取为极限荷载的一个固定的部分。显然这种考虑方式更具科学性。

桥梁结构的极限承载力是指桥梁承受外荷载的最大能力。分析桥梁结构的极限承载力,不仅可以用于其极限设计,而且可以了解其结构破坏的形式,准确地知道结构在给定荷载下的安全储备或超载能力,为结构安全施工和运营管理提供依据和保障。

从有限元计算的角度看荷载增量法,分析桥梁结构极限承载能力的实质就是通过求解计入几何非线性和材料非线性对结构刚度矩阵的影响,根据平衡方程,寻找其极限荷载的过程。桥梁结构在不断增加的外载作用下,结构刚度不断发生变化。当外载产生的压应力或剪应力使得结构刚度矩阵趋于奇异时,结构承载能力就达到了极限,此时的外荷载即为结构的极限荷载。可以求出结构在受荷载全过程中荷载—位移($P-\Delta$)曲线。通常解决极值失稳问题采用荷载增量法。整个结构的增量方程为:

$$({}^{0}[k]_{0}+{}^{0}[k]_{L}+{}^{0}[k])_{\sigma}\{\Delta u\}_{i}=\{\Delta P\}_{i} \tag{2-47}$$

式中　$\{\Delta u\}_i$——第 i 次加载$\{\Delta P\}_i$ 产生的节点位移增量。

通过逐步加载至结构失稳的极限荷载,结构总刚度矩阵的主元接近于零发生奇异,求解发散,荷载位移曲线趋于水平。在求解非线性稳定时,有下列两个问题需注意。

1)荷载增量的选取

在整个非线性分析全过程中,不建议将每个加载量都取成相同值,这将是不好的。因为开始时,结构非线性比较小,结构基本呈现线性,这时荷载增量可以取大一些,以节约计算时间。当荷载逐渐增大时,初应力刚度矩阵的贡献越来越大,切线刚度矩阵行列式值迅速下降,单元刚度也迅速下降。荷载—变形曲线逐渐趋于平缓。此时,增加相同的荷载,会产生比开始大得多的位移增量,因此应逐步减小每步的荷载增量。通常采用自动荷载增量系统,因为荷载增量的变化应与结构刚度的变化相联系,由程序根据结构刚度变化自己计算下一步的荷载增量。一个通常做法是后一步的载荷增量依据前一步的收敛性(迭代次数)来调整大小,若本步增量经过规定次数的迭代运算,不能达到规定的精度要求,采用二分法将荷载增量对分,重新计算并依次对以后的荷载增量做出修改。另外也可以采用特征刚度法,此时荷载增量根据特征刚度的变化来选取,第 i 个增量步结构的特征刚度$[K_i]$表示为:

$$[K_i]=\{\Delta P\}_i/\{\Delta u\}_i \tag{2-48}$$

式中　$\{\Delta P\}_i$——该增量步的荷载增量;

$\{\Delta u\}_i$——该增量步中变化最显著的一个增量位移分量。

在一维情况下,特征刚度就是拉伸刚度,特征刚度的概念是结构发生某一位移分量的单位变形时,结构所需增加的荷载。自动荷载增量的选取与结构的特征刚度成正比:

$$\{\Delta P\}_{i+1}/\{\Delta P\}_i=[K_{i+1}]/[K_i] \tag{2-49}$$

这样,可以保证在开始时载荷增量较大,而在极值点时,由于结构失去了刚度而使载荷增量趋向于零。特征刚度与切线刚度行列式的值虽然不同,但是变化趋势是相同的,因此特征刚度的变化反映了切线刚度矩阵行列式值的变化趋势。由于在计算$\{\Delta P\}_{i+1}$时,$[K_{i+1}]$并不知道,可以将式(2-49)写成迭代形式:

$$\{\Delta P\}_{i+1}=\{\Delta P\}_i\times[K_i]/[K_{i-1}] \tag{2-50}$$

只要规定第一、第二个增量步的载荷增量$\{\Delta P\}_1$、$\{\Delta P\}_2$ 后,各增量步增量荷载都可求出。

2)越过极值点

采用荷载增量法加载的稳定性分析只能计算出荷载—位移曲线的上升段,当增量运算进行到极值点时,载荷—位移曲线的斜率变为零,切线刚度矩阵出现奇异性,刚度矩阵行列式为零,不管荷载增量多么小,结构也不能承受更多的荷载增量,而位移却不断增加。要计算结构的屈曲后特性,必须越过极值点。我们可以在达到极值点时,作一步位移增量法代替载荷增量法。对于一般结构,可以将刚度矩阵重新排列,使得要控制的位移(例如 u_2)排到最后一项,其有限元增量平衡方程变为:

$$\begin{bmatrix}K_{11} & K_{12}\\ K_{21} & K_{22}\end{bmatrix}\begin{Bmatrix}\Delta u_1\\ \Delta u_2\end{Bmatrix}=\Delta\lambda\begin{Bmatrix}P_1\\ P_2\end{Bmatrix}+\begin{Bmatrix}R_1\\ R_2\end{Bmatrix} \tag{2-51}$$

式中 $\Delta\lambda$——控制荷载增量步长的系数；
$(R_1,R_2)^{\mathrm{T}}$——求解迭代过程中的不平衡力向量。

式(2-51)可改写为：

$$\begin{bmatrix} K_{11}-P_1 \\ K_{21}-P_2 \end{bmatrix}\begin{Bmatrix} \Delta u_1 \\ \Delta u_2 \end{Bmatrix}=\begin{Bmatrix} R_1 \\ R_2 \end{Bmatrix}-[K_{22}K_{12}]\Delta u_2 \tag{2-52}$$

在极值点附近时通过控制指定的 u_2 值，可以求出相应的位移 Δu_1 及荷载增量比例因子 $\Delta\lambda$。由于 K_{ij} 与位移有关，求解时需要迭代运算，当$(R_1,R_2)^{\mathrm{T}}$ 值趋于零时，迭代收敛。

另外，也可以采用弧长法，这种方法可以通过调整弧长半径来调整增量步长。如果结构的刚度较小，则位移较大，以位移控制为主；反之，刚度较大，则位移较小，以荷载控制为主。

3　新型钢箱组合结构拱桥结构特征与静力分析

3.1　概　　述

新型钢箱组合结构拱桥力学行为的主要影响因素有矢跨比、拱肋形式、吊杆布置形式、拱肋与系梁刚度比、肋间横撑形式、桥面构造等。矢跨比除了对结构的力学特性有影响外，还对桥梁的美学、施工技术有很大的影响；拱肋形式的影响包括拱肋组合形式与拱肋空间布置两个方面，拱肋组合形式决定了结构的力学分析模型，拱肋空间布置对于结构的稳定性、构件制造与施工工艺有很大的影响；拱肋与系梁刚度比是拱桥设计的重要参数，对于结构的受理与变形影响较大；肋间横撑形式对于结构的稳定性能影响较为显著。

3.2　拱桥结构形式的分类

按照使用材料分类，可将拱桥分为：圬工拱桥、钢筋混凝土拱桥、钢拱桥等。

按照主拱圈所采用的拱轴线的形式，可将拱桥分为：圆弧拱桥、抛物拱桥或悬链线拱桥等。

按照拱上结构的形式，可将拱桥分为：实腹式拱桥、空腹式拱桥。

按照桥面位置，可将拱桥分为：上承式拱桥、中承式拱桥、下承式拱桥。

按照拱肋截面形式，可将拱桥分为：板拱桥、板肋拱桥、肋拱桥、箱形拱桥、双曲拱桥、钢管混凝土拱桥等。

按照结构示例图示，可将拱桥分为：简单体系拱桥、组合体系拱桥。

按照拱肋和系梁刚度的比例关系，可将拱桥分为：系杆拱桥、洛泽拱桥、蓝格尔拱桥、其他组合体系。

3.3　新型钢箱组合结构拱桥静力分析

以哈大高速铁路新开河桥为工程背景，该桥采用计算跨径为 138 m 的钢箱叠合拱组合结构，其立面布置图如图 3-1 所示。

(1)拱肋：拱肋结构采取等截面钢箱，宽度为 2 m，高度为 1.8 m，顶、底板厚度为 28 mm；腹板厚度为 24 mm；纵肋高度为 200 mm，板厚度为 24 mm；横隔板板厚为 16 mm，间距为 2.5 m 左右。上下拱肋在拱脚处联结在一起，顶、底、腹板厚度均为 32 mm。纵肋高度为 200 mm、板厚度为 24 mm；横隔板板厚为 24 mm，间距为 2.5 m 左右。

(2)系梁：系梁采用等宽变高度钢箱截面，梁宽度为 2 m，跨中梁高为 3.4 m，距梁端 17.25 m 范围梁高为 4.5 m，在距梁端 17.25～22.75 m 的范围内梁高由 4.5 m 变为 3.4 m，顶、底、腹板

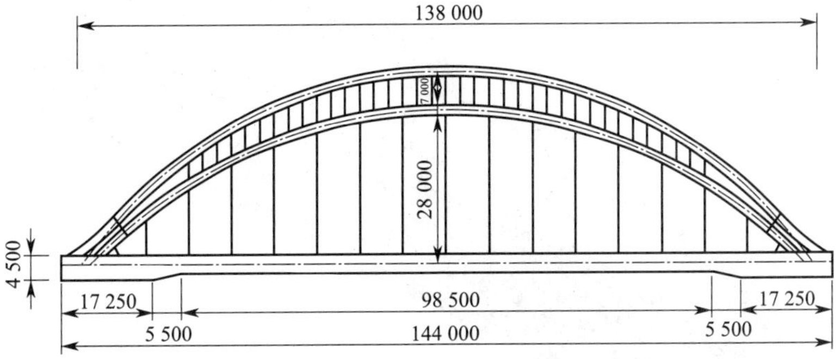

图 3-1　新开河桥立面布置图(单位:mm)

厚度为 28 mm;纵肋高度为 200 mm,板厚度为 24 mm;横隔板板厚为 16 mm,间距为 3 m 左右。两系梁之间净距 14 m;系梁中心距离为 16 m。

(3)纵梁:在每线轨道下方附近各设置一道纵梁,全桥共 4 道,纵梁采用等高度工字钢梁,梁高为 2.2 m,上、下翼缘板宽度为 0.8 m;上、下翼缘板板厚 28 mm,腹板厚度为 24 mm;加劲板板厚为 16 mm,间距为 2 m。两纵梁之间中心距离为 2 m。

(4)横梁:中横梁采用等高度工字钢梁,梁高为 3.4 m,上、下翼缘板宽度为 0.8 m;上、下翼缘板板厚 16 mm,腹板厚度为 24 mm;横向加劲板板厚为 16 mm,间距为 2 m。相邻横梁之间中心距离为 0.8 m。端横梁采用等高度箱形钢梁,梁高为 4.5 m,宽度为 6.5 m;顶、底、腹板厚度为 28 mm;纵肋高度为 200 mm,板厚度为 24 mm;横隔板板厚为 24 mm,间距与纵梁间距对应。

(5)横撑:结构两榀拱肋之间设三道“X”横撑,横撑纵向间距 24 m。横撑采用等高度钢箱,梁高为 0.9 m,梁宽度为 0.9 m;顶、底、腹板厚度为 24 mm;纵肋板厚度为 24 mm;横隔板板厚为 16 mm,间距约为 2 m。

(6)拱肋间的连接:上、下拱肋之间采用强度等级为 460 实心圆钢连接,直径为 100 mm,间距 2.667 m。

(7)吊杆:吊杆采用强度等级为 460 实心圆钢连接,直径为 130 mm,间距 8 m。

上、下拱肋的中心线形均为二次抛物线,矢高分别为 35 m、28 m,在拱脚处通过焊接联结在一起,均采用宽 2 m、高 1.8 m 的等截面钢箱;两榀拱肋平行布置,横向中心间距为 16 m,中间设三道“X”形的纵向间距为 24 m 的等高度钢箱横撑;系梁采用等宽变高度钢箱截面,梁高由端部的 4.5 m 过渡到跨中的 3.4 m;每线轨道下方设置一道等高度工字钢纵梁;端横梁采用等高度箱形钢梁,中横梁采用等高度工字钢梁;上、下拱肋之间连接杆采用直径为 100 mm 的 Q460 实心圆钢,间距 2.667 m;下拱肋与系梁之间的吊杆采用直径为 130 mm 的 Q460 实心圆钢,间距 8 m。

计算分析采用有限元分析软件 Midas Civil 建立该桥的空间有限元模型,上拱肋、拱脚、系梁、横撑、纵梁与横梁用梁单元模拟,桥面板、横撑处加固板与拱脚处加固板采用板单元模拟;吊杆与连接杆采用桁架单元模拟。下拱肋纵横梁、系梁、吊杆、横撑和拱肋均采,混凝土板采用板单元模拟;外部约束条件按照实际桥梁中支座对于桥梁的约束作用进行模拟。新开河桥的空间有限元模型如图 3-2 所示。

对全桥有限元模型在主力和附加力作用下的受力状态进行计算与分析,其中主力包括一

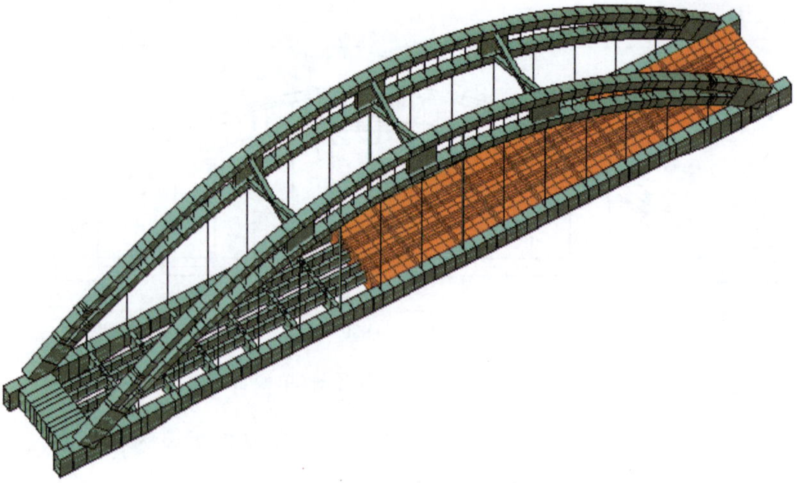

图 3-2　新开河桥空间有限元模型

期恒载、二期恒载、活载和横向摇摆力。附加力包括温度作用、风荷载和制动力。按照主力与一个方向(横桥向或顺桥向)的附加力组合的原则,考虑以下几种荷载组合:

(1)一期+二期+移动荷载+摇摆力+有车风

(2)一期+二期+无车风

(3)一期+二期+移动荷载+制动力

(4)一期+二期+移动荷载+摇摆力+有车风+温度作用

(5)一期+二期+无车风+温度作用

(6)一期+二期+移动荷载+制动力+温度作用

结构构件挠度与应力的分析结果如表 3-1 与表 3-2 所示。

表 3-1　拱肋与系梁挠度分析结果统计(单位:mm)

构件 \ 荷载组合	1	2	3	4	5	6
拱肋	60.762	40.891	60.487	80.468	63.450	80.184
系梁	78.044	55.703	77.830	81.781	60.198	81.551

表 3-2　结构构件应力分析结果统计(单位:MPa)

构件 \ 荷载组合			1	2	3	4	5	6
拱肋	顶板	max	3.62	−9.52	−1.12	4.36	−8.78	−0.38
		min	−108.80	−89.88	−96.26	−113.37	−95.23	−103.06
	底板	max	14.44	13.76	2.08	18.64	17.96	6.94
		min	−74.15	−58.84	−68.74	−73.47	−61.38	−70.12
系梁	顶板	max	31.20	19.55	30.87	44.62	37.19	44.40
		min	−107.35	−85.98	−103.69	−107.47	−86.10	−103.85
	底板	max	101.40	81.14	100.20	102.86	81.26	100.36
		min	−3.74	−2.58	−2.63	−3.93	−2.78	−2.82

续上表

构件 \ 荷载组合			1	2	3	4	5	6
纵梁	顶板	max	50.76	40.45	50.46	61.14	51.61	60.07
		min	−0.99	4.87	−1.33	−36.99	−36.16	−37.28
	底板	max	57.03	37.54	57.25	64.63	44.81	64.85
		min	−11.77	−5.95	−11.56	−50.59	−44.78	−50.38
横梁	顶板	max	18.60	8.18	18.41	175.02	172.14	173.40
		min	−27.66	−16.09	−27.60	−104.23	−102.81	−102.59
	底板	max	61.79	37.66	61.87	146.38	143.51	143.01
		min	−13.59	−7.83	−13.22	−90.42	−87.66	−89.20
横撑	顶板	max	35.50	41.35	11.32	36.34	42.20	11.24
		min	−29.29	−35.35	−9.73	−29.59	−35.65	−10.49
	底板	max	30.36	36.55	10.98	31.35	37.54	11.19
		min	−40.01	−46.95	−11.78	−40.27	−47.22	−11.36
吊杆		max	197.13	162.59	167.34	196.82	162.89	168.35
		min	71.50	99.18	82.41	70.400	62.49	62.58
连杆		max	62.58	46.05	57.36	63.38	46.53	58.17
		min	10.27	12.47	14.10	6.26	7.94	8.52

由计算结果可知，在主力和附加力各种组合作用下，系梁的竖向最大挠度为 81.8 mm；拱肋几乎都处于全受压状态，最大压应力为 108.80 MPa；局部区域受拉，拉应力最大为 18.64 MPa；系梁钢箱梁的最大拉、压应力值均不超过 110 MPa；吊杆都处于受拉状态，最大拉应力为 197.13 MPa；横撑钢箱梁的最大拉、压应力值均不超过 50 MPa。

结构设计满足了规范中的强度与刚度要求。

在考虑恒载与单线 ZK 活载作用下，新开河桥的一阶失稳模态为面外反对称失稳，如图 3-3 所示，其一阶失稳系数为 14.42。

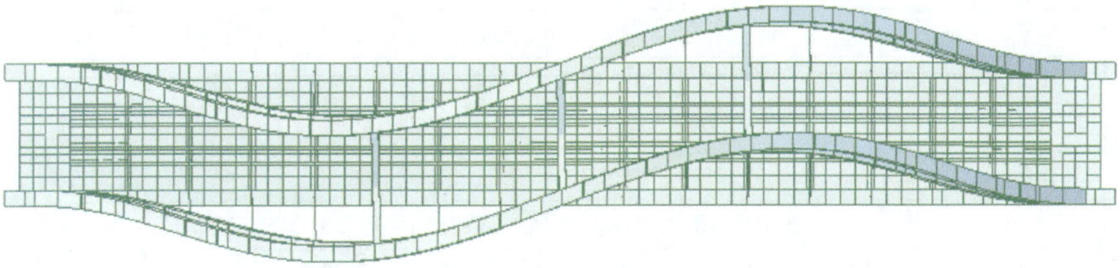

图 3-3 新开河桥一阶屈曲失稳模态

3.4 不同拱肋形式结构分析

新开河桥的设计采用的是上、下拱肋平面叠合的桥型方案，将拱肋叠合方式按照空间叠合的形式布置：上拱肋轴线为二次抛物线，处于同一平面内且外倾 12°；下拱肋轴线为空间曲线；

横撑由原来的间距为 8 m 的三组连接上、下拱肋“X”形钢箱梁更改为间距为 2.67 m 的七组连接下拱肋“一”形的钢箱梁。拱肋空间叠合方案的有限元模型如图 3-4 所示。

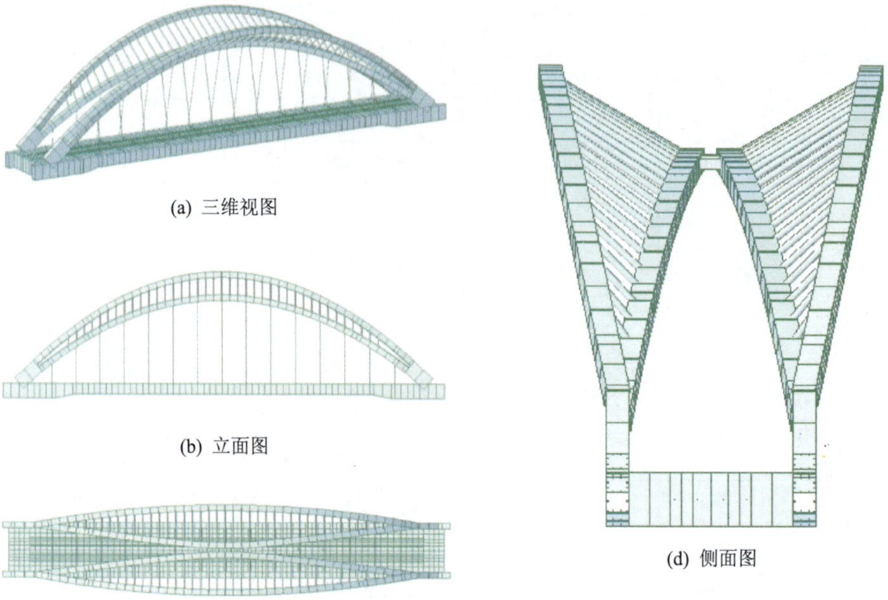

(a) 三维视图

(b) 立面图

(c) 平面图

(d) 侧面图

图 3-4　拱肋空间叠合方案的有限元模型

按照 3.3 节中所述的荷载组合，对上述拱肋空间叠合的钢箱叠合拱桥进行计算分析。在各种荷载组合作用下，拱肋中心线与系梁顶板中心线在竖向与横向的位移如表 3-3 所示。

表 3-3　各荷载组合作用下拱肋与系梁最大位移(单位:mm)

构造 \ 荷载组合		拱肋				系梁			
		竖向		横向		竖向		横向	
		上挠	下挠	正向	负向	上挠	下挠	正向	负向
组合 1	max	21.07	−72.80	76.20	−30.81	12.42	−91.36	1.88	−0.01
	min	5.53	−109.09	58.27	−48.75	4.81	−131.03	0.65	−0.32
组合 2		11.528	11.53	−73.39	63.82	−27.09	7.39	−92.09	1.13
组合 3	max	17.16	−72.48	62.12	−44.19	12.44	−89.34	1.09	−0.17
	min	0.36	−107.80	44.18	−62.13	4.75	−130.36	0.17	−1.09
组合 4	max	55.28	−32.19	85.03	−21.57	12.30	−59.74	5.18	0.00
	min	—	−126.18	49.02	−57.58	2.18	−135.13	—	−3.63
组合 5	max	46.46	−32.78	72.65	−19.11	7.28	−60.47	4.44	−0.02
	min	—	−94.05	54.58	−35.92	4.76	−97.52	0.02	−3.39
组合 6	max	51.25	−31.86	70.95	−34.95	12.32	−57.73	4.39	—
	min	—	−125.22	34.94	−70.96	2.11	−134.33	—	−4.39

由表 3-3 可知：在荷载组合 4 作用下，拱肋的竖向下挠和上挠位移最大，最大下挠值为 126.179 mm，最大上挠值为 55.282 mm；在荷载组合 4 作用下，拱肋的正向横向位移值最大为 85.034 mm；在荷载组合 6 作用下，拱肋的负向横向位移值最大为 70.962 mm。系梁在荷

载组合 4 作用下，下挠位移最大为 135.130 mm，在荷载组合 3 作用下，上挠位移最大为 12.437 mm，系梁在各种荷载组合下的横向位移均较小，在荷载组合 4 下，正向横向位移最大为 4.751 mm，荷载组合 6 下，负向横向位移最大为 4.393 mm。

在各种荷载组合作用下，拱桥各主要构件的应力计算结果如表 3-4 所示。

表 3-4　各种荷载组合作用下应力计算结果汇总(单位：MPa)

构造 \ 荷载组合			组合 1	组合 2	组合 3	组合 4	组合 5	组合 6
拱肋	顶板	max	15.96	6.67	15.02	15.44	5.90	14.51
		min	−211.62	−163.52	−205.82	−225.86	−177.76	−220.06
	底板	max	53.89	40.80	50.65	58.81	45.72	55.57
		min	−144.40	−109.20	−142.48	−143.15	−107.94	−141.22
系梁	顶板	max	37.71	22.04	36.93	51.19	42.76	50.60
		min	−107.08	−85.72	−103.71	−107.20	−85.84	−103.83
	底板	max	111.06	80.85	110.32	114.28	80.97	113.41
		min	−3.15	−2.57	−2.05	−3.34	−2.77	−2.24
纵梁	顶板	max	52.21	40.88	51.70	60.67	51.20	59.67
		min	−8.20	3.60	−8.50	−35.82	−34.85	−36.08
	底板	max	76.23	47.20	76.36	83.64	54.15	83.71
		min	−11.81	−4.78	−11.49	−52.37	−45.34	−52.05
横梁	顶板	max	21.12	8.68	20.83	175.35	172.26	173.83
	底板	min	−31.85	−19.34	−30.91	−104.16	−102.58	−102.61
		max	63.32	39.42	62.48	145.56	143.42	142.35
		min	−15.71	−8.03	−15.44	−90.60	−87.80	−89.40
横撑	顶板	max	−4.99	−12.93	−6.70	−4.34	−12.28	−6.05
		min	−76.74	−60.87	−72.08	−78.20	−62.33	−73.54
	底板	max	135.30	105.73	125.21	138.05	108.47	127.96
		min	27.46	27.82	29.47	26.33	26.69	28.54
吊杆		max	278.42	238.95	244.01	278.28	238.82	243.88
		min	51.98	50.94	57.40	43.69	42.66	49.12
连杆		max	133.59	127.26	134.54	111.14	129.46	129.97
		min	43.33	42.41	−67.41	−67.65	−99.09	−98.41

由表 3-4 可知：拱肋顶板在各荷载组合下，顶板主要承受压应力，拉应力较小，在组合 4 作用下，压应力最大为 211.62 MPa，在组合 1 作用下，拉应力最大值为 15.96 MPa；底板有受拉区也有受压区，在组合 1 作用下，取得最大压应力值为 144.40 MPa，在组合 4 作用下，取得拉应力最大值为 58.81 MPa。系梁顶板在荷载组合 4 作用下，拉应力最大为 51.19 MPa；在荷载组合 4 作用下，压应力最大为 107.20 MPa；底板基本均为受拉区，拉应力最大值发生在荷载组合 4 作用下，为 114.28 MPa。纵梁顶板在荷载组合 4 作用下，拉应力最大为 60.67 MPa，在荷载组合 6 作用下，压应力最大为 36.08 MPa；纵梁底板在荷载组合 6 作用下，拉应力最大为 83.71 MPa，在荷载组合 4 作用下，压应力最大为 52.37 MPa。横梁顶板在荷载组合 4 作用下，压应力达最大值，压应力最大值为 104.16 MPa；底板在荷载组合 4 作用下，拉压应力达最大值，拉应力最大值为 145.56 MPa，压应力最大值为 90.60 MPa。横撑顶板在各荷

载组合作用下均受压，在荷载组合 4 作用下，取得最大压应力值为 78.20 MPa；横撑底板在各荷载组合作用下均受拉，在荷载组合 4 作用下，取得最大拉应力值为 138.05 MPa。吊杆在各种荷载组合作用下均受拉，在荷载组合 1 作用下，拉应力最大为 278.42 MPa。连杆在各种荷载组合作用下均受拉，在荷载组合 4 作用下，拉应力最大为 134.54 MPa。

在考虑恒载与单线 ZK 活载作用下，空间布置拱肋的结构的一阶失稳模态为面外反对称失稳，其一阶失稳系数为 14.28。

由以上分析可知：拱肋空间叠合形式下，拱肋的竖向位移的上挠值与下挠值增加较大，尤其是拱肋的横向位移变化很大，其原因应该是拱肋的空间叠合下对于拱肋的横向约束较小。系梁竖向下挠最大值达到 135.13 mm，可见拱肋的空间叠合形式下，结构的竖向刚度降低，拱肋和系梁的位移增长较大。

拱肋的顶板仍以受压为主，底板则有一部分受拉应力，且拱肋的应力水平有明显提高，这与拱肋的空间叠合效果有关，拱肋的扭转效果对应力有较大影响。系梁顶板的拉应力水平有所降低，顶板的压应力和底板的应力水平变化不大。纵梁、横梁的应力变化不大。横撑由于数量的减少和拱肋的空间叠合效果，其应力水平明显提高。吊杆的受力情况与原桥类似，跨中应力较大，两侧吊杆应力较小。而吊杆和连杆的应力显著提高，吊杆应力最大值达 278.42 MPa，远高于原桥。

拱肋的空间叠合形式下结构的整体稳定性：空间叠合拱肋形式下的叠合拱桥具有良好的稳定性能，且有较大富余。与原桥型相比，拱肋的空间叠合形式的拱桥的失稳模态与原桥类似，且拱肋的空间叠合使得其面外横向刚度有所提高。

3.5　不同系梁形式结构分析

新开河桥采用的是钢箱系梁的桥型方案，根据桁架的结构形式，将原方案系梁的钢箱结构修改为桁架形式。

按照 3.3 节的各种荷载组合，对上述桁架系梁的钢箱叠合拱桥进行计算分析。

在各种荷载组合作用下，拱肋中心线与系梁顶板中心线在竖向与横向的位移如表 3-5 所示。

表 3-5　各荷载组合作用下拱肋与系梁最大位移（单位：mm）

构造 / 荷载组合		拱肋				系梁			
		竖向		横向		竖向		横向	
		上挠	下挠	正向	负向	上挠	下挠	正向	负向
组合 1	max	—	−46.50	48.96	—	5.23	−64.00	1.92	−0.93
	min	—	−46.81	48.96	—	5.12	−64.29	1.92	−0.93
组合 2		—	—	−46.81	60.92	—	5.18	−64.28	1.80
组合 3	max	—	−45.48	3.72	—	7.70	−63.51	3.43	−0.58
	min	—	−61.46	—	−3.73	4.06	−82.69	0.57	−3.44
组合 4	max	—	−14.37	53.51	—	5.16	−42.27	4.90	−0.02
	min	—	−68.85	46.19	—	3.55	−68.10	0.02	−3.96

续上表

构造 / 荷载组合		拱肋				系梁			
		竖向		横向		竖向		横向	
		上挠	下挠	正向	负向	上挠	下挠	正向	负向
组合 5	max	—	−14.64	65.47	—	5.11	−42.54	4.84	−0.02
	min	—	−68.85	58.15	—	3.61	−68.09	0.02	−3.95
组合 6	max	—	−13.28	8.28	—	7.63	−41.78	6.36	—
	min	—	−81.27	—	−8.28	2.49	−86.39	—	−6.36

由表 3-5 可知：在荷载组合 6 作用下，拱肋的竖向下挠位移最大，最大下挠值为 81.265 mm；在荷载组合 5 作用下，拱肋的正向横向位移值最大为 65.471 mm；在荷载组合 6 作用下，拱肋的负向横向位移值最大为 8.283 mm。系梁在荷载组合 6 作用下，下挠位移最大为 86.390 mm，在荷载组合 3 作用下，上挠位移最大为 7.698 mm，系梁在各种荷载组合下的横向位移均较小，在荷载组合 6 下，正向横向位移最大为 6.359 mm，在荷载组合 6 下，负向横向位移最大为 6.364 mm。

在各种荷载组合作用下，拱桥各主要构件的应力计算结果如表 3-6 所示。

表 3-6 各种荷载组合作用下应力计算结果汇总（单位：MPa）

荷载组合 / 构造			组合 1	组合 2	组合 3	组合 4	组合 5	组合 6
拱肋	顶板	max	−13.44	−12.34	−7.21	−12.42	−11.32	−6.20
		min	−95.97	−98.90	−105.86	−107.77	−110.69	−119.40
	底板	max	10.98	14.11	2.63	23.00	26.13	16.14
		min	−62.35	−63.94	−73.18	−62.51	−65.14	−73.89
系梁	顶板	max	55.10	54.79	81.12	169.50	168.67	181.96
		min	−95.98	−93.97	−112.56	−106.19	−106.19	−112.72
	底板	max	89.84	89.51	108.95	154.95	154.03	169.29
		min	−7.80	−7.94	−15.35	−108.18	−107.98	−113.25
纵梁	顶板	max	45.01	44.01	54.49	54.31	53.31	63.79
		min	5.77	6.44	1.47	−31.19	−30.80	−32.09
	底板	max	39.52	39.17	55.22	47.93	47.58	64.02
		min	−3.17	−3.12	−9.16	−51.95	−51.90	−57.94
横梁	顶板	max	8.99	8.88	18.50	172.27	172.52	173.96
		min	−16.56	−16.57	−26.83	−104.04	−104.29	−104.26
	底板	max	37.74	37.71	62.82	142.89	143.34	143.30
		min	−8.21	−8.36	−12.61	−88.51	−88.66	−90.41
横撑	顶板	max	32.43	39.43	12.11	33.25	40.26	11.93
		min	−26.10	−33.46	−9.53	−26.52	−33.88	−10.30
	底板	max	26.75	34.47	10.84	27.87	35.59	11.44
		min	−37.29	−45.48	−12.60	−37.58	−45.77	−12.21

续上表

构造 \ 荷载组合		组合 1	组合 2	组合 3	组合 4	组合 5	组合 6
吊杆	max	171.53	180.80	183.29	171.51	180.78	182.84
	min	86.16	86.82	86.92	77.34	78.00	75.12
连杆	max	47.96	49.21	58.47	48.9	50.14	59.40
	min	20.85	20.97	17.53	14.27	14.49	13.92

由表 3-6 可知：拱肋顶板在各荷载组合下，顶板完全承受压应力，在组合 6 作用下，压应力最大为 119.40 MPa；底板有受拉区也有受压区，在组合 6 作用下，取得最大压应力值为 73.89 MPa，在组合 5 作用下，取得拉应力最大值为 26.13 MPa。系梁顶板在荷载组合 5 作用下，拉应力最大为 181.96 MPa；在荷载组合 6 作用下，压应力最大为 112.72 MPa；系梁底板在荷载组合 6 作用下，拉应力最大为 169.29 MPa，在荷载组合 6 作用下，压应力最大为 113.25 MPa。纵梁顶板在荷载组合 6 作用下，拉应力最大为 63.79 MPa，在荷载组合 6 作用下，压应力最大为 32.09 MPa；纵梁底板在荷载组合 6 作用下，拉应力最大为 64.02 MPa，在荷载组合 6 作用下，压应力最大为 57.94 MPa。横梁顶板在荷载组合 6 作用下，拉应力最大为 173.96 MPa，在荷载组合 5 作用下，压应力最大为 104.29 MPa；横梁底板在荷载组合 5 作用下，拉应力最大为 143.34 MPa，在荷载组合 6 作用下，压应力最大为 90.41 MPa。横梁顶板在荷载组合 5 作用下，拉应力最大为 40.26 MPa，在荷载组合 5 作用下，压应力最大为 33.88 MPa；横撑底板在荷载组合 5 作用下，拉应力最大为 35.59 MPa，在荷载组合 6 作用下，压应力最大为 45.77 MPa。吊杆在各种荷载组合作用下均受拉，在荷载组合 3 作用下，拉应力最大为 183.29 MPa。连杆在各种荷载组合作用下均受拉，在荷载组合 6 作用下，拉应力最大为 59.40 MPa。

在考虑恒载与单线 ZK 活载作用下，桁架系梁叠合拱桥结构的一阶失稳模态为面外反对称失稳，其一阶失稳系数为 11.94。

由以上分析可知：桁架系梁下，叠合拱桥的拱肋位移在各种荷载组合下均为下挠，最大下挠值比原桥型略有增加；系梁竖向下挠值、横向位移也有所增大。可见，桁架系梁下的结构整体刚度降低，位移有所增加。

拱肋和系梁应力水平比原桥均有提高，纵梁、横梁和横撑的应力变化不大。吊杆应力比原桥有所降低，而连杆应力有所增加。

桁架系梁中，桁架的受力特点为：有吊杆作用处的竖直杆受拉力，无吊杆作用处的竖杆一般受压，长斜杆均受拉力。在恒载作用下，上弦杆和下弦杆均受拉力，上弦杆所受拉力小于下弦杆。桁架系梁的杆件整体应力不大。

桁架系梁的整体稳定性：与原桥型相比，桁架系梁的叠合拱桥整体稳定性降低，桁架结构与钢箱结构相比整体刚度较小，对桥梁的横向面外稳定性有一定程度的影响。

3.6 不同吊杆形式结构分析

按照 3.3 节的各种荷载组合，本节计算分析了实心圆杆吊杆、型钢吊杆、平行钢丝束吊杆三种不同吊杆结构形式的钢箱叠合拱桥的力学响应。

3.6.1 实心圆杆吊杆

吊杆采用实心圆杆形式，在各种荷载组合作用下吊杆的应力值如表 3-7 所示。

表 3-7 实心圆杆吊杆应力值(单位：MPa)

吊杆	组合 1		组合 2	组合 3		组合 4		组合 5		组合 6	
	max	min		max	min	max	min	max	min	max	min
1	101.53	75.11	77.84	99.89	71.53	113.67	63.35	89.98	65.21	107.86	66.38
2	160.10	119.95	123.23	152.93	111.49	163.13	116.88	126.26	120.16	156.87	107.92
3	180.09	135.62	140.39	167.04	121.31	179.20	134.09	139.50	138.87	166.39	119.46
4	186.91	141.54	148.00	167.34	120.71	187.45	138.38	148.53	144.84	168.35	116.82
5	190.35	145.94	153.74	165.11	119.78	190.26	144.47	153.65	152.27	165.58	117.43
6	193.54	148.80	157.44	164.54	119.12	193.63	146.99	157.54	155.63	163.76	117.86
7	197.13	150.26	160.64	165.38	117.84	196.82	148.96	160.34	159.34	164.61	116.69
8	196.94	152.65	162.27	164.02	119.05	196.56	152.12	161.88	161.74	164.16	117.69
9	197.11	150.25	160.62	165.35	117.87	196.80	148.95	160.32	159.33	164.58	116.72
10	193.54	148.80	157.44	164.55	119.12	193.63	146.99	157.53	155.63	163.76	117.86
11	190.33	145.92	153.72	165.06	119.83	190.24	144.45	153.63	152.25	165.53	117.48
12	186.87	141.50	147.95	167.17	120.87	187.41	138.34	148.48	144.80	168.19	116.98
13	180.02	135.55	140.31	166.95	121.41	179.13	134.03	139.42	138.79	166.30	119.55
14	159.98	119.83	123.08	152.91	111.51	163.00	116.76	126.11	120.01	156.85	107.93
15	101.63	75.20	77.95	99.81	71.61	113.77	63.35	90.09	65.32	107.78	66.46

实心圆杆吊杆钢箱叠合拱桥在恒载与单线 ZK 活载作用下的稳定系数为 12.93。

3.6.2 型钢吊杆

吊杆采用型钢形式，在各种荷载组合作用下吊杆的应力值如表 3-8 所示。

表 3-8 型钢形式吊杆应力值(单位：MPa)

吊杆	组合 1		组合 2	组合 3		组合 4		组合 5		组合 6	
	max	min		max	min	max	min	max	min	max	min
1	102.74	77.71	82.73	102.49	73.29	117.56	60.54	97.55	65.56	107.63	72.30
2	158.22	119.82	124.48	153.55	111.37	161.11	116.80	127.37	121.46	156.98	108.16
3	174.79	132.05	137.37	166.23	120.15	173.87	130.79	136.45	136.12	166.27	117.25
4	178.37	134.60	140.75	165.66	118.90	178.42	132.27	140.80	138.42	167.41	113.87
5	178.86	135.98	142.68	162.90	117.56	178.25	135.38	142.08	142.08	164.11	114.07
6	179.64	136.37	143.24	162.00	116.61	180.56	134.08	144.16	140.95	161.43	114.75
7	181.78	136.22	144.50	162.66	115.17	182.25	134.46	144.97	142.75	162.55	113.01
8	181.04	138.18	145.51	161.24	116.35	181.26	137.35	145.73	144.68	162.01	114.01
9	181.76	136.20	144.48	162.63	115.19	182.22	134.44	144.94	142.73	162.52	113.03

续上表

吊杆	组合 1		组合 2	组合 3		组合 4		组合 5		组合 6	
	max	min		max	min	max	min	max	min	max	min
10	179.63	136.36	143.23	162.00	116.61	180.54	134.07	144.14	140.93	161.43	114.76
11	178.83	135.95	142.64	162.85	117.61	178.22	135.34	142.04	142.04	164.06	114.12
12	178.31	134.54	140.68	165.50	119.06	178.36	132.21	140.73	138.35	167.25	114.04
13	174.71	131.96	137.28	166.14	120.24	173.79	130.71	136.35	136.02	166.18	117.34
14	158.09	119.69	124.33	153.53	111.40	160.98	116.68	127.22	121.32	156.96	108.19
15	102.90	77.85	82.90	102.41	73.39	117.72	60.68	97.73	65.74	107.55	72.40

型钢形式吊杆钢箱叠合拱桥在恒载与单线 ZK 活载作用下的稳定系数为 12.95。

3.6.3 平行钢丝束吊杆

吊杆采用平行钢丝束形式，在各种荷载组合作用下吊杆的应力值如表 3-9 所示。

表 3-9 平行钢丝束吊杆应力值(单位：MPa)

吊杆	组合 1		组合 2	组合 3		组合 4		组合 5		组合 6	
	max	min		max	min	max	min	max	min	max	min
1	287.74	209.60	208.37	288.90	195.41	301.42	195.08	222.05	196.30	302.58	72.30
2	467.95	341.30	340.25	468.81	337.99	468.04	337.68	340.34	338.72	468.89	108.16
3	577.90	419.98	420.55	578.06	414.29	576.82	414.28	419.46	413.71	576.98	117.25
4	625.28	452.66	455.34	624.02	445.99	625.55	446.40	455.61	443.73	624.29	113.87
5	637.97	461.92	465.25	635.83	457.69	637.32	458.21	464.61	454.88	635.19	114.07
6	638.46	462.44	465.03	636.52	460.03	635.59	460.36	462.16	457.77	633.66	114.75
7	639.20	462.54	465.32	637.09	460.61	636.50	460.94	462.62	458.17	634.39	113.01
8	639.31	462.75	465.81	636.84	461.06	637.47	461.44	463.97	458.37	634.99	114.01
9	639.18	462.66	465.29	636.96	460.59	636.48	460.91	462.59	458.29	634.27	113.03
10	638.44	462.53	465.01	636.43	460.02	635.57	460.34	462.14	457.86	633.56	114.76
11	637.92	462.15	465.20	635.60	457.64	637.28	458.16	464.56	455.11	634.96	114.12
12	625.19	453.04	455.23	623.63	445.89	625.46	446.30	455.51	444.11	623.91	114.04
13	577.75	420.26	420.37	577.78	414.13	576.66	414.10	419.29	413.99	576.69	117.34
14	467.72	341.34	339.99	468.74	337.76	467.80	337.41	340.07	338.77	468.83	108.19
15	287.74	209.67	208.37	288.82	195.40	301.42	195.07	222.05	196.37	302.50	72.40

平行钢丝束吊杆钢箱叠合拱桥在恒载与单线 ZK 活载作用下的稳定系数为 12.79。

由以上分析可知：

(1)实心吊杆的应力最大值为 197.13 MPa，发生于荷载组合 1 作用下的 7 号吊杆。型钢形式吊杆的应力最大值为 182.25 MPa，发生于荷载组合 4 作用下的 7 号吊杆。平行钢丝束形式吊杆和钢绞线形式吊杆的应力最大值为 639.31 MPa，发生于荷载组合 1 作用下的吊杆 8 号吊杆。各种形式的吊杆的应力分布规律均体现出，靠近跨中的吊杆应力较大，两侧吊杆应力值逐步减小。

(2)钢箱叠合拱桥在各种吊杆形式下失稳破坏形态大致相同,各种吊杆形式下的成桥状态都具有良好的稳定性能,且有较大富余。

(3)各种吊杆形式的稳定性特征具有相似性。桥梁恒载对结构的稳定性能起主要作用;活载也对桥梁结构稳定性有较大的影响,结构对活载的布置方式变化不太灵敏。横向静风荷载对结构的稳定性有不利作用,但横向静风荷载对于叠合拱桥的稳定性的影响很小。

(4)进行稳定性分析发现,实心圆钢吊杆、型钢吊杆和平行钢丝束吊杆,前几阶屈曲模态基本相同,稳定性系数非常接近,可见,吊杆形式对结构整体的稳定性影响不大。相比之下,型钢吊杆的稳定性略高于实心圆钢形式吊杆,实心圆钢形式吊杆高于平行钢丝束形式吊杆。

(5)刚性吊杆比柔性吊杆增大结构刚度,吊杆受力均匀。柔性吊杆使用寿命短,后期换索不如刚性吊杆经济。刚性吊杆易安装,养护工作量小,整体稳定性也好。型钢形式吊杆和实心圆钢吊杆均为刚性吊杆。型钢形式吊杆整体稳定性好,抗风性能强,安装和拆换方便,国内技术研究较为成熟;但截面尺寸大,用钢量多,受风力影响大,景观效果差,并且对施工要求高,无法应对施工过程中出现的调整吊杆初张力和结构预拱度变化等问题。实心圆钢吊杆用钢量小,景观效果简洁流畅,对施工要求低,可调整吊杆初张力和解决结构预拱度变化等,迎风面小,结构体系受风力影响较小;虽然整体稳定性不如型钢形式吊杆,但由于外观纤细,获得良好的景观效果。

3.7　不同桥面结构形式结构分析

铁路钢桥常用的桥面结构形式有结合桥面和钢桥面。结合哈大客运专线新开河大桥工程背景,对结合桥面(包括有砟和无砟两种情况)以及明桥面这几种桥面结构形式进行讨论研究。

3.7.1　结合桥面

结合桥面为混凝土桥面板纵横梁桥面系通过特制的剪力传递器(剪力键)联成整体,从而参与主梁受力,类似于钢—混组合梁。混凝土桥面板同时又可作为道砟槽。其受力形式较为复杂,凡是能影响主桥受力的因素,也会使其的受力状态受到影响,而且不易更换和维修。

1)无砟结合桥面

无砟桥面是在桥面系上设置混凝土桥面板或钢桥面板,桥面板上设无砟轨道。无砟轨道具有轨道稳定性高、刚度均匀性好、结构耐久性强,维修工作量小等突出优点。对于此种桥面,利用剪力键将混凝土桥面板与纵横梁联结,使桥面板与主梁共同受力。利用 MIDAS 进行建模计算,考虑了以下 5 种荷载组合:

(1)自重+二期恒载(恒载);

(2)自重+二期恒载+移动荷载(荷载组合 1);

(3)自重+二期恒载+移动荷载+制动力+整体升温(荷载组合 2);

(4)自重+二期恒载+移动荷载+制动力+整体降温(荷载组合 3);

(5)自重+二期恒载+移动荷载+风荷载(荷载组合 4)。

各构件的最大响应如表 3-10 所示。

表 3-10 无砟结合桥面各构件的最大响应

构件	最大竖向位移(m)	最大应力(MPa)
桥面板	−0.061 08	13.7
中横梁	−0.053 53	48.3
纵梁	−0.053 52	60.5
系梁	−0.053 25	86.0

2)有砟结合桥面

采用有砟桥面可以提高桥梁的重量和整体性,在桥面系上设置混凝土桥面板或钢桥面板,桥面板上设有砟轨道,可大大增加桥梁的横向刚度,改善桥梁的动力性能,减少维修工作量,减少噪声。利用 MIDAS 进行建模计算,各构件的最大响应如表 3-11 所示。

表 3-11 有砟结合桥面各构件的最大响应

构件	最大竖向位移(m)	最大应力(MPa)
桥面板	−0.057 98	14.6
中横梁	−0.057 98	53.9
纵梁	−0.057 96	63.3
系梁	−0.057 33	90.7

3.7.2 明桥面

明桥面没有道砟,主要由桥枕、护木、正轨及护轨等组成,桥枕直接设置在主梁或纵梁上。采用明桥面的铁路钢桥,桥枕与钢梁的固定方式难以承受较大的纵向及横向水平力。随着列车运行速度的提高,列车对桥面系的冲击作用也因此而加大,为适应列车时速提高至 160 km 的要求,明桥面的具体构造也作了相应的变化,即:

1)采用 60 kg/m 钢轨;

2)桥上轨道采用无缝线路或用高强螺栓将钢轨接缝冻结;

3)在活动支座处,钢轨扣件采用紧—松—紧的布置方式。

行车速度进一步提高,则需要进一步加强连接。然而,由于明桥面结构的刚度和连接强度不够,其稳定性及耐久性通常难以满足高速列车的行车要求。因此,高速铁路桥面结构不宜采用明桥面。利用 MIDAS 进行建模计算,各构件的最大响应如表 3-12 所示。

表 3-12 明桥面各构件的最大响应

构件	最大竖向位移(m)	最大应力(MPa)
中横梁	−0.044 54	90.5
纵梁	−0.044 52	99.0
系梁	−0.04 38	95.5

通过对以上三种桥面结构的比较,可以发现,明桥面的竖向位移最小,但是其受力状态和横向刚度较结合桥面更为不利。而对于结合桥面,无砟桥面虽然竖向位移略大于有砟桥面,但其受力状态优于有砟桥面。

（1）明桥面受力性能较差，再考虑其耐久性及稳定性，使这种桥面结构难以满足高速列车的行车要求。

（2）结合桥面由于桥面参与主梁工作，使桥面系及系梁在受力性能上得到优化，同时又增强了桥梁的整体刚度。

（3）有砟结合桥面由于增加了道砟的自重，使结构各构件的应力略有增加，在静力分析中与无砟桥面性能较为接近。

4　新型钢箱组合拱桥设计参数比选分析

4.1　新型钢箱组合拱桥设计流程

新型钢箱组合结构拱桥的设计流程包括概念设计、初步设计、技术设计以及施工图设计四个阶段，如图 4-1 所示。

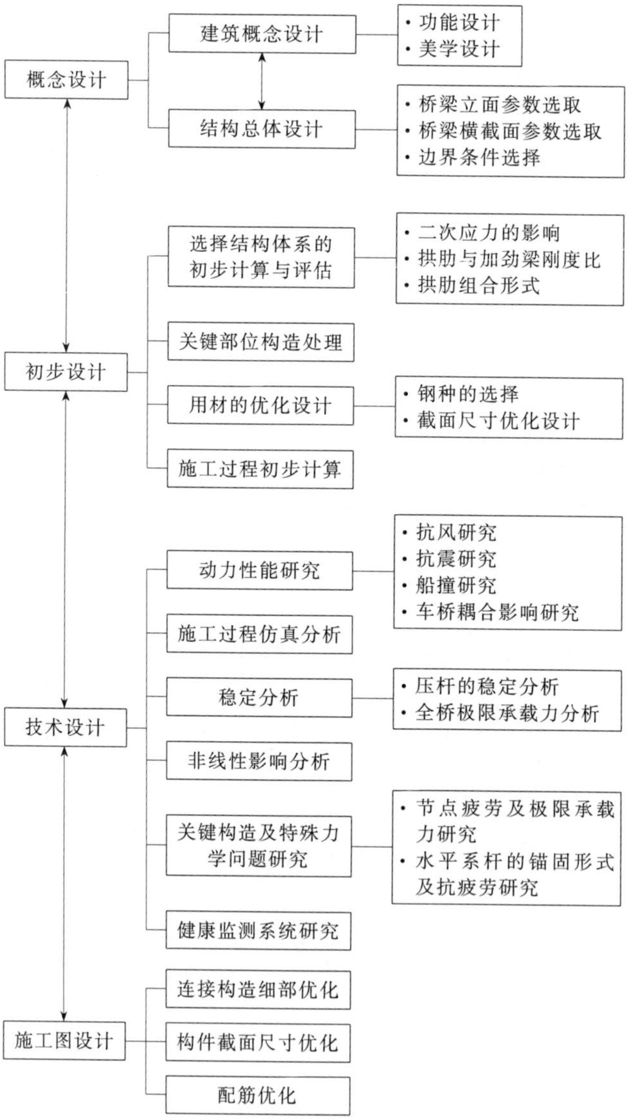

图 4-1　新型钢箱叠合拱桥设计流程框图

4.2　结构设计参数与结构构造分析

4.2.1　矢 跨 比

矢跨比是拱桥设计时需要考虑的一个重要的特征参数，本书采用不改变跨径，调整拱肋矢高，分别计算分析上拱肋矢跨比变化（下拱肋矢跨比保持不变）、下拱肋矢跨比变化（上拱肋矢跨比保持不变）、上下拱肋矢跨比均发生变化（矢高差保持不变）三种情况的矢跨比变化对于钢箱叠合拱桥力学特性的影响。为使对比简单明了，将原设计计算结果为基准值对各计算结果进行单位化。

1）上拱肋矢跨比

保持其他设计参数不变，上拱肋的矢高从 30 m 按增幅 1 m 依次增至 40 m，分析上拱肋矢跨比对于叠合拱桥力学特性的影响，结果如图 4-2 所示。

由图 4-2 可以看出，随着上拱肋矢跨比的增大，拱肋各关键截面轴力均下降，上、下拱肋跨中截面轴力的下降幅度较大；上、下拱肋 $L/4$ 处截面弯矩下降，拱脚、上拱肋跨中截面弯矩增大，下拱肋跨中截面弯矩变化不大；系梁各关键截面轴力均下降，系梁 $L/4$ 处截面轴力下降幅度较大；系梁跨中与 $L/4$ 处截面弯矩下降，系梁 $L/4$ 处截面弯矩下降幅度较大，系梁端部的弯矩变化不大；上、下拱肋与系梁跨中挠度均下降，上、下拱肋挠度变化较明显；在一定范围内，稳定系数随着上拱肋矢跨比的增大而增大，但当上拱肋的矢高过大时，构件的自由长度会增大，稳定系数反而会下降。

2）下拱肋矢跨比

保持其他设计参数不变，下拱肋的矢高从 23 m 按增幅 1 m 依次增至 33 m，分析下拱肋矢跨比对于叠合拱桥力学特性的影响，结果如图 4-3 所示。

由图 4-3 可以看出，随着下拱肋矢跨比的增大，拱脚、上拱肋 $L/4$ 处截面轴力增大，上、下拱肋跨中截面，下拱肋 $L/4$ 处截面轴力下降，下拱肋跨中截面轴力下降幅度较大；拱脚与上拱肋 $L/4$ 处截面弯矩下降，且上拱肋 $L/4$ 处截面弯矩变化幅度较大，上、下拱肋跨中截面弯矩增大，下拱肋 $L/4$ 处截面弯矩先增大后减小；系梁端部与跨中截面轴力下降，且系梁跨中截面轴力变化幅度较大，系梁 $L/4$ 处截面轴力先下降后增大；系梁各关键截面弯矩均增大，且系梁 $L/4$ 处截面弯矩变化幅度较大；上、下拱肋与系梁跨中挠度均下降，上、下拱肋挠度变化较明显；稳定系数随着下拱肋矢跨比的增大而增大。

3）上、下拱肋矢跨比

保持其他设计参数不变，上拱肋的矢高从 30 m 按增幅 1 m 依次增至 40 m，对应下拱肋的矢高从 23 m 按增幅 1 m 依次增至 33 m，矢高差保持 7 m 不变，分析上、下拱肋矢高同步变化时叠合拱桥力学特性变化规律，结果如图 4-4 所示。

由图 4-4 可以看出，随着上、下拱肋矢高同步的增大，下拱肋跨中截面轴力先减小后增大，拱肋其余关键截面轴力均下降，上拱肋跨中截面轴力的下降幅度较大；拱脚、上拱肋跨中截面弯矩增大，上、下拱肋 $L/4$ 处与下拱肋跨中截面弯矩先下降后增大，且下拱肋跨中截面弯矩变化幅度较大；系梁各关键截面轴力均下降，变化幅度基本一致；系梁跨中与 $L/4$ 处截面弯矩下降，系梁端部的弯矩增大；上、下拱肋与系梁跨中挠度均下降；稳定系数随着上、下拱肋矢高增大先逐

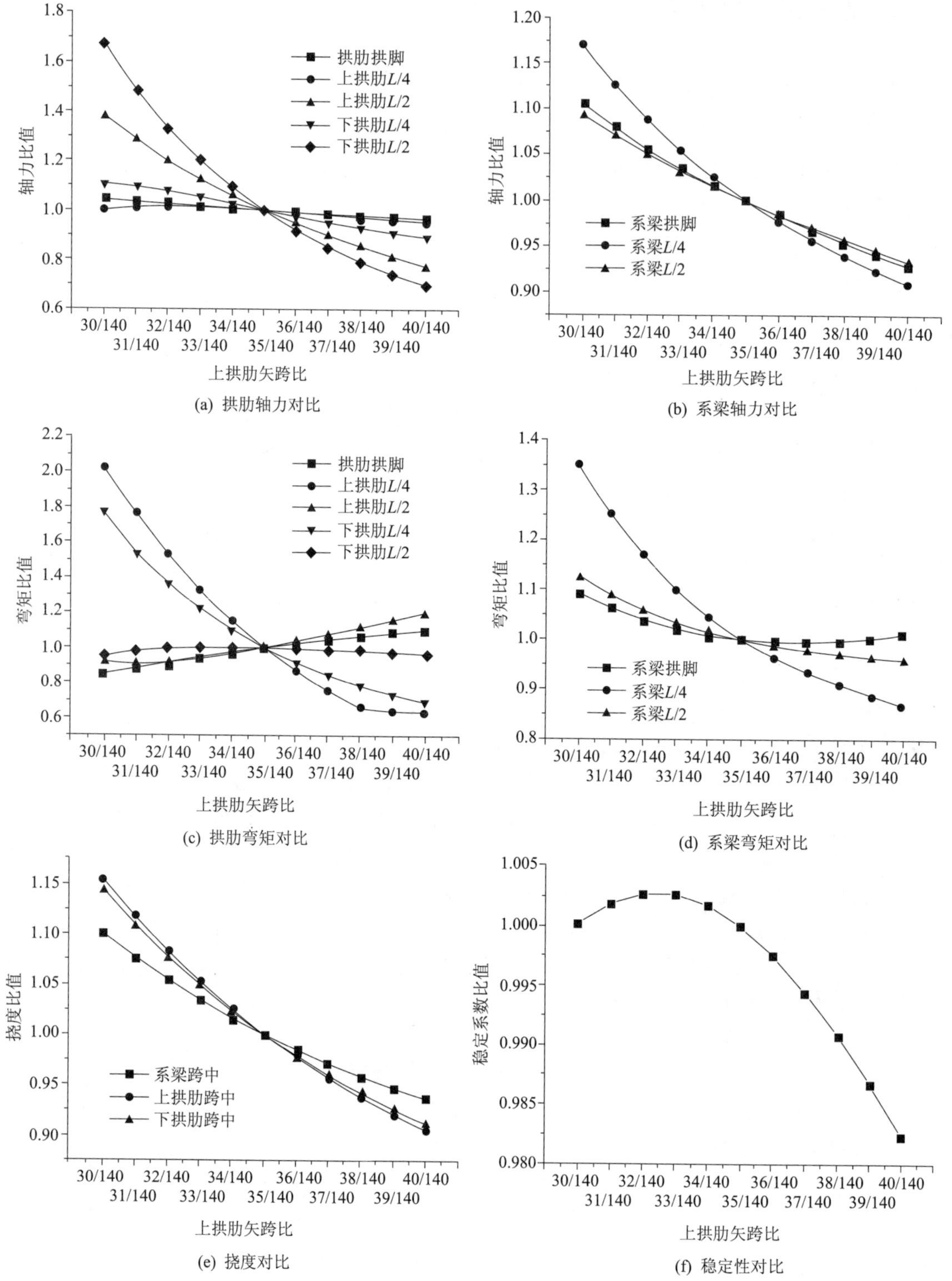

图 4-2　叠合拱结构力学特性与上拱肋矢跨比关系

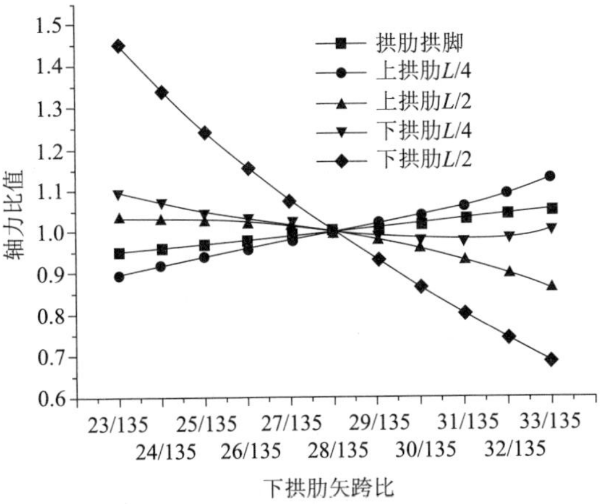

(a) 拱肋轴力对比

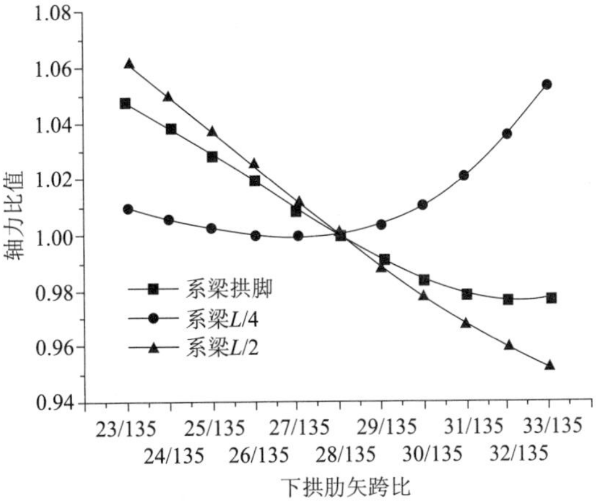

(b) 系梁轴力对比

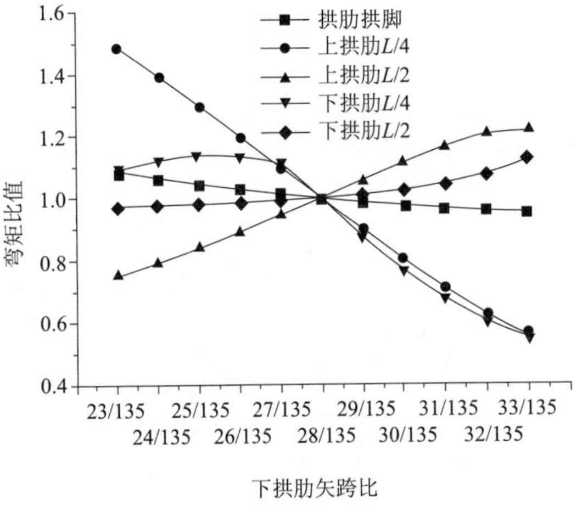

(c) 拱肋弯矩对比

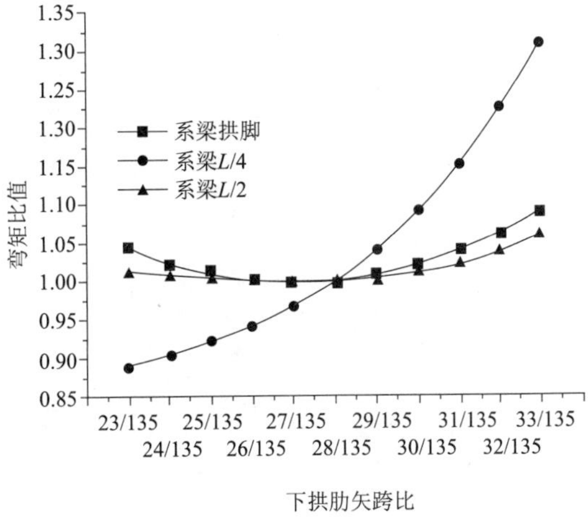

(d) 系梁弯矩对比

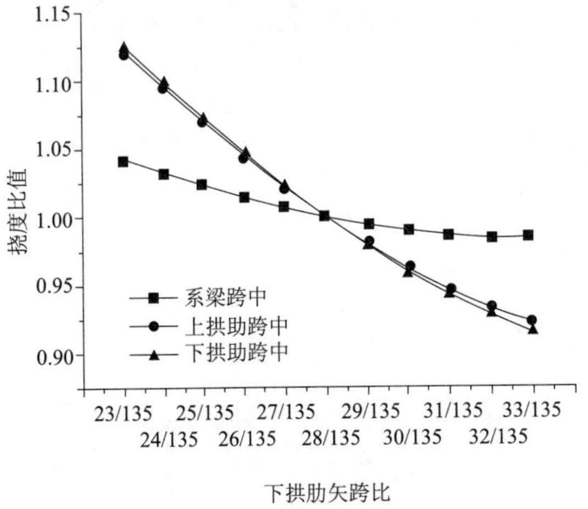

(e) 挠度对比

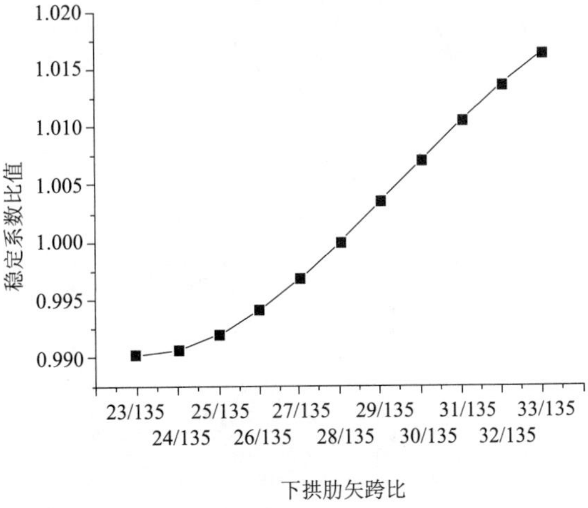

(f) 稳定性对比

图 4-3　叠合拱结构力学特性与下拱肋矢跨比关系

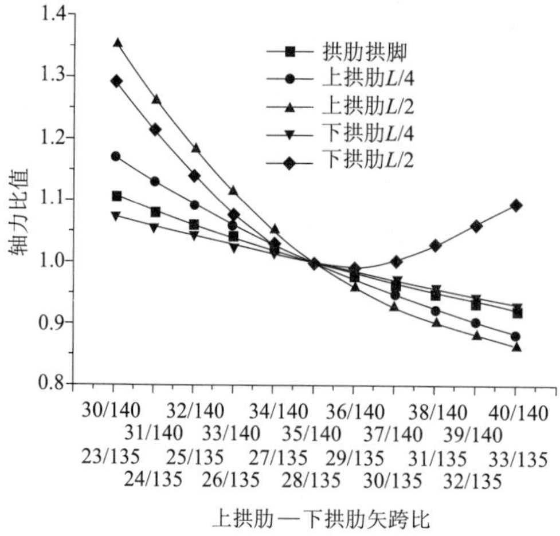

(a) 拱肋轴力对比

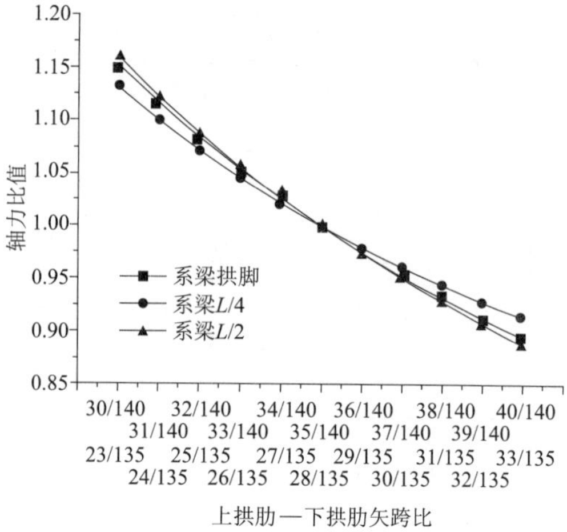

(b) 系梁轴力对比

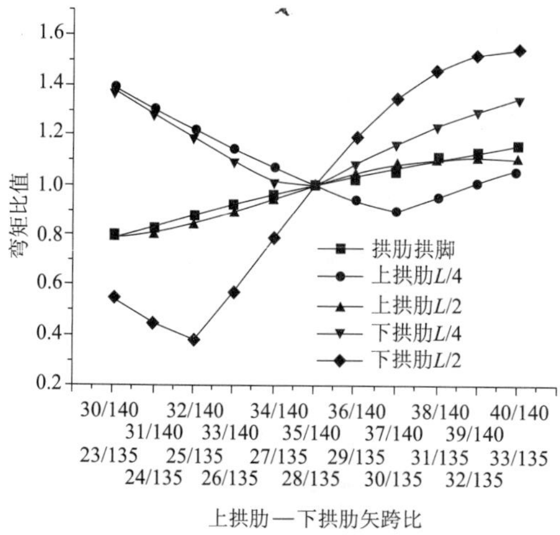

(c) 拱肋弯矩对比

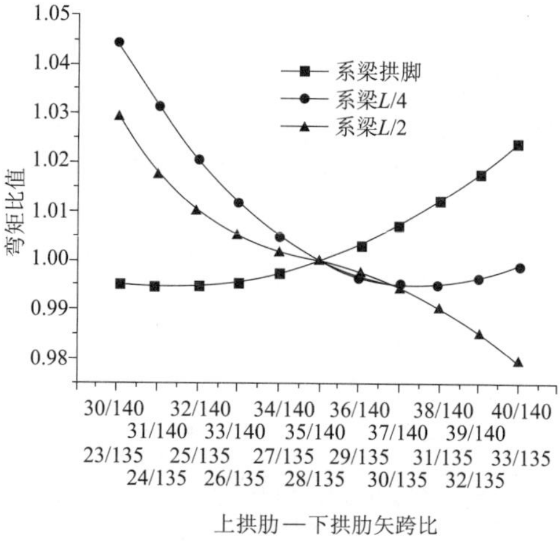

(d) 系梁弯矩对比

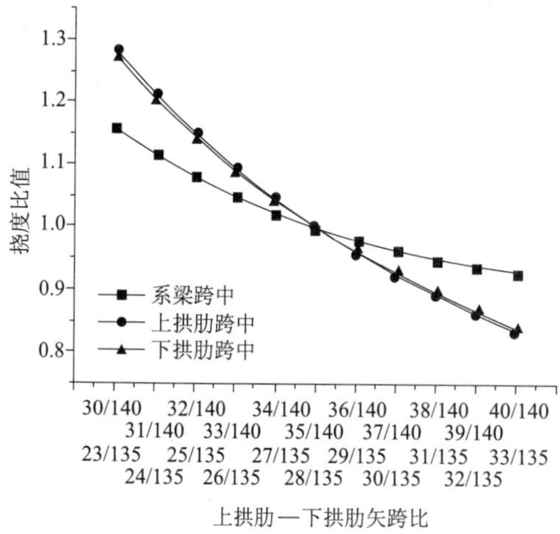

(e) 挠度对比

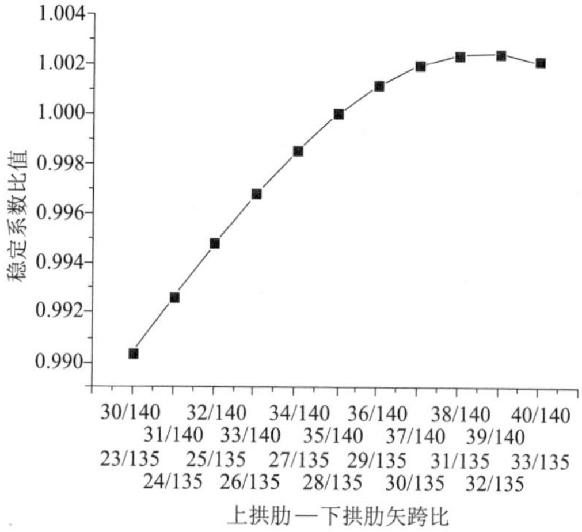

(f) 稳定性对比

图 4-4　叠合拱结构力学特性与上、下拱肋矢跨比关系

步增大，后又因矢高过大反而下降。

随着上拱肋矢跨比、下拱肋矢跨比或者上、下拱肋矢跨比同时增大，拱脚内力变化幅度较大，上、下拱肋与系梁跨中挠度都会减小，拱肋与系梁关键截面的内力、结构稳定性的变化与上、下拱肋的具体空间布置及共同作用有关，下拱肋的取值为 1/5 左右时较合理。

4.2.2 拱肋内倾角

保持其他设计参数不变，拱肋内倾角从 0°按增幅 1°依次增至 10°，分析拱肋内倾角对于叠合拱桥力学特性的影响，全桥稳定系数与基频的计算结果如表 4-1 所示。

表 4-1 不同拱肋内倾角下新开河桥稳定系数与基频计算结果

内倾角(°)	结构基频(Hz)			稳定特性	
	侧弯	竖弯	扭转	稳定系数	失稳特征
0	0.601 496	1.509 161	3.352 913	14.417 86	拱肋反对称侧倾失稳
1	0.613 338	1.510 008	3.373 021	14.163 42	拱肋反对称侧倾失稳
2	0.629 024	1.510 325	3.399 514	14.351 69	拱肋反对称侧倾失稳
3	0.647 555	1.510 482	3.430 457	14.557 64	拱肋反对称侧倾失稳
4	0.669 592	1.510 479	3.466 926	14.784 11	拱肋反对称侧倾失稳
5	0.695 97	1.510 316	3.510 246	15.034 26	拱肋反对称侧倾失稳
6	0.727 805	1.509 995	3.562 02	15.310 68	拱肋反对称侧倾失稳
7	0.766 528	1.509 515	3.624 037	15.621 54	拱肋反对称侧倾失稳
8	0.813 945	1.508 877	3.696 118	15.977 24	拱肋反对称侧倾失稳
9	0.872 4	1.508 078	3.709 523	16.401 1	拱肋反对称侧倾失稳
10	0.944 784	1.507 114	3.700 316	16.940 84	拱肋反对称侧倾失稳

以内倾角 0°的计算数据为基准值对各方案的计算数据进行单位化，结果如图 4-5 所示。

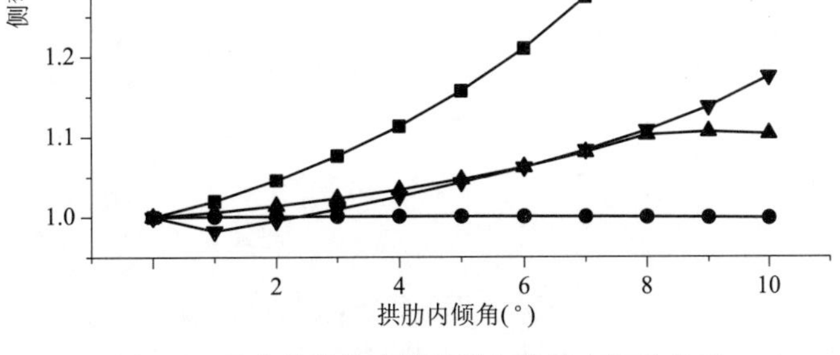

图 4-5 叠合拱结构力学特性与拱肋内倾角关系

由图 4-5 与计算结果知，随着拱肋内倾角的增大，叠合拱桥稳定系数逐步增大，失稳模态均为拱肋反对称侧倾失稳；结构的侧弯、竖弯、扭转基频均增大，且侧弯基频的增加幅度较大。

4.2.3　横撑布置形式

1)横撑数量的影响

不改变横撑的结构形式，将横撑数目从 0、1、2、3 计算到数目为 5、7，对各种不同数目对称布置横撑的叠合拱桥的稳定性进行分析，结果如图 4-6 所示。

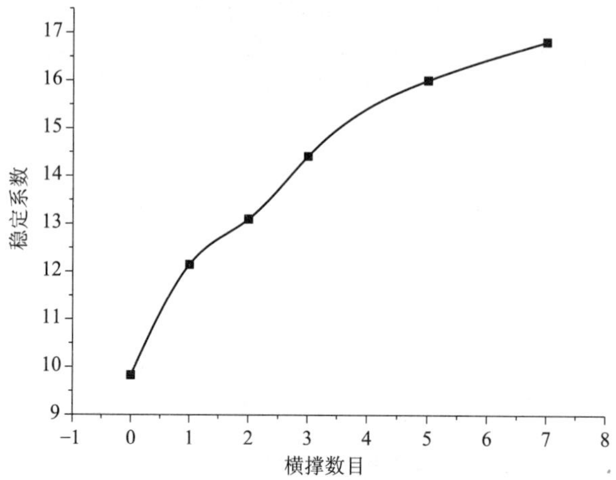

图 4-6　横撑数量与稳定系数的关系

由图 4-6 可知，结构的稳定系数随着横撑数目的增加而增大，当横撑的数量增加时，各个拱肋之间联系加强，拱肋失稳越难以发生，从而引起稳定系数的增长，但也可看出增长速率减缓，而且横撑数量的持续增加，会导致横撑数量多而密集，形成了一种压抑感。

2)横撑间距的影响

不改变横撑的结构形式，将横撑的间距设置为原来间距的 0.25 倍、0.50 倍、0.75 倍、1.25 倍以及 1.50 倍，对各种不同横撑间距的叠合拱桥的稳定性进行分析，结果如图 4-7 所示。

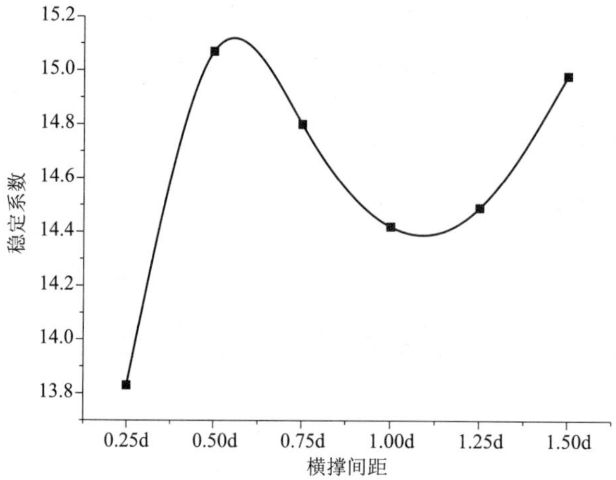

图 4-7　横撑间距与稳定系数的关系

由图 4-7 可知，当横撑间距过于密集时，结构的稳定系数不高，随着横撑在全桥的对称均匀布置，稳定系数增大，但当横撑间距过大，便会加大拱肋的自由长度，导致拱肋横向稳定性下降。又随着间距的增大，第一根横撑越接近端横梁，稳定系数又有所增大，但受列车行驶空间的限制。

3）横撑刚度的影响

不改变横撑的结构形式，将横撑的刚度设置为原来间距的 0.25 倍、0.50 倍、0.75 倍、1.25 倍、1.50 倍、1.75 倍以及 2.00 倍，对各种不同横撑刚度的叠合拱桥的稳定性进行分析，结果如图 4-8 所示。

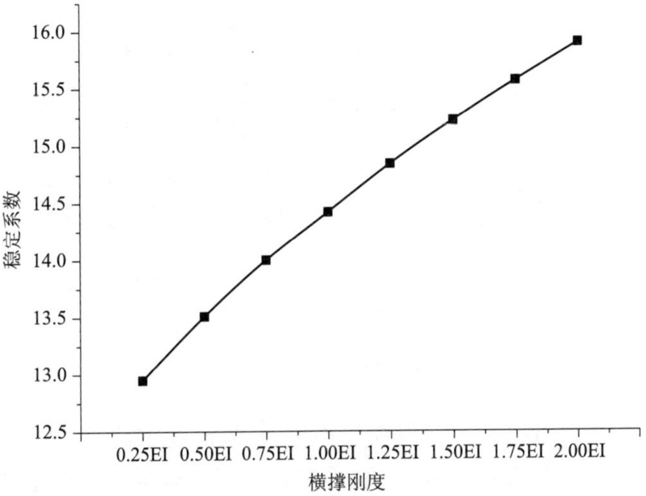

图 4-8　横撑刚度与稳定系数的关系

由图 4-8 可知，随着横撑刚度的增大，结构的稳定安全系数几乎呈直线增长。

4）横撑侧面布置的影响

表 4-2 列出各种不同横撑侧面布置方案。对各不同横撑侧面布置方案叠合拱桥的稳定性进行分析，结果如图 4-9 所示。

表 4-2　横撑侧面布置方案

方案编号	方案名称	拱肋侧面示意图
1	无横撑方案	
2	原始方案	
3	一字形方案	
4	工字形方案	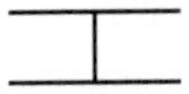
5	桁架方案 1	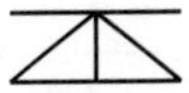
6	桁架方案 2	
7	桁架方案 3	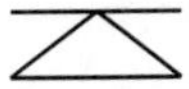

续上表

方案编号	方案名称	拱肋侧面示意图
8	桁架方案 4	

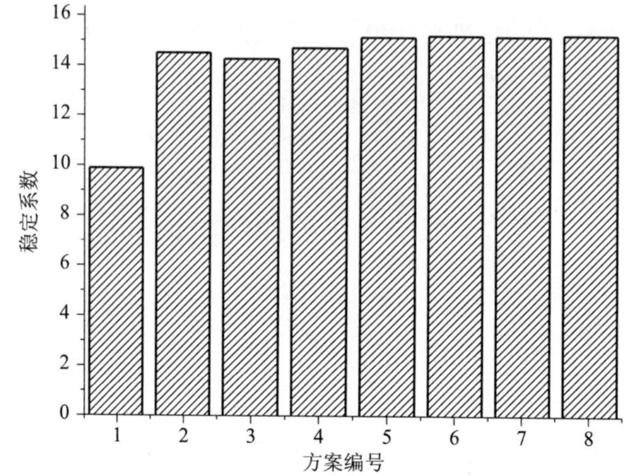

图 4-9　横撑侧面布置方案与稳定系数的关系

由图 4-9 可知:加强两组拱肋之间的横向连接,结构的稳定性显著提高;由方案 5～方案 8 可知加强上、下拱肋之间的横撑的竖向连接,可有效提高叠合拱桥的稳定性。

5)横撑平面布置的影响

表 4-3 列出各种不同横撑平面布置方案。对各不同横撑平面布置方案叠合拱桥的稳定性进行分析,结果如图 4-10 所示。

表 4-3　横撑平面布置方案

方案编号	方案名称	主拱结构示意图
1	无横撑方案	
2	原始方案	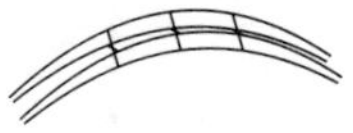
3	一字形方案	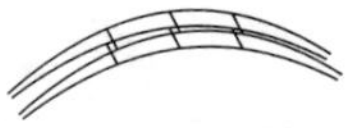
4	工字形方案	
5	K 字形方案	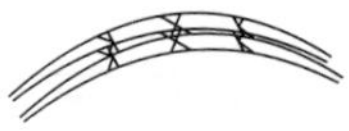
6	K 字形方案 (含竖向连接)	
7	X 字形方案	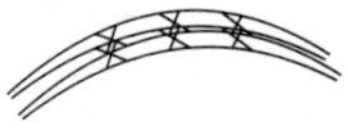

续上表

方案编号	方案名称	主拱结构示意图
8	X 字形方案 （含竖向连接）	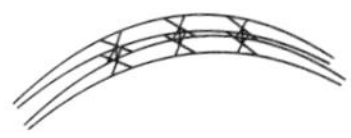

由图 4-10 可知：对比方案 1～方案 4 与方案 5～方案 8 可知 K 字形方案与 X 字形方案增大了两组拱肋之间的横向连接，结构的稳定性明显提高；对比方案 5 与方案 6、方案 7 与方案 8 可知，加强上、下拱肋之间的横撑的竖向连接，叠合拱桥的稳定性明显改善。

4.2.4 吊杆布置形式

不改变其他设计参数，将吊杆按照图 4-11 所示方式进行布置，并结合吊杆与连杆的刚度进行组合，分析吊杆布置形式对于叠合拱桥力学特性的影响，结果如图 4-12 所示。

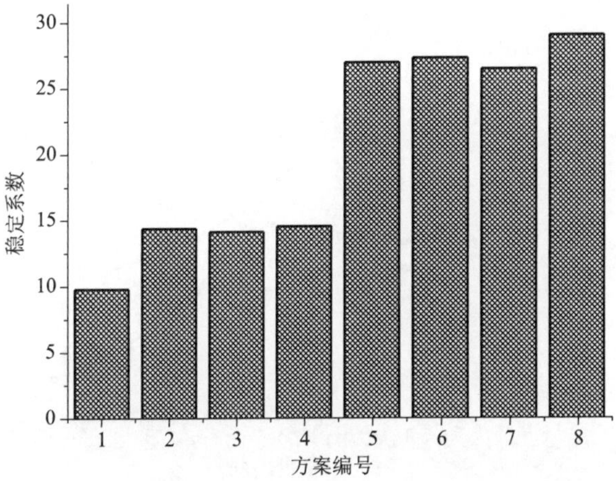

图 4-10 横撑侧面布置方案与稳定系数的关系

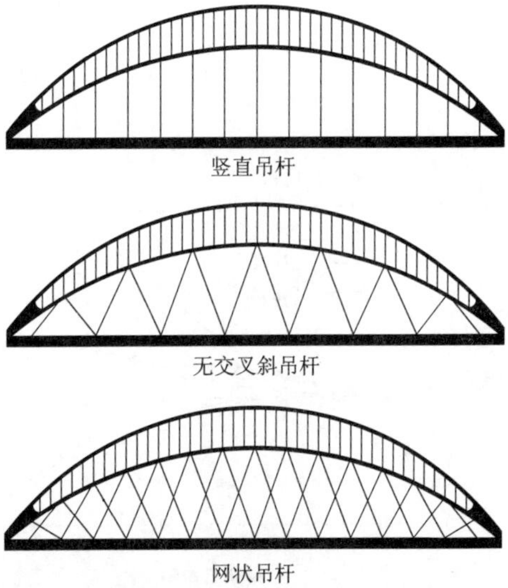

图 4-11 吊杆布置形式示意图

由图 4-12 可知，柔性吊杆的稳定系数低于刚性吊杆；柔性吊杆对侧弯基频影响不显著，但柔性吊杆布置形式对竖弯基频与扭转基频影响较大。

4.2.5 拱肋系梁刚度比

拱肋与系梁刚度比会影响结构内部荷载的分布，不改变其他设计参数，对比分析拱梁刚度比由 1/5～5 的拱肋与系梁关键截面的内力变化规律，以原方案计算结果为基准值对计算数据进行单位化，结果如图 4-13 所示。

由图 4-13 可知，随着拱肋系梁刚度比的增大，拱脚、下拱肋 $L/4$ 处与跨中截面轴力下降，上拱肋 $L/4$ 处与跨中截面轴力增大，上、下拱肋跨中截面轴力变化幅度较大；拱肋各关键截面弯矩均呈上升趋势，下拱肋 $L/4$ 处截面弯矩增大幅度较大，拱脚截面弯矩变化幅度较小；系梁各关键截面轴力均下降，系梁端部轴力变化较明显；系梁 $L/4$ 处与跨中截面弯矩下降，但系梁端部弯矩则有明显的增长趋势。

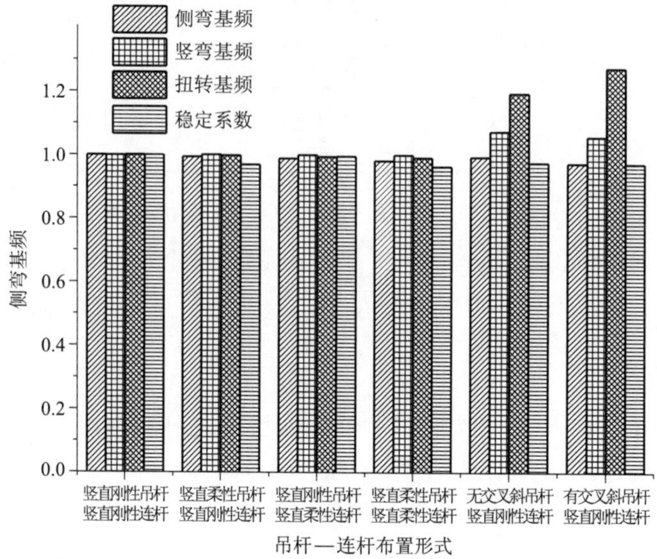

图 4-12　叠合拱结构力学特性与吊杆布置形式的关系

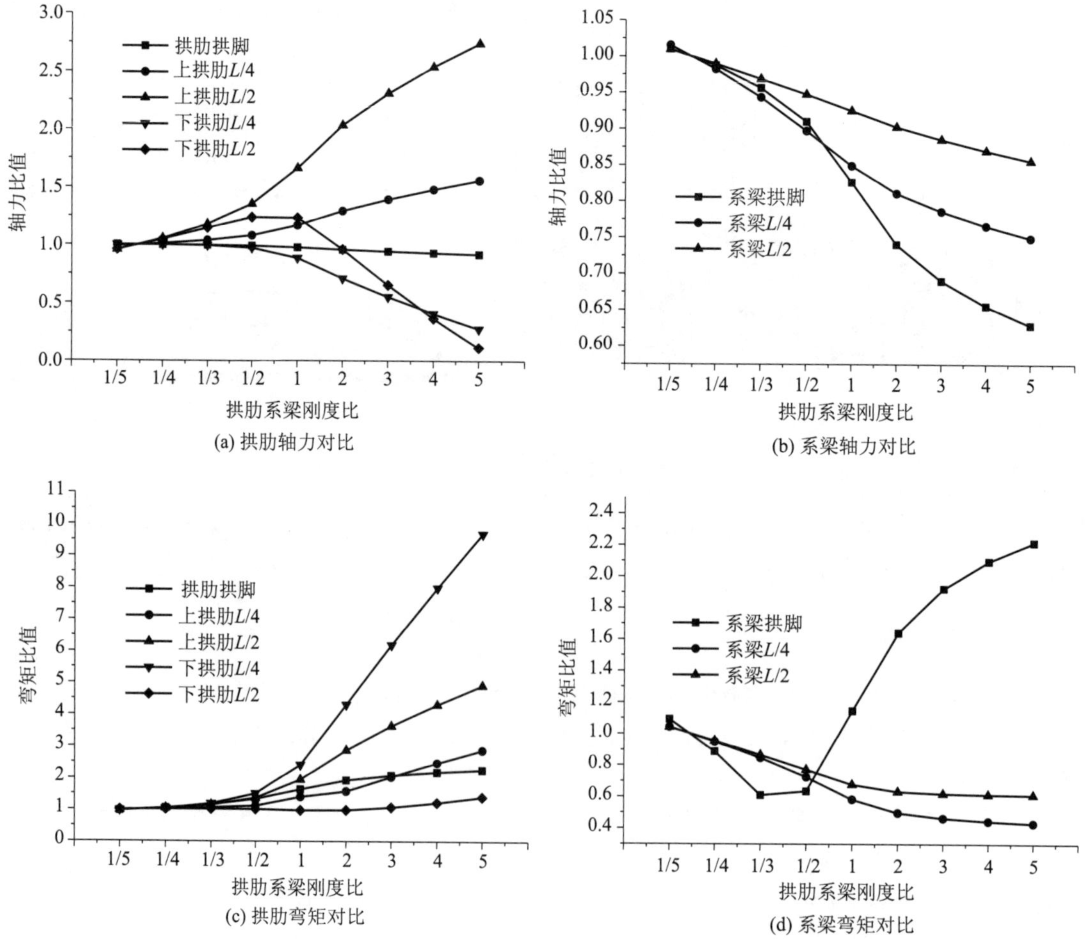

图 4-13　叠合拱结构力学特性与拱肋系梁刚度比关系

4.3 拱脚结构构造细节与计算分析

拱脚局部应力分析采用有限元软件ANSYS的子模型分析方法，即切割边界位移法。根据圣维南原理，在截取的断面上施加等效荷载，截取后的结构在支座反力和边界荷载等的共同作用下，处于静力自平衡状态。荷载施加位置附近的应力和应变并未发生改变。选取28 m长的系梁、拱脚作为分析对象，截取第一段上拱肋、第一段下拱肋及端横梁、中横梁作为模型的一部分。

拱脚、拱肋、系梁和横梁均采用SHELL单元，上、下吊杆采用BEAM单元。在截断部位直接施加弯矩、剪力、轴力，在施加力的节点上会出现较大的应力集中。为了避免应力集中的现象出现，沿截断面延长方向建立刚臂单元（图4-14(a)），针对拱脚结构较为复杂的情况，在计算局部应力时，对模型采取自由网格划分的方式，由此会在模型中产生个别异形单元，将在计算结果中予以剔除。图4-14(b)为划分网格后的拱脚模型。

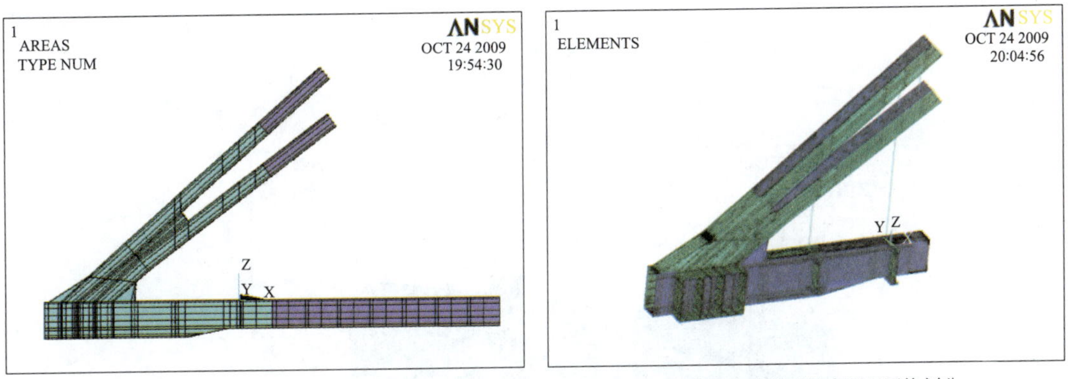

(a) 拱脚部分模型　　(b) 拱脚部分模型的有限元网格划分

图4-14　拱脚局部模型及其有限元网格划分

从计算结果来看，支座位置是全桥应力最集中的位置。图4-15给出了“恒载＋ZK活荷载”作用下支座位置处系梁的局部Von Mises应力云图。可以看出，在系梁和端横梁交界处的Von Mises应力σ_i较大，达到206 MPa。由于接近整个局部模型中的约束位置，且两侧的横梁、纵梁和拱肋位置都加了较大荷载，出现较大应力比较正常。

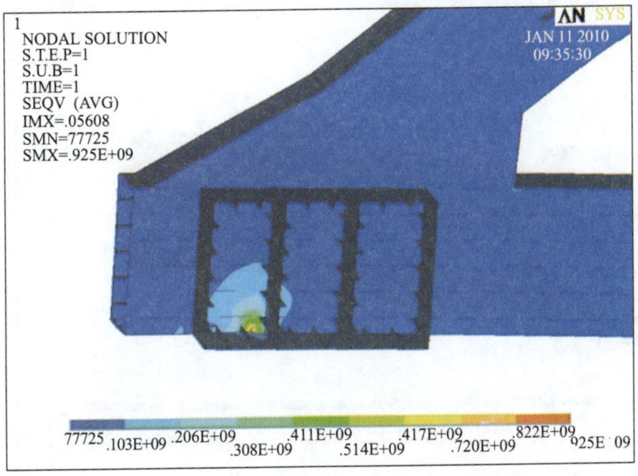

图4-15　支座位置处系梁的局部Von Mises应力云图

系梁变截面处是全桥应力较大的部位，此处的 Von Mises 应力、第 1 主应力及第 3 主应力如图 4-16 所示。其中，系列变截面附近的 Von Mises 应力大多在 80 MPa 以内，最大值为 192 MPa；第 1 主应力大多在 40～60 MPa，最大值为 159 MPa；第 3 主应力大多在 30～40 MPa，最大值为 155 MPa。

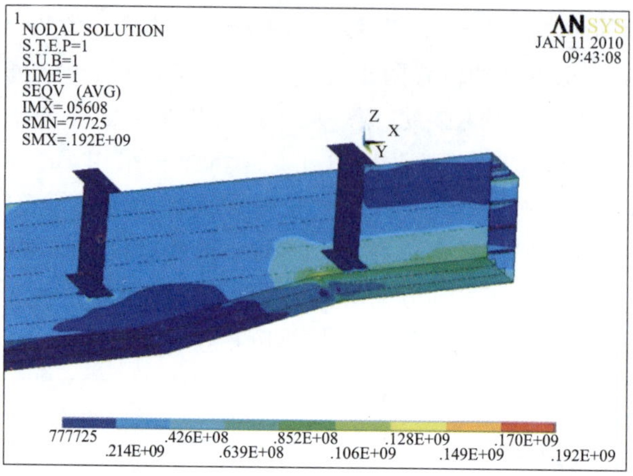

(a) Von Mises应力

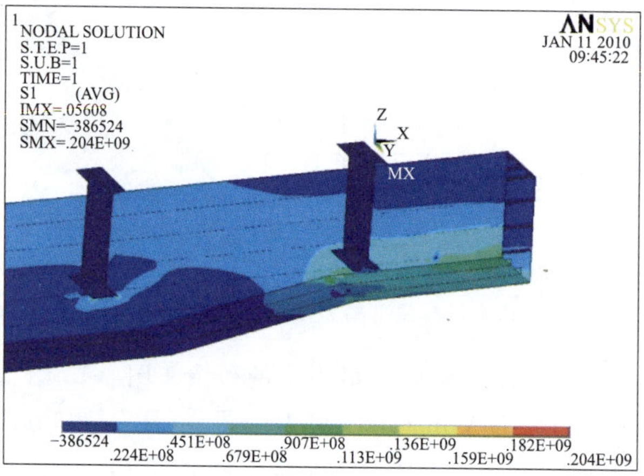

(b) 第1主应力

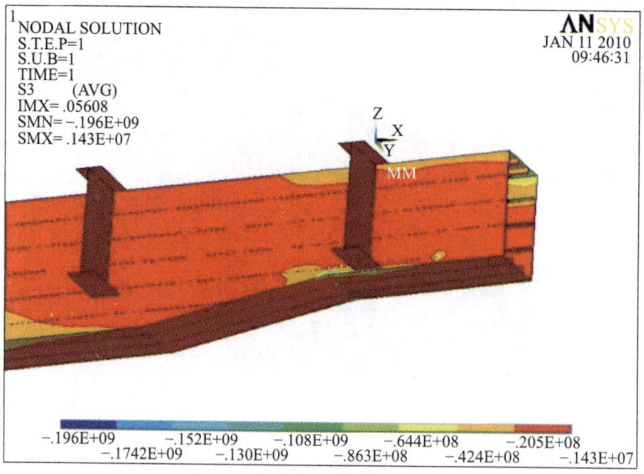

(c) 第3主应力

图 4-16 系梁变截面位置应力云图

拱脚和拱肋位置处的 Von Mises 应力 σ_i、第 1 主应力 σ_1、第 3 主应力 σ_3 云图如图 4-17 所示。

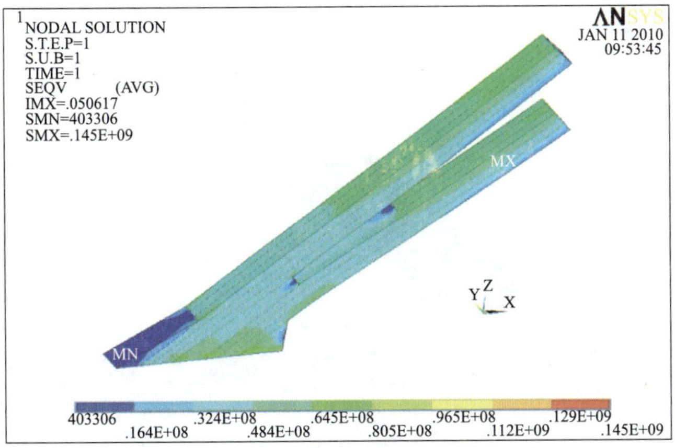

(a) Von Mises应力

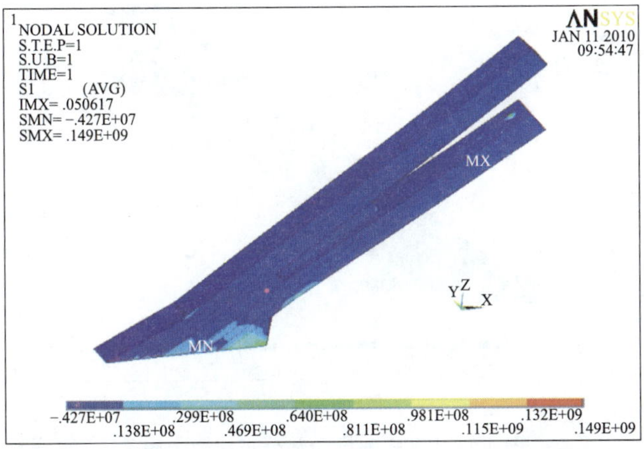

(b) 第1主应力

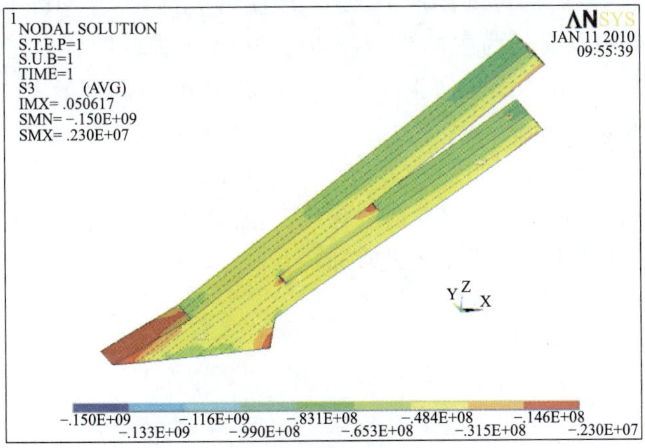

(c) 第3主应力

图 4-17 拱脚和拱肋位置应力云图

拱脚和拱肋结构的顺桥向和竖向正应力云图如图 4-18 所示。

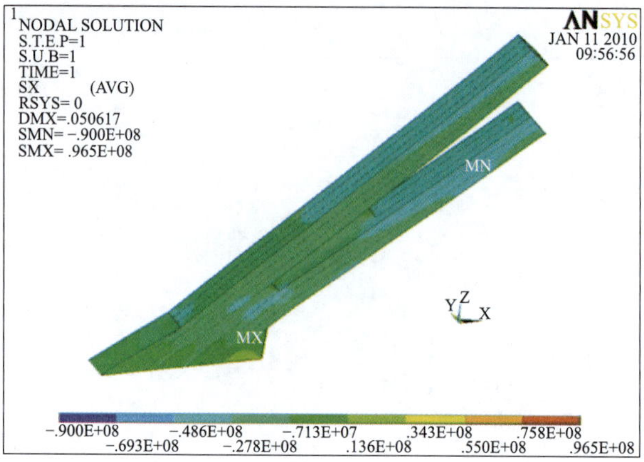

(a) 顺桥向正应力

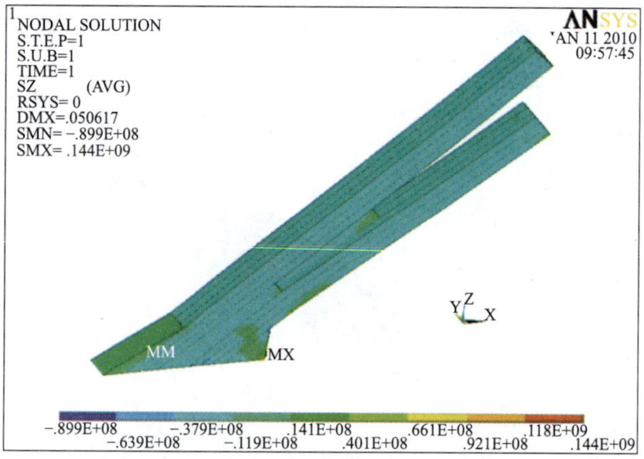

(b) 竖向正应力

图 4-18　拱脚和拱肋部分正应力云图

从云图中可以看出，拱肋部位的压应力较小，压应力大都在 20 MPa 以内，而且拱肋以受压为主，反映了拱桥结构以受压为主的受力特点。其中，拱脚的顺桥向正应力出现在拱脚端部，局部最大值未超过 55 MPa，而竖向正应力出现在拱脚中部，局部最大值不超过 64 MPa。

由以上计算结果可知，拱脚最不利受力位置在支座顶部，最大 Von Mises 应力达到 206 MPa。除此之外，系梁变截面位置的应力也比较大，最大 Von Mises 应力为 192 MPa。由此可得，拱脚和周围与其连接的构件，在恒载和 ZK 活载作用下，都产生了较大的应力。尽管局部出现了应力偏大的情况，但各部件应力均满足规范要求。

5 新型钢箱组合拱桥的动力行为分析

5.1 新型钢箱叠合拱桥风荷载作用下的受力行为分析

依据《铁路桥涵设计基本规范》(TB 10002.1—2005)第4.4.1条的规定:作用于桥梁上的风荷载强度是按式(5-1)计算:

$$W=K_1K_2K_3W_0 \tag{5-1}$$

式中 K_1——桥墩风载体形系数,取值为1.3;

K_2——风压高度变化系数,取值为1.26;

K_3——地形、地理条件系数,取值为1.0;

W_0——基本风压,取值为700 Pa。

计算风荷载时主要考虑了以下两种工况:

(1)无车时侧向风力,风压值按照式(5-1)的结果取为1 150 Pa;

(2)有车时侧向风力,风压值根据取式(5-1)的结果的80%,由此得到风压值为920 Pa。

5.1.1 无车时风荷载的计算分析

对结构在无车时风荷载作用下的响应进行分析,结果如表5-1所示。

表5-1 无车时风荷载作用下结构响应

构件	应力(MPa)		位移(mm)	
拱肋	max	18.27	横桥向	62.9
	min	−17.61		
系梁	max	8.04	横桥向	0.9
	min	−4.34		
纵梁	max	2.46	—	—
	min	−2.54	—	—
横梁	max	3.47	—	—
	min	−3.47	—	—
吊杆	max	47.33	—	—
连接杆	max	9.54	—	—
横撑	max	40.67	—	—
	min	−42.83	—	—

5.1.2 有车时风荷载的计算分析

对结构在有车时风荷载作用下的响应进行分析,结果如表5-2所示。

表 5-2　有车时风荷载作用下结构响应

构件	应力(MPa)		位移(mm)	
拱肋	max	14.12	横桥向	48.1
	min	−13.61		
系梁	max	6.16	横桥向	0.7
	min	−3.33		
纵梁	max	1.88	—	—
	min	−1.95	—	—
横梁	max	2.67	—	—
	min	−2.66	—	—
吊杆	max	37.65	—	—
连接杆	max	7.45	—	—
横撑	max	31.10	—	—
	min	−32.97	—	—

5.2　横向摇摆力和制动力作用下的受力行为分析

取 100 kN 的横向集中力以水平方向垂直线路中心作用于桥跨跨中处的轨顶。双线桥只计一线横向摇摆力。

按竖向静活载的 10%计算,双线只计一线制动力。

5.2.1　横向摇摆力作用的受力行为分析

对结构在横向摇摆力作用下的响应进行分析,结果如表 5-3 所示。

表 5-3　横向摇摆力作用下结构响应

构件	应力(MPa)		位移(mm)	
拱肋	max	0.02	横桥向	0.052
	min	−0.05		
系梁	max	0.51	横桥向	0.196
	min	−0.32		

纵梁、横梁、吊杆、横撑在横向摇摆力作用下的应力均近似为零。

5.2.2　制动力作用的受力行为分析

对结构在制动力作用下的响应进行分析,结果如表 5-4 所示。

表 5-4　制动力作用下结构响应

构件	应力(MPa)		位移(mm)		
拱肋	max	0.28	竖向	max	0.118
	min	−0.28		min	−0.193

续上表

构件	应力(MPa)		位移(mm)		
系梁	max	2.94	竖向	max	0.109
	min	−2.85		min	−0.190

纵梁、横梁、吊杆、横撑在制动力作用下的应力均近似为零。

5.3　钢箱叠合拱桥温度应力与变形分析

温度荷载作用计算分析主要考虑了以下五种温度工况：

(1)全桥整体升温 28 ℃；

(2)全桥整体降温 46.5 ℃；

(3)钢箱拱肋比系梁箱梁高 15 ℃；

(4)拱肋系梁箱梁上下缘相差 15 ℃；

(5)系梁箱梁上下缘相差 10 ℃。

分别对结构在五种温度工况作用下的响应进行分析，结果如表 5-5 所示。

表 5-5　温度荷载作用下结构响应

构件响应 \ 工况		温度工况 1	温度工况 2	温度工况 3	温度工况 4	温度工况 5
拱肋应力(MPa)	max	8.17	11.16	4.43	20.32	3.66
	min	−6.72	−13.56	−21.10	−19.46	−3.17
系梁应力(MPa)	max	6.63	21.03	2.89	4.57	13.21
	min	−12.66	−11.02	−5.66	−7.69	−13.23
纵梁应力(MPa)	max	27.89	20.62	3.17	3.89	3.32
	min	−12.41	−46.32	−3.22	−6.28	−4.79
横梁应力(MPa)	max	4.93	169.09	1.29	1.75	0.80
	min	−101.8	−8.19	−1.19	−1.98	−1.03
吊杆应力(MPa)	max	8.04	3.94	10.84	7.74	1.46
连接杆应力(MPa)	max	11.67	1.04	0.77	0.17	0.10
横撑应力(MPa)	max	0.58	1.73	1.10	0.18	0.20
	min	−1.04	−0.96	−1.11	−0.19	−0.21
拱肋位移(mm)	竖向	14.0	−23.2	24.5	1.1	1.4
系梁位移(mm)	竖向	2.7	−4.5	24.4	1.4	1.3

5.4　钢箱叠合拱桥的抗震受力行为分析

5.4.1　模型的建立

新开河桥基础采用钻孔灌注的端承群桩基础，抗震分析时忽略桩间土体对各单桩的连接作用，桩周土对桩的约束作用采用土弹簧模拟，桩底采用固结模拟。桩基础的模型及约束如图5-1所示。

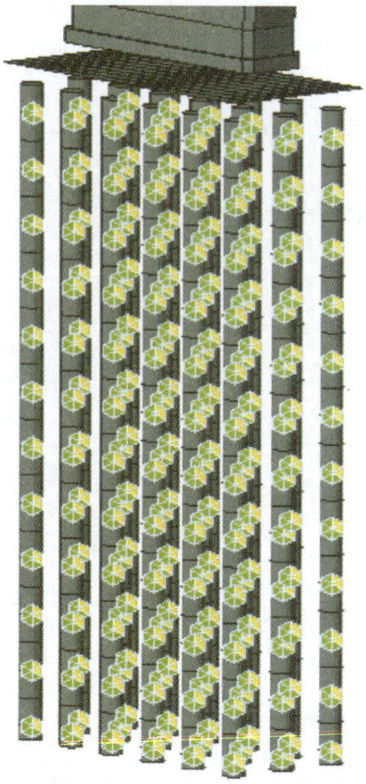

图5-1　桩基础模型示意图

抗震分析时列车荷载在顺桥方向忽略列车的作用；在横桥方向考虑列车的一半质量；在竖向按列车静活载的100%计入。双线桥按单线活载计算，列车质量集中于轨道上方2 m处。

抗震分析时考虑相邻跨32 m简支箱梁对桥墩的竖向力作用和简支梁质量对分析对象振动特性的作用，采用集中荷载和集中质量的方法实现。

5.4.2　自振特性分析

自振特性分析采用子空间迭代法，满足纵向、横向、竖向的累积参与质量均超过90%的条件。由于质量分布不同，分为桥上无车和桥上有车两种情况，前十阶振型分析结果如表5-6～表5-7所示。

表5-6　桥上无车时的自振特性表

振阶	频率(Hz)	周期(s)	振型特征
1	0.589 4	1.696 5	拱肋侧倾
2	1.330 6	0.751 6	拱、桥面系反对称竖弯＋左墩纵倾
3	1.525 7	0.655 4	拱、桥面系反对称竖弯
4	1.528 3	0.654 3	拱、桥面系对称横弯
5	1.612 2	0.620 3	拱肋反对称横弯
6	2.225 7	0.449 3	拱、桥面系对称竖弯
7	2.995 0	0.333 9	拱、桥面系二阶对称竖弯

续上表

振阶	频率(Hz)	周期(s)	振型特征
8	3.188 0	0.313 7	拱肋二阶对称横弯
9	3.238 7	0.308 8	拱、桥面系反对称横弯
10	3.400 4	0.294 1	桥面系二阶扭转

表 5-7　桥上有车时的自振特性表

振阶	频率(Hz)	周期(s)	振型特征
1	0.589 2	1.697 3	拱肋侧倾
2	1.330 6	0.751 5	拱、桥面系反对称竖弯+左墩纵倾
3	1.468 9	0.680 8	拱、桥面系对称横弯
4	1.525 7	0.655 4	拱、桥面系反对称竖弯
5	1.611 9	0.620 4	拱肋反对称横弯
6	2.225 9	0.449 3	拱、桥面系对称竖弯
7	2.995 2	0.333 9	拱、桥面系二阶对称竖弯
8	3.168 2	0.315 6	拱、桥面系反对称横弯
9	3.185 5	0.313 9	拱肋二阶对称横弯
10	3.396 6	0.294 4	桥面系二阶扭转

由自振特性的分析结果，可得出以下结论：

(1)新开河桥的基频约为 0.59 Hz，偏小，故新开河桥的整体刚度较小。新开河桥第一阶振型为拱肋的侧向倾覆，且其频率较第二阶频率大很多，说明拱肋的抗侧刚度较小，桥梁横向刚度远小于纵向刚度和竖向刚度，在地震中容易发生拱肋的横向振动。

(2)新开河桥的第二、四、六、七阶振型为拱肋和桥面系的竖向振动，由于拱肋和桥面系之间有吊杆相连，使拱、系杆、桥面系三者组成竖向的共同受力体系，故各阶竖向振动均表现为拱肋和桥面系的同步振动。

(3)新开河桥的第三、五、八、九阶振型主要为拱肋的横向振动，其中第三、第八阶振型同时伴随有桥面系的横向振动。由于两拱肋之间有横撑相连，故两拱肋表现为同步的横向振动。

(4)由于拱和桥面系之间设有吊杆，且端横梁与系梁之间形成水平框架结构，使得桥梁的扭转刚度较大，故到第十阶振型才出现桥面系的扭转振动。

(5)研究表明，人体对振动比较敏感的频率范围是 2～6 Hz，而新开河桥的前五阶自振频率均小于 2 Hz，故振动时不会引起人的不适。另外，高速列车以小于 300 km/h 的速度通过时所产生的振动频率约在 5 Hz 左右，大于桥梁的前十阶自振频率，因而也不会由于列车通过而引起桥梁的共振。

5.4.3　抗震分析

根据《中国地震动参数区划图》，桥址抗震设防烈度为 7 度，多遇地震、设计地震、罕遇地震下的水平地震基本加速度 α 依次为 0.04 g、0.10 g、0.21 g。新开河桥属于 B 类抗震设防结构，在多遇地震下的重要性系数 C_i 为 1.5，在设计地震和罕遇地震下的重要性系数 C_i 为

1.0。新开河桥场地属Ⅱ类场地，地震反应谱特征周期为 0.35 s。

抗震分析采用《铁路工程抗震设计规范》所规定的 β 反应谱（如图 5-2 所示），在多遇地震作用下，水平地震加速度为：

$$S=1.1\times C_i\times\alpha\times\beta=1.1\times1.5\times0.04g\times\beta=0.066\beta(g) \tag{5-2}$$

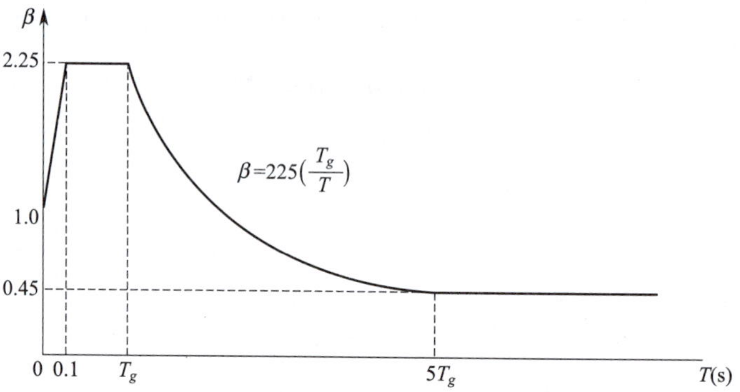

图 5-2　铁路抗震规范反应谱

根据原铁道部关于加强客运专线抗震安全系数的要求，需将水平地震加速度值提高 1.1 倍，计算所得的水平加速度反应谱如图 5-3 所示。

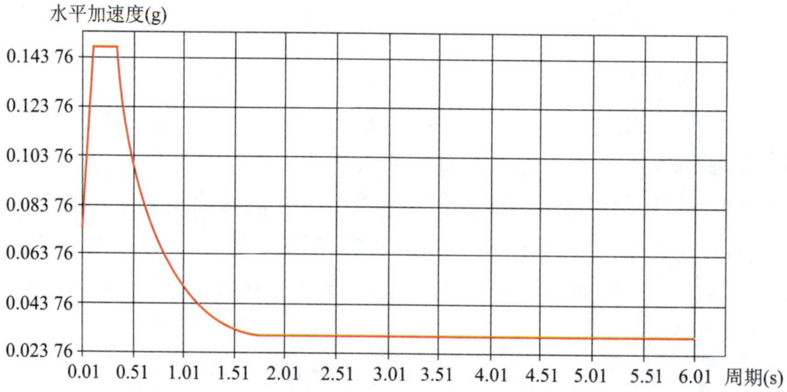

图 5-3　水平加速度反应谱

选取三条适用于二类场地、且主要周期接近场地卓越周期的地震波：El Centro 波、Northridge 波与 Taft 波。时程分析采用振型叠加法进行线性分析，分析时间设为 30 s，步长采用 0.01 s，阻尼比均设为 0.05。分别计算分析桥上无车和桥上有车时结构纵桥向地震作用和横桥向地震作用，响应结果如表 5-8 与表 5-9 所示。

表 5-8　顺桥向地震作用下各控制截面的应力响应

截面组合正应力(MPa)	反应谱		时程					
			El Centro 波		Northridge 波		Taft 波	
	有车	无车	有车	无车	有车	无车	有车	无车
上拱肋顶部	6.28	6.28	7.01	7.01	5.71	5.72	10.24	10.24
上拱肋 1/4 截面	6.61	6.60	5.09	5.08	4.21	4.20	6.99	6.99

续上表

截面组合正应力(MPa)	反应谱		时程					
			El Centro 波		Northridge 波		Taft 波	
	有车	无车	有车	无车	有车	无车	有车	无车
上拱肋底部	3.30	3.29	3.66	3.67	3.11	3.11	5.39	5.39
下拱肋顶部	6.62	6.62	7.34	7.33	6.20	6.21	10.50	10.49
下拱肋 1/4 截面	7.10	7.11	5.71	5.72	6.07	6.08	8.39	8.39
下拱肋底部	4.62	4.62	5.73	5.73	4.39	4.39	6.95	6.95
拱脚	2.40	2.40	4.24	4.25	3.53	3.53	3.93	3.93
上吊杆(中)	1.37	1.37	1.62	1.63	1.40	1.41	2.06	2.07
上吊杆(1/4)	2.77	2.78	3.13	3.13	2.45	2.44	4.44	4.44
上吊杆(边)	3.20	3.20	2.14	2.15	1.64	1.64	2.22	2.22
下吊杆(中)	4.74	4.76	5.28	5.28	4.82	4.83	6.54	6.55
下吊杆(1/4)	3.66	3.66	4.02	4.02	3.45	3.44	4.94	4.94
下吊杆(边)	2.56	2.59	2.65	2.65	2.36	2.36	3.46	3.45
中横撑	1.97	1.97	2.00	2.00	1.47	1.46	2.31	2.30
边横撑	2.00	2.01	1.76	1.77	1.16	1.17	1.75	1.75
系梁端部	3.44	3.46	5.50	5.50	4.50	4.50	5.98	5.98
系梁中部	7.79	7.80	8.92	8.92	7.76	7.76	11.46	11.45
纵梁	5.74	5.73	6.82	6.82	5.51	5.52	7.78	7.78
中横梁	5.54	5.54	2.11	2.12	1.38	1.38	1.08	2.09
端横梁	0.72	0.72	0.93	0.93	0.72	0.73	0.96	0.97
左墩底	1.15	1.15	1.86	1.85	1.66	1.67	2.02	2.03
右墩底	0.34	0.34	0.39	0.39	0.19	0.19	0.34	0.34
桩	2.80	2.81	4.56	4.57	4.16	4.16	4.90	4.90

表 5-9 横桥向地震作用下各控制截面的应力响应

截面组合正应力(MPa)	反应谱		时程					
			El Centro 波		Northridge 波		Taft 波	
	有车	无车	有车	无车	有车	无车	有车	无车
上拱肋顶部	8.06	8.05	11.20	10.95	10.13	9.71	11.11	10.96
上拱肋 1/4 截面	5.80	5.40	6.23	6.28	6.61	6.88	7.69	7.55
上拱肋底部	9.14	9.05	10.83	9.15	11.92	13.07	13.65	13.45
下拱肋顶部	8.45	8.43	14.07	12.94	10.43	10.32	11.56	11.35
下拱肋 1/4 截面	7.91	6.58	7.59	7.39	8.15	9.10	8.09	9.70
下拱肋底部	10.72	10.57	13.40	12.13	14.03	15.71	15.50	15.30
拱脚	11.00	10.82	12.98	11.58	14.24	15.83	15.60	15.34

续上表

截面组合正应力(MPa)	反应谱		时程					
			El Centro 波		Northridge 波		Taft 波	
	有车	无车	有车	无车	有车	无车	有车	无车
上吊杆(中)	3.59	2.61	3.81	3.57	3.30	3.62	3.96	3.65
上吊杆(1/4)	3.49	4.50	4.76	4.72	4.56	5.04	5.46	5.26
上吊杆(边)	2.81	1.75	3.99	4.08	2.75	2.89	3.72	3.41
下吊杆(中)	5.16	5.15	7.29	7.85	6.40	7.56	9.54	9.02
下吊杆(1/4)	6.23	6.25	9.46	9.95	8.52	9.13	12.22	11.46
下吊杆(边)	5.76	5.61	9.96	9.66	7.36	7.64	10.72	9.52
中横撑	8.11	7.97	12.06	10.92	10.38	11.43	12.39	11.58
边横撑	25.00	24.45	30.32	31.56	33.65	35.85	38.10	36.71
系梁端部	5.90	5.76	10.92	11.19	8.12	8.50	12.32	11.08
系梁中部	11.16	10.90	20.62	20.35	15.80	16.18	21.84	19.14
纵梁	6.22	5.27	10.49	10.68	8.18	8.46	12.61	11.19
中横梁	1.73	1.31	3.20	3.23	2.75	2.70	4.20	3.84
端横梁	5.17	4.86	8.59	8.89	5.28	5.84	10.27	9.53
左墩底	0.20	0.19	0.32	0.34	0.20	0.23	0.34	0.33
右墩底	0.20	0.20	0.34	0.35	0.20	0.23	0.35	0.34
桩	2.54	2.49	3.98	4.20	3.22	3.35	4.49	4.22

根据以上结果可以得出如下结论：

(1)对于拱桥的上部结构，横桥向地震作用的响应大于纵桥向地震作用的响应，尤其是拱肋下部、拱脚、和横撑在横桥向地震工况下产生了很大的应力响应。这是因为新开河桥主拱的横向刚度小，在横向地震下容易引起较大的横向振动。而对于下部结构，由于墩和基础的纵桥向刚度小于横桥向刚度，故在纵向地震工况下产生了较大的应力响应。

(2)在横向地震工况下，桥上有车时的拱肋应力大于桥上无车时的拱肋应力，这是由于列车的横向质量使系统吸引了更大的地震作用。而在纵向地震工况下，列车由于车轮的纵向滚动而并不参与桥梁的纵向振动，故桥上有车、无车两种情况的应力响应极为接近。

(3)从分布和数值来看，三条时程波的响应是较为接近的，绝大部分响应数值相差不超过30％，一般情况下 Taft 波的响应值稍大。这是由于各地震波记录的场地条件及峰值加速度值的不同不可避免地有一些差别。

(4)反应谱分析的结果明显小于时程分析的结果，对于大部分截面，前者结果是后者结果的 0.64～1.00 倍。两种分析方法的差别主要是由于二者的原理不同，即反应谱法是对多种地震波进行了统计综合而形成的一种拟静力方法，具有普遍意义，但不能准确反应结构动力特性；而时程法是对特定地震波进行的动力分析方法，可以较真实地反应结构动力特性，但不具有普遍意义。

(5)根据分析结果，地震作用下边横撑产生了最大的应力值，达 38 MPa。其次，拱肋底部、拱脚及系梁也产生了较大的应力值。

5.5 钢箱叠合拱桥车桥耦合动力响应分析

5.5.1 计算模型和分析方法

本次计算采用 MIDAS CIVIL 分析桥梁的模态，采用北京交通大学自主研制的车桥动力分析程序 DRVB 9.5 分析车桥动力响应。计算只涉及该桥 138 m 钢箱叠拱部分，不计桥梁下部结构和地基基础的影响。

5.5.2 计算参数

计算中考虑德国、法国、日本、国产共 4 种高速列车以及先锋号和中华之星 4 种国产中速列车。列车类型、编组情况及计算速度等级如表 5-10 所示。

表 5-10 列车编组及计算速度

列车类型	编组情况	速度等级(km/h)
德国 ICE3 动力分散独立式高速列车	(3 动 1 拖)×4	200、225、250、275 300、325、350、375 400、420
法国 TGV 动力分散铰接式高速列车	20 辆编组	
日本 500 系动力分散独立式高速列车	(3 动 1 拖)×4	
国产动力分散独立式高速列车	(3 动 1 拖)×4	
先锋号	16 辆编组 (2 动 1 拖)×5+1 拖	160、180、200 220、240、270
中华之星	16 辆编组 1 动+14 拖+1 动	

计算采用德国低干扰谱转换的时域不平顺样本作为激励进行动力分析。德国低干扰谱转换的时域不平顺的高低、水平、轨向样本(长度取 1 000 m)如图 5-4～图 5-6 所示。

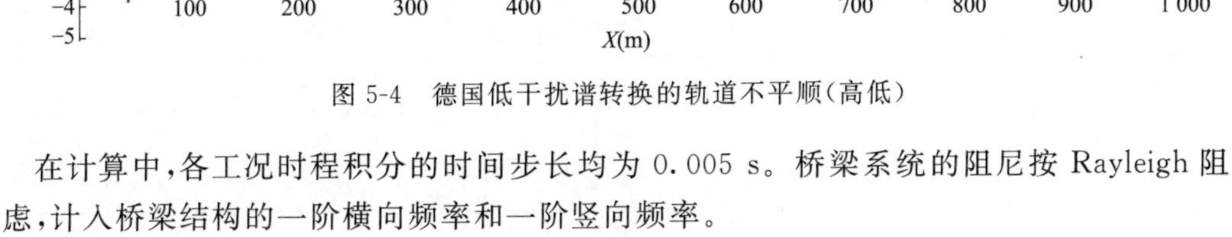

图 5-4 德国低干扰谱转换的轨道不平顺(高低)

在计算中，各工况时程积分的时间步长均为 0.005 s。桥梁系统的阻尼按 Rayleigh 阻尼考虑，计入桥梁结构的一阶横向频率和一阶竖向频率。

5.5.3 评判标准

1)列车安全性评判标准

综合考虑国内外高速列车的运行经验及研究成果，采用的单轮减载率安全评判指标为

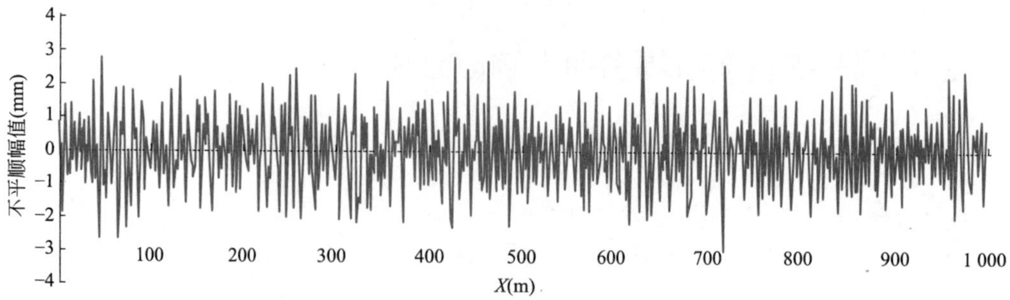

图 5-5　德国低干扰谱转换的轨道不平顺(水平)

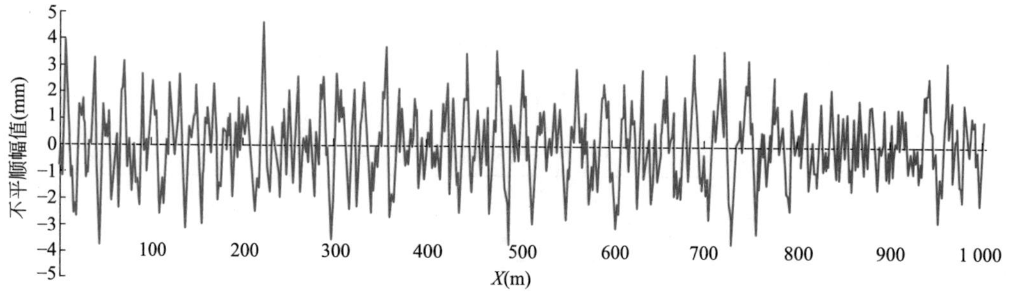

图 5-6　德国低干扰谱转换的轨道不平顺(轨向)

$P/P_0 \leqslant 0.6$。参考法国 TGV 高速铁路的轮轴力指标和我国秦沈客运专线第一次综合试验中的轮轴横向力评定标准,采用 $H \leqslant 0.85(10+P_{st}/3)$ 作为轮轴横向力 H 的安全评定指标,式中 P_{st} 为静轴重,单位 kN。

所涉及车型计算得出的轮轴横向力限值如表 5-11 所示。

表 5-11　轮轴横向力限值

列车类型	轮位	静轴重 P_{st}(kN)	允许横向力(kN)
德国 ICE3 动力分散独立式高速列车	动车	160.0	53.83
	拖车	146.0	49.87
法国 TGV 动力分散铰接式高速列车	首尾轮对	99.39	36.66
	中间轮对	165.9	55.50
日本 500 系动力分散独立式高速列车	动车	130.0	45.33
	拖车	137.5	47.46
国产动力分散独立式高速列车	动车	145.0	49.58
	拖车	137.5	47.46
先锋号列车	动车	145.0	49.58
	拖车	137.5	47.46
中华之星列车	动车	195.0	63.75
	拖车	130.0	45.33

采用的列车安全性评定指标为:

脱轨系数:

$$Q/P \leqslant 0.8 \tag{5-3}$$

轮重减载率：

$$P/P_0 \leqslant 0.6 \tag{5-4}$$

轮轴横向力：

$$H \leqslant 0.85(10+P_{st}/3) \tag{5-5}$$

2)列车舒适性评判标准

按照 GB 5599—85 标准，车桥动力分析中列车运行平稳性指标按式(5-6)计算：

$$W=7.08\sqrt[10]{\frac{A^3}{f}F(f)} \tag{5-6}$$

式中 W——平稳性指标；

A——振动加速度(g)；

f——振动频率(Hz)；

$F(f)$——频率修正系数。

根据《铁道车辆动力学性能评定和试验鉴定规范》(GB 5599—85)，依平稳性指标 W 确定客车运行平稳性等级的评判标准如下：

$W \leqslant 2.5$	平稳性等级优
$2.5 < W \leqslant 2.75$	平稳性等级良好
$2.75 < W \leqslant 3.0$	平稳性等级合格

3)车体加速度评判标准

以舒适度管理标准作为评判机车及车辆车体加速度计算结果的限值(半峰值)，如下：

车体振动水平加速度 $a_L \leqslant 0.10g$

车体振动垂直加速度 $a_V \leqslant 0.13g$

4)桥梁响应评判标准

参照《铁路桥涵检定规范》及 UIC 规范在铁路桥梁设计中对桥梁振动加速度的要求，对于桥梁最大垂向加速度限值如下：

有砟轨道 $a_{max} \leqslant 0.35g$

无砟轨道 $a_{max} \leqslant 0.50g$

且应对计算结果按下述三个条件中的最大值滤波：①30 Hz 以下的所有频率；②桥梁第一阶自振频率的两倍；③桥梁的前三阶自振频率。

5.5.4 桥梁动力响应计算结果及分析

由以上计算车辆、桥梁以及车桥相对关系的计算参数，分别计算了桥梁在德国 ICE3 动力分散独立式高速列车、法国 TGV 动力分散铰接式高速列车、日本 500 系动力分散独立式高速列车、国产动力分散独立式高速列车、先锋号列车以及中华之星列车通过时的车桥动力响应指标。

车辆系统的动力指标包括：动车和拖车的脱轨系数，轮重减载率，横向力，车体横、竖向加速度，车体横、竖向 Spering 舒适度指标。桥梁系统的动力指标包括：桥梁的动力系数、桥梁跨中竖、横向位移、桥梁跨中竖、横向加速度。

考虑到实际列车的运营条件，在结果分析中，针对德国 ICE3 动力分散独立式高速列车、法国 TGV 动力分散铰接式高速列车、日本 500 系动力分散独立式高速列车、国产动力分散独立式高速列车 4 种高速铁路列车，车桥动力响应分两挡考虑。其中第一挡速度(标记为 A)为

200～350 km/h，指对应车型的一般运行速度或设计速度，该速度范围内的计算结果为桥梁动力性能评判的主要标准；第二挡速度（标记为 B）为 375～420 km/h，代表该车型在一般运行速度或设计速度以上的工况，仅作为考察车桥体系在超过通常速度下的动力特性的参考。

桥梁振动响应、列车运行的安全性和舒适性指标分别汇总于表 5-12、表 5-13、表 5-14，该桥梁的评判结果汇总于表 5-15。

表 5-12　新开河特大桥桥梁响应汇总表

列车类型	速度挡次	动力系数	跨中动位移(mm)		跨中加速度(m/s^2)	
			竖向	横向	竖向	横向
ICE3	A	1.107	3.515	1.945	0.680	0.743
	B	1.044	3.315	2.404	0.891	0.952
TGV	A	1.062	2.378	1.911	0.669	0.725
	B	1.073	2.404	2.349	0.880	0.936
500 系	A	1.128	2.951	1.944	0.678	0.737
	B	1.116	2.919	2.413	0.898	0.961
国产高速	A	1.121	3.100	1.951	0.682	0.739
	B	1.073	2.969	2.426	0.896	0.952
先锋号		1.114	3.156	0.640	1.181	0.202
中华之星		1.115	3.578	0.659	1.156	0.212

表 5-13　新开河特大桥动车响应汇总表

列车类型	速度挡次	脱轨系数	减载率	横向力(kN)	车体加速度(m/s^2)		Sperling 指标	
					竖向	横向	竖向	横向
ICE3	A	0.50	0.49	25.02	0.664	0.862	2.39	2.74
	B	0.59	0.57	27.40	0.812	1.014	2.49	2.87
TGV	A	0.49	0.48	24.63	0.652	0.845	2.32	2.68
	B	0.57	0.56	26.71	0.796	0.993	2.42	2.81
500 系	A	0.50	0.49	24.92	0.664	0.868	2.41	2.73
	B	0.59	0.57	27.49	0.820	1.005	2.49	2.85
国产高速	A	0.50	0.49	24.78	0.669	0.860	2.37	2.74
	B	0.59	0.57	27.17	0.819	1.023	2.50	2.84
先锋号		0.36	0.32	29.23	1.058	0.931	2.64	2.87
中华之星		0.47	0.34	30.00	1.122	0.990	2.74	2.89

表 5-14　新开河特大桥拖车响应汇总表

列车类型	速度挡次	脱轨系数	减载率	横向力(kN)	车体加速度(m/s^2)		Sperling 指标	
					竖向	横向	竖向	横向
ICE3	A	0.52	0.49	22.47	0.642	0.932	2.44	2.74
	B	0.59	0.58	25.16	0.759	1.022	2.53	2.97

续上表

列车类型	速度挡次	脱轨系数	减载率	横向力(kN)	车体加速度(m/s^2)		Sperling 指标	
					竖向	横向	竖向	横向
TGV	A	0.51	0.48	21.81	0.624	0.917	2.42	2.67
	B	0.58	0.57	24.68	0.737	0.995	2.46	2.91
500 系	A	0.52	0.49	22.49	0.641	0.928	2.43	2.74
	B	0.60	0.58	24.91	0.756	1.017	2.52	2.96
国产高速	A	0.52	0.49	22.57	0.645	0.928	2.42	2.74
	B	0.59	0.58	25.14	0.760	1.017	2.55	2.96
先锋号		0.36	0.37	31.32	0.849	0.856	2.55	2.48
中华之星		0.38	0.33	27.04	0.861	0.710	2.38	2.35

表 5-15 新开河特大桥车桥动力分析评判结果汇总表

列车类型	速度挡次	桥梁安全性	列车安全性	车体加速度		竖向舒适性		横向舒适性	
				竖向	横向	动车	拖车	动车	拖车
ICE3	A	满足	满足	满足	满足	优	良	优	良
	B	满足	满足	满足	超限	优	合格	良	合格
TGV	A	满足	满足	满足	满足	优	良	优	良
	B	满足	满足	满足	满足	优	合格	优	合格
500 系	A	满足	满足	满足	满足	优	良	优	良
	B	满足	满足	满足	超限	优	合格	良	合格
国产高速	A	满足	满足	满足	满足	优	良	优	良
	B	满足	满足	满足	超限	优	合格	良	合格
先锋号		满足	满足	满足	满足	良	良	合格	优
中华之星		满足	满足	满足	满足	良	优	合格	优

由计算结果，可得到如下结论：

(1)本计算所涉及的各工况中，动力系数最大者为 1.128，显示桥梁未发生明显地共振现象。

(2)在德国 ICE3 动力分散独立式高速列车、法国 TGV 动力分散铰接式高速列车、日本 500 系动力分散独立式高速列车、国产动力分散独立式高速列车 250～350 km/h 速度范围内均可满足行车平稳性、安全性和桥梁安全性的要求。该速度范围内，所有工况均达到了乘坐舒适性良的标准。

(3)上述桥梁在高速列车 375～420 km/h 速度下，法国 TGV 动力分散铰接式高速列车车体加速度满足要求，另外三种列车个别工况列车车体横向加速度超限，最大超限幅度为 2.3%。该速度范围内，各工况均满足列车安全性和桥梁安全性的要求。该速度范围内，所有工况均达到了乘坐舒适性合格的标准。

(4)在先锋号、中华之星列车 160～270 km/h 速度范围内均可满足行车平稳性、安全性和桥梁安全性的要求。该速度范围内，所有工况均达到了乘坐舒适性合格的标准。

6　新型钢箱拱桥的制造关键技术研究

6.1　新型钢箱拱桥的制造工艺流程

6.1.1　放样、作样及号料

放样、作样及号料应根据施工图和工艺文件进行，并按照要求预留余量。钢料不平直、锈蚀、有油漆等污物影响号料或切割质量时，应矫正和清理后再放样或号料。放样或号料前应检查钢料的牌号、规格和质量。

主要零件下料时应使钢材的轧制方向与其主要应力方向一致。

根据施工图通常用薄铁皮做成样板或样条，用以在钢料上标出切割线及栓孔位置。制作样板或样条的工作，就叫作样。样板是一块薄铁皮制成的板，它的外形、尺寸与实物完全一样，有时上面还需钻制小眼，以示栓孔位置。样条是一条带形的薄铁皮，上面标志着零件的切割线及栓孔位置。

钢桥结构的次要部分，如人行道及检查车附属设备等，常用样板来号料及号孔。钢桥结构的主要部分(如主桁、联结系等)，要求较精确的栓孔位置，此时就常采用机器样板钻制栓孔。

对于较长的角钢、槽钢及钢板，则宜采用样条来号料及号孔，例如H形主桁杆件的水平板及竖直板的长宽尺寸的号料，就可采用样条来进行。型钢号料，有时也可用称为样杆的小角钢来进行。

作样应准确无误，除严格按照施工图和工艺规程进行作样外，必要时还需参阅设计图，用以校核。钢料的切割长度应考虑边缘加工和焊接收缩等因素的影响，并按要求预留制作和安装时的焊接收缩余量及切割、刨边和铣平等加工余量。例如，边缘采用刨(铣)加工，需预留3～5 mm。如用焰切，一般需预留2～4 mm，板厚者宜多留。焊接收缩的预留量，则应根据实际经验选用。例如某弦杆水平板，其设计尺寸为1-□16×460×15 940，每端焰切及刨边的预留量共为8 mm，焊接收缩量全长共预留6 mm。在样条上所标的杆件裁切长度就应为15 962 mm，它等于设计长度加上边缘加工及焊接收缩等的预留量；也有在样条上只标设计长度及设计边线，而不标示裁切线，其边缘加工及焊接等因素产生的收缩量由号料者掌握。

样板和样条上必须注明产品名称、零部件号、材质、规格、数量、孔径以及起线等。根据图纸上的图样或用样板(或样条)，在钢料上将零件的切割线划出的过程称为号料。号料的质量直接影响下道工序的生产质量，必须认真对待。

6.1.2　切　　割

下料划线以后的钢材，必须按其所需的形状和尺寸进行下料切割。钢材的切割既可通过冲剪、切削、摩擦等机械力来实现，也可通过火焰、等离子、激光等高温热源来实现。目前，我国桥梁钢结构制造中常用的切割方法有机械切割、气割、等离子切割、激光切割等。在日常施工中,具体采用哪一种切割方法比较合适,应该根据各种切割方法的设备能力、切割精度、切割表面的质量情况,以及经济性等因素来选定。

剪切仅适用于次要零件或边缘进行机加工的零件,且剪切钢板厚度不宜大于 12 mm,剪切尺寸允许偏差应为±2.0 mm。剪切边缘应整齐无毛刺、反口、缺肉等缺陷,如果剪切质量差,有飞刺和不齐,造成板间不密贴、受力不好时,则必须刨边或砂轮修整。

手工焰切仅适用于工艺特定或焰切后仍需再加工的零件,其尺寸允许偏差应为±2.0 mm。精密(数控、自动、半自动)焰切后边缘不进行机加工的零件,尺寸允许偏差应符合《铁路钢桥制造规范》(TB 10212)表 4.6.1—1 及表 4.6.1—2 规定。焰切面的硬度不超过 HV350。

6.1.3 零件矫正与弯曲

矫正是钢桥制造的工序之一,且又贯穿于钢桥制造的全过程。需要指出的是,矫正并不是钢桥制造过程中的一个必要工序,例如钢料在加工前完全符合标准,在加工过程中工艺制定合理,就可能不需要进行矫正。特别是对于钢结构的焊接生产,矫正只是一种补救措施,有些大型钢结构的变形是很难矫正的(例如钢桥整体节点由于焊缝很多,结构的刚度又较大,因此其焊接变形如果处理不当将很难矫正,甚至无法矫正而被迫报废),因此应立足采取各种措施对变形进行防止和控制;其次,只有当变形超过技术要求范围时,才考虑对焊件的变形进行矫正。

钢结构矫正,就是通过外力或加热作用,使钢材较短部分的纤维伸长;或使较长部分的纤维缩短,最后迫使钢材反变形,以使材料或构件达到平直及一定几何形状要求并符合技术标准的工艺方法。钢料矫正的主要形式有矫直、矫平和矫形。

弯曲加工是根据构件形状的需要,利用加工设备和一定的工、模具把板材或型钢弯制成一定形状的工艺方法。在钢结构的制造过程中,弯曲成形的应用相当广泛,用弯曲方法加工的构件种类非常多,由于所用设备和工具的不同,弯曲的方法也就不同,各有特点。具体选用哪一种弯曲方法,应根据构件的技术要求和已有的设备条件决定。

弯曲按加热程度可分为:冷弯和热弯。冷弯是在常温下进行弯制加工,它适用于一般薄板、型钢等的加工。热弯是将钢材加热至 950 ℃~1 100 ℃,在模具上进行弯制加工,它适用于厚板及较复杂形状构件、型钢等的加工。

1)矫正工艺的基本步骤

矫正工作要求具有丰富的实践和灵活实用的操作技巧,目前虽有大量的实践矫正工艺,但还需要不断加以总结。

(1)矫正工艺的制定一般有以下几个步骤:

①找出变形原因,分析影响变形的各种因素。

②了解现状,其包括:变形件变形种类;变形程度、材质、结构特点、批量等;本企业矫正工技术素质、设备、工具等;矫正件所要达到的技术范围。

③考虑合理性,其包括:减轻劳动强度、防止安全及设备事故;有利于提高质量、降低成本、提高工效、文明生产、改善工作环境等;尽量做到操作方便、合理。

④制定合理可行的工艺。矫正工艺应满足钢桥制造中的矫正工艺标准。

2)弯曲加工工艺性

(2)弯曲加工工艺性需注意如下几点:

①最小弯曲半径。弯曲件的圆角半径不宜过大,也不宜过小。过大时因回弹影响,使构件

精度不易保证，过小则容易产生裂纹。

②弯曲线和材料纤维方向。当弯曲线和材料纤维方向垂直时，材料具有较大的抗拉强度，不易发生裂纹；当材料纤维方向和弯曲线平行时，材料的抗拉强度较差，容易发生裂纹，甚至断裂；在双向弯曲时，弯曲线应与材料纤维方向成一定的夹角。

③弯曲角度、弯曲半径及温度要求。弯曲角度是指弯曲件的两翼夹角，它和弯曲半径不同，也会影响构件材料的抗拉强度；随着弯曲角度的缩小，应考虑将弯曲半径适当增大。

主要零件冷作弯曲时，环境温度不宜低于－5 ℃。在不使局部产生较大变形的情况下，内侧弯曲半径不得小于15倍的板厚。小于者必须热煨，热煨温度应控制在900 ℃～1 000 ℃，弯曲后零件边缘不得产生裂纹，但是在经过适当的试验确认冷弯加工对韧性没有破坏时可不受此限制。

3)规范对矫正和弯曲的要求

零件矫正宜采用冷矫，矫正后的钢材表面不应有明显的凹痕和损伤。零件冷矫时的环境温度不宜低于－12 ℃。

采用热矫时，加热温度应控制在600 ℃～800 ℃，设计文件有要求时，按设计文件规定执行。温度降至室温前，不得锤击钢材和用水急冷。

主要零件冷作弯曲时，环境温度不宜低于－5 ℃，内测弯曲半径不宜小于板厚的15倍。零件热煨温度应控制在900 ℃～1 000 ℃，设计文件有要求时，按设计文件规定执行。弯曲后的零件边缘不得产生裂纹。

零件矫正允许偏差应符合《铁路钢桥制造规范》(TB 10212)表4.4.5规定。

6.1.4 边沿加工

在钢结构制造中，经过机械剪切或气割过的钢板边缘，其内部结构会发生硬化和形态改变。为保证钢桥构件的质量，需对零件边缘进行机加工，机加工深度不得小于3 mm(当边缘硬度不超过HV350时，加工深度不受此限)。此外，为保证焊缝质量和工艺性焊透以及装配的准确性，需要将钢板边缘刨成或铲成坡口，或者需要将边缘刨直或铣平。

边缘加工的常用方法有：铲边、刨边、铣边、气割和滚剪倒角等。

加工面的表面粗糙度 Ra 不得大于25 μm，零件边缘的加工深度不得小于3 mm，零件边缘硬度不超过HV350时，加工深度不受此限制。

顶紧传力面的表面粗糙度 Ra 不得大于12.5 μm；顶紧加工面与板面垂直度偏差应小于0.05 t(t 为板厚)，且不得大于0.3 mm。

零件应磨去边缘的飞刺，挂渣，使端面光滑匀顺。

焊缝坡口可采用机加工或精密切割，坡口尺寸及允许偏差应由焊接工艺确定。

H形、I形和箱型杆件的腹板应按工艺规定进行配刨。

6.1.5 制　孔

制孔是钢桥制造工艺中的一道非常重要工序，这些孔包括铆钉孔、普通连接螺栓孔、高强度螺栓孔等，其中最为重要的就是高强度螺栓孔。

制孔通常可分为钻孔和冲孔两种。钻孔是钢桥制造中最为常用的方法，能用于几乎任何规格的钢板、型钢的孔加工。钻孔的原理是切削，故孔壁损伤较小，孔的精度高。钻孔一般在钻床上进行，对于构件因受场地限制，加工部位特殊，不便用钻床加工时，则可用电钻、风钻和磁座钻加工。

冲孔在冲孔机(冲床)上进行，一般只能在较薄的钢板和型钢上冲孔，且孔径一般不小于钢材的厚度。冲孔生产效率高，但由于孔的周围产生冷作硬化，孔壁质量差，有孔口下塌，孔的下方增大的倾向，所以钢桥制造中已较少采用。

螺栓孔应成正圆形，孔壁表面粗糙度 Ra 不得大于 25 μm，孔缘无损伤不平，无刺屑。不得采用冲孔，气割孔。

制孔工艺细则及标准：

(1)主要零部件应使用钻孔方法进行孔径加工，对次要零件且板厚在 16 mm 以下时，可采用冲孔的方法。工地孔一律采用钻孔。

(2)采用样板钻孔时，必须使用特定冲钉进行定位，冲钉数量不得少于两个，冲钉直径公差为栓孔直径 $\phi^{\ 0}_{-0.05}$ mm。

(3)使用卡样钻孔时，必须按施工图检查零件规格尺寸，核对所用钻孔样板无误后，方可钻孔。使用新安装或新检修的样板钻出的第一根杆件，用样板在不同位置钻出的第一根杆件，均应经检查人员检查合格后，方可继续卡钻。

(4)卡样钻孔时应经常检查所用钻孔样板的质量情况，并经常使用试孔器检查孔径质量，若出现套模松动或磨耗超限时应及时更换。

(5)螺栓孔应呈正圆柱形，孔壁表面粗糙度 Ra 不得大于 25 μm，孔缘无损伤不平，无刺屑。

(6)螺栓孔径允许偏差应符合表 6-1 的规定。

(7)螺栓孔距允许偏差应符合表 6-2 的规定；有特殊要求的孔距偏差应符合设计文件的规定。

(8)在下列孔径不能满足要求的情况下，也可以加工出扩大孔，但必须进行设计断面的验算：

①试装中铰孔困难的场合；

②箱形断面的纵肋接头；

③钢桥面板的纵肋接头。

表 6-1　螺栓孔径允许偏差

螺栓直径	螺栓孔径(mm)	允许偏差(mm)	螺栓直径	螺栓孔径(mm)	允许偏差(mm)
M12	14	0.50	M24	26	0.70
M16	18	0.50	M27	29	0.70
M20	22	0.70	M30	33	0.70
M22	24	0.70			

表 6-2　螺栓孔距允许偏差

项　目	允许偏差(mm)		
	主要杆件		次要杆件
	桁梁杆件	板梁杆件	
两相邻孔距离	±0.4	±0.4	±0.4(±1.0)[2]

续上表

项目		允许偏差(mm)		
		主要杆件		次要杆件
		桁梁杆件	板梁杆件	
多组孔群两相邻孔群中心距		±0.8	±1.5	±1.0(±1.5)[2]
两端孔群中心距	$L\leqslant 11$ m	±0.8	±4.01	±1.5
	$L>11$ m	±1.0	±8.01	±2.0
孔群中心线与杆件中心线的横向偏移	腹板不拼接	2	2	2
	腹板拼接	1	1	—

注：1. 连接支座的孔群中心距允许偏差；

2. 括号内数值为人检结构的允许偏差。

6.1.6 组装、组焊

(1)组装。组装是遵照施工图的要求，把已加工完成的各零件或半成品构件，用装配的手段组合成为独立的成品，这种装配的方法通常称为组装。杆件组装的一般规定如下：

①组装前，施工人员必须熟悉构件施工图及有关的技术要求。

②由于原材料的尺寸不够，或技术要求需拼接的零件，一般必须在组装前完成拼接。

③采用埋弧焊、CO_2 气体(混合气体)保护焊及低氢型焊条手工焊方法焊接的接头，组装前必须彻底清除待焊区域的铁锈、氧化铁皮、油污、水分等有害物，使其表面显露出金属光泽。

④组装定位做标记时，应尽量避免使用伤及母材的方法，即使必须使用冲钉做记号，完工后也必须避免残留伤痕。若确有必要，可在无应力集中或受压之处使用尽量轻的痕迹进行标识。

⑤为确保组装精度，提高工作效率，杆件组装应在组装平台上或工艺装备内进行。

⑥应尽量采用合适的焊姿进行定位焊，组装定位焊应符合规定。定位焊时应尽量避免把支架、夹板等异种材料点焊在母材上。

⑦采用先孔法的杆件，组装时必须以孔定位，每一定位孔群应打入 10%的冲钉，但不得少于 2 个冲钉，冲钉直径不得小于设计孔径 0.1 mm。采用预钻小孔组装的杆件，使用的冲钉直径不应小于预钻孔径 0.5 mm。

⑧组装用紧固螺栓的数量，一般每隔 320 mm 至少有一个螺栓，且螺栓数量不少于螺栓孔数量的 30%，每个螺栓至少放置一个垫圈。

⑨凡要求测厚配刨的零件，必须按工艺要求进行配装，严格控制组装偏差。

⑩组装的第一个部件必须经检验合格后，方可继续进行组装。

(2)钢板接料。钢板接料应在杆件组装前完成，并应符合以下规定：

①盖、腹板接料长度不宜小于 1 000 mm，宽度不得小于 200 mm，横向接料焊缝轴线距离孔中心线不宜小于 100 mm。

②板梁的腹板和箱形梁的盖、腹板接料焊缝可为十字形或 T 字形，T 字形交叉点间距不得小于 200 mm；腹板纵向接料焊缝宜布置在受压区。

③组装时应将相邻焊缝错开，错开的最小距离应符合图 6-1 规定。

④节点板需要接宽时，接料焊缝应距离其他焊缝、节点板圆弧起点、高强度螺栓拼接板边

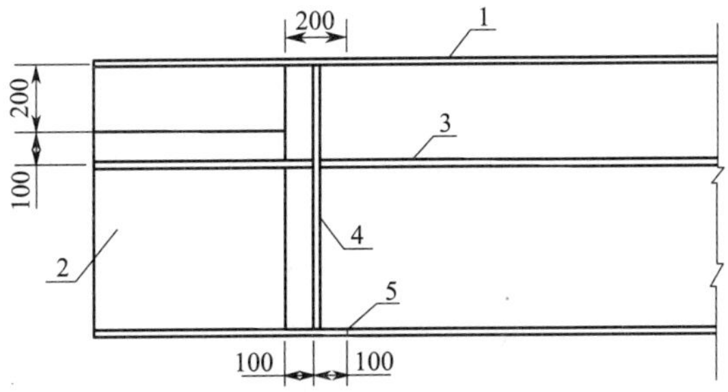

图 6-1 焊缝错开的最小距离(单位:mm)

1—盖板;2—腹板;3—板梁水平肋或箱梁纵肋;

4—板梁竖肋或箱梁横肋;5—盖板对接焊缝

缘部位 100 mm 以上;节点板应避免纵、横向同时接料。

组装前必须彻底清除待焊区域的铁锈、氧化铁皮、油污、水分等有害物,使其表面显露出金属光泽。清除范围应符合图 6-2 的规定。

采用先孔法的杆件,组装时必须以孔定位,用胎型组装时每一孔群定位不得少于用 2 个冲钉,冲钉直径不得小于设计孔径 0.1 mm。

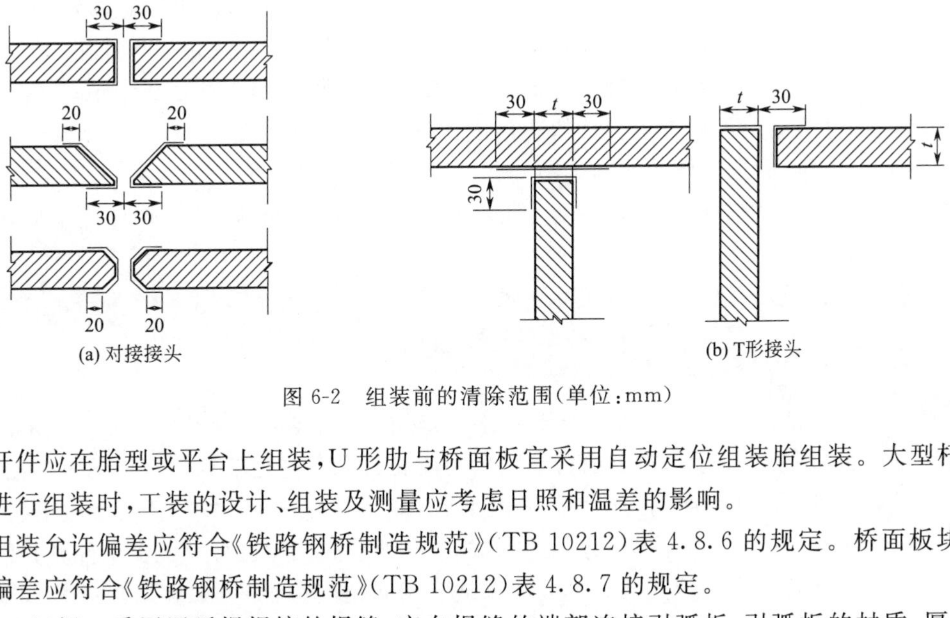

图 6-2 组装前的清除范围(单位:mm)

杆件应在胎型或平台上组装,U 形肋与桥面板宜采用自动定位组装胎组装。大型杆件在露天进行组装时,工装的设计、组装及测量应考虑日照和温差的影响。

组装允许偏差应符合《铁路钢桥制造规范》(TB 10212)表 4.8.6 的规定。桥面板块组装允许偏差应符合《铁路钢桥制造规范》(TB 10212)表 4.8.7 的规定。

(3)组焊。采用埋弧焊焊接的焊缝,应在焊缝的端部连接引弧板,引弧板的材质、厚度、坡口应与所焊接的构件相同,且长度应不小于 100 mm。

需要作产品试板检验时,应在焊缝端部连接试板,试板材质、厚度、轧制方向及坡口应与所焊对接板材相同,且长度应大于 400 mm,宽度每侧不小于 150 mm。

6.1.7 杆件整形

由于钢材焊接后通常要引起构件的变形,因此在焊接后要对构件进行检查,并采取一定的措施消除焊接变形,称为整形。钢结构的焊接生产中,整形仅是一种补救措施,有些大型钢结构的变形是很难矫正的(例如钢桥整体节点由于焊缝很多,结构的刚度又较大,因此其焊接变形如果处理不当将很难矫正,甚至无法矫正而被迫报废),因此应立足采取各种措施对变形进行防止和控制,其次,只有当变形超过技术要求范围时,才考虑对焊件的变形进行矫正。

杆件矫正的允许偏差应符合《铁路钢桥制造规范》(TB 10212)表 4.10.1—1 和表 4.10.1—2 的规定。

焊接产生的杆件变形,可使用机械或火焰加热方法进行矫正。对主要受力杆件宜采用热矫,次要杆件可优先采用机械矫正,但对时效冲击值不满足要求的拉力杆件,不得进行冷矫。

冷矫时应缓慢加力,环境温度不宜低于 5 ℃,冷矫总变形量不得大于 2%。

热矫时加热温度应控制在 600 ℃～800 ℃,严禁过烧,不宜在同一部位多次重复加热。温度降至室温前,不得锤击钢材和用水急冷。当设计文件有特殊要求时,矫正方法及矫正温度应满足设计文件要求。

矫正后的杆件表面不得有凹痕和其他损伤。

6.1.8 检　验

钢桥成品质量检验是确保钢桥制造质量的重要一环,应由专门的技术检验部门进行全面检查,验收合格后方可填写产品合格证。构件的基本尺寸应符合规定要求。

钢桥制造质量管理应有相应的制造技术标准、健全的质量管理体系和制造质量检验制度。

钢桥验收必须使用计量检定、校准合格的计量器具,并应按有关规定进行操作。

各工序按技术标准进行质量控制,每道工序完成后,应进行检查,并形成记录;工序间应进行交接检验,未经检查或经检查不合格的不得进行下道工序生产。

钢桥制造完成后制造厂应按照施工图和相关规范进行验收。

钢桥重量计算时,钢板应按矩形计算,但大于 0.1 m^2 的缺角应扣除;焊缝质量应按焊接杆件重量的 1.5%计算。

产品石板、抗滑移系数试件应按实际重量计入产品重量。

6.1.9 试　装

运送工地的各部件,须在出厂前进行试拼装,以验证工艺装备是否精确可靠。钢桥试装应按设计图纸进行,试装时应尽量包括有代表性的各类杆件和各变化节点。钢板梁应整孔试装,简支桁梁试装长度不宜小于半跨,连续梁应包括所有变化节点。对连续桁梁可按主桁、上平纵联、下平纵梁、桥面系、桥门架等部分分别进行试装,其他形式结构也可分成多个部分分别进行试装。如果使用能代替试装的其他方法进行与试装相同精度检查时(如虚拟预拼装),或者制造单位可以提出已经经过证明的可靠的几何形状控制方法,经研究可以省去部分组装。

钢桥应按试装图进行试装。首批制造的钢桥或改变工艺装备(包括工艺装备大修)时,均应进行有代表性的局部试装;成批连续生产的钢桥,每生产 15 空试装一次。

参与试装的杆件均应检验合格,试装应在杆件涂装前进行。

试装应在测平的台架上进行,杆件处于自由状态。板梁整孔试装;桁梁采用平面试装,简支桁梁试装长度不宜小于半跨,连续桁梁应包括所有变化节点;结合梁应采用连续匹配试装,且不少于 3 个节段。

试装时,必须使板层密贴,冲钉不宜少于螺栓孔总数的 10%,螺栓不宜少于螺栓孔总数的 20%。

必须用试孔器检查所有螺栓孔。桁梁主桁和结合梁的螺栓孔应 100% 自由通过较设计孔径小 0.75 mm 的试孔器；桥面系和联结系的螺栓孔应 100% 自由通过较设计孔径小 1.0 mm 的试孔器；板梁的螺栓孔应 100% 自由通过较设计孔径小 1.5 mm 的试孔器方可认为合格。

试装过程中应检查拼接处有无相互抵触情况，有无不易施拧螺栓处。磨光顶紧处应有 75% 以上的面积密贴，用 0.2 mm 塞尺检查，其塞入面积不得超过 25%。

试装检测时，应避开日照的影响。

板梁、桁梁和结合梁试装的主要尺寸应符合《铁路钢桥制造规范》(TB 10212)表 4.11.9～表 4.11.13 的规定。板梁、桁梁杆件、桥面板块、箱型梁、结合梁的基本尺寸应符合《铁路钢桥制造规范》(TB 10212)表 4.12.1—1～表 4.12.1—6 的规定，也应符合表 6-3～表 6-5 规定。

试装应有详细检验记录，经过鉴定合格后方可批量生产。

表 6-3　板梁试装的主要尺寸允许偏差表

序号	项　目		允许偏差(mm)
1	梁高(H)	$H \leqslant 2$ m	±2
		$H > 2$ m	±4
2	主梁中心距		±3
3	相邻梁段上下翼缘错边量		焊接≤1 mm，拴接≤2 mm
4	相邻梁段腹板错边量		焊接≤1 mm，拴接≤2 mm
5	拼装梁段两端边孔中心距		1.0 mm(采用工地扩孔 2.0 mm)
6	连续梁长度		±15
7	主梁上拱度		$^{+10}_{-3}$
8	横断面对角线差		4
9	腹板平面度		板梁 $H/350$；箱梁 $H/250$ 且均不大于 8 mm
10	旁弯		板梁 $L/5$，且均不大于 8 mm；箱梁 $3+0.1L$
11	支点高差		5
12	主梁、纵横梁盖板，对腹板的垂直度		0.5 mm(有孔部位)
			1.5 mm(其他部位)

表 6-4　桁梁试装的主要尺寸允许偏差表

序号	项　目	允许偏差(mm)
1	墩台处横梁中线与设计线路中线偏移	10
2	简支梁与连续梁间或两孔(联)间相邻横梁中线相对偏差	5
3	墩台处横梁顶与设计高程偏差	±10
4	两孔(联)间相邻横梁相对高差	5
5	每孔梁对角线支点的相对高差	5
6	固定支座处梁支承中心里程与设计里程	±10

表 6-5　结合梁试装的主要尺寸允许偏差表

序号	项　目	允许偏差(mm)
1	桥梁全长	±15
2	梁高	$^{+15}_{-5}$
3	桥面板厚度	$^{+10}_{-5}$
4	桥面板中心线与钢梁中心线	10
5	桥面挡砟墙内侧宽度	$^{+10}_{-5}$
6	桥面平整度	3
7	接触网支柱基座钢筋位置	5
8	上拱度(与设计值相比)	$^{+10}_{-3}$

6.1.10　除锈、涂装、出厂和运输发送

(1)除锈。钢材的除锈应符合《涂装前钢材表面锈蚀等级和除锈等级》(GB 8923)规定。钢材的除锈等级应达到 Sa2 等级以上,对于有特殊要求的应按照设计说明执行。

(2)涂装。钢桥的涂装应符合现行行业标准《铁路钢桥保护涂装》(TB/T 1527)的规定。

抗滑移系数试验方法应符合现行行业标准《铁路钢桥拴接板面　抗滑移系数试验方法》(TB/T 2137)的规定。

栓焊梁抗滑移系数检验以 2 000 t 为一批,不足 2 000 t 视为一批,每批在出厂时和架设时各检验三组试件(两块芯板、两块盖板视为一组)。设计文件对抗滑移系数试件的数量及规格有要求时,按设计文件执行。试件出厂时抗滑移系数不小于 0.55,安装时不小于 0.45。

涂装前应对杆件自由边双侧倒弧,倒弧半径宜为 2.0 mm。

(3)出厂。钢桥出厂后,高强度螺栓连接面涂层(喷铝涂层或无机富锌防锈防滑涂料涂层)的保质期为 6 个月。

钢桥出厂时,应提交产品合格证、钢材、辅材质量证明书或检验报告、施工图、工厂拴接面抗滑移系数试验报告、焊缝重大修补记录、产品试板的试验报告(有产品试板时)、成品检查记录、探伤检查记录、工厂试装记录(有试装时)等资料。

(4)包装。构件包装应在涂层干燥后进行,包装和存放应保证构件不变形、不损失、不散失。

大截面工字形、箱形构件、桥面板块体采用裸装;长细构件采用框架捆装,构件之间应加垫层;拼接板采用盘装,板件之间应加垫层;较小面积(体积)的零件采用箱装,箱内塞实,保持通风干燥;各种包装应保护摩擦面,使摩擦面不受损伤。

螺栓和发送的零件用螺栓拧紧,每个孔群不少于 2 个螺栓。

对包装有特殊要求时,应按技术文件办理。

重量超过 5 t 的构件标出重心位置和重量。

构件的堆放场地应坚实、平整、通风且具有排水设施。支承处应有足够的承载力,不允许在构件存放期间出现不均匀沉降。

构件的存放要分种类码放整齐、不宜过高,防止倾覆、压坏变形。同类构件分层堆放时各层间的垫块应在同一垂直面上,构件叠放不宜过高。

构件的支撑点应设在自重作用下构件不致产生永久变形处;超长构件应有足够的支撑垫,并调整到自重弯矩为最小的位置上,以防止构件挠曲变形。

构件刚度较大的面宜竖向放置。

构件间应留有适当空隙,便于吊装人员操作和查对。

构件在存放场地存贮和运输时,应按拼装顺序编号,并按吊运顺序安排贮存位置。

(5)运输与发送。构件运输时,应用钢丝绳将其牢靠固定,应在与钢丝绳接触的边缘加垫,防止损伤构件。

包装和发运应按铁路、公路及水运有关规定办理。

6.2 拱桥的焊接变形控制技术的理论研究

6.2.1 焊接变形分析机理

在焊接过程中由于急剧的非平衡加热及冷却,结构将不可避免地产生不可忽视的焊接残余变形。焊接残余变形是影响结构设计完整性、制造工艺合理性和结构使用可靠性的关键因素。

钢材的焊接通常采用熔化焊方法,是在接头处局部加热,使被焊接材料与添加的焊接材料熔化成液体金属,形成熔池,随后冷却凝固成固态金属,使原来分开的钢材连接成整体。由于焊接加热,融合线以外的母材产生膨胀,接着冷却,熔池金属和熔合线附近母材产生收缩,因加热、冷却这种热变化在局部范围急速地进行,膨胀和收缩变形均受到约束而产生塑性变形。

6.2.2 焊接接头控制参数的主要影响因素

焊接变形可以分为在焊接热过程中发生的瞬态热变形和在室温条件下的残余变形。影响焊接变形的因素很多,但归纳起来主要有材料、结构和工艺 3 个方面。

1)材料因素的影响

材料对于焊接变形的影响不仅和焊接材料有关,而且和母材也有关系,材料的热物理性能参数和力学性能参数都对焊接变形的产生过程有重要的影响。其中热物理性能参数的影响主要体现在热传导系数上,一般热传导系数越小,温度梯度越大,焊接变形越显著。力学性能对焊接变形的影响比较复杂,热膨胀系数的影响最为明显,随着热膨胀系数的增加焊接变形相应增加。同时材料在高温区的屈服极限和弹性模量及其随温度的变化率也起着十分重要的作用,一般情况下,随着弹性模量的增大,焊接变形随之减少而较高的屈服极限会引起较高的残余应力,焊接结构存储的变形能量也会因此而增大,从而可能促使脆性断裂,此外,由于塑性应变较小且塑性区范围不大,因而焊接变形得以减少。

2)结构因素的影响

焊接结构的设计对焊接变形的影响最关键,也是最复杂的因素。其总体原则是随拘束度的增加,焊接残余应力增加,而焊接变形则相应减少。结构在焊接变形过程中,工件本身的拘束度是不断变化着的,因此自身为变拘束结构,同时还受到外加拘束的影响。一般情况下复杂结构自身的拘束作用在焊接过程中占据主导地位,而结构本身在焊接过程中的拘束度变化情况随结构复杂程度的增加而增加,在设计焊接结构时,常需要采用筋板或加强板来提高结构的稳定性和刚度，这样做不但增加了装配和焊接工作量，而且在某些区域，如筋板、加强板等，拘束度发生较大的变化，给焊接变形分析与控制带来了一定的难度。因此，在结构设计时针对结构板的厚度及筋板或加强筋的位置数量等进行优化，对减小焊接变形有着十分重要的作用。

3)工艺因素的影响

焊接工艺对焊接变形的影响方面很多，例如焊接方法、焊接输入电流电压量、构件的定位或固定方法、焊接顺序、焊接胎架及夹具的应用等。在各种工艺因素中，焊接顺序对焊接变形的影响较为显著，一般情况下，改变焊接顺序可以改变残余应力的分布及应力状态，减少焊接变形。多层焊以及焊接工艺参数也对焊接变形有十分重要的影响。焊接工作者在长期研究中，总结出一些经验，利用特殊的工艺规范和措施，达到减少焊接残余应力和变形，改善残余应力分布状态的目的。

6.2.3 减小厚板焊接变形工艺控制的参数分析

1)设计措施

(1)合理地选择焊接的尺寸和形式。焊接尺寸直接关系到焊接工作量和焊接变形的大小。焊缝尺寸大，不但焊接量大，而且焊接变形也大，因此，在保证结构的承载能力的条件下，设计时应尽量采用较小的焊缝尺寸。对于受力较大的丁字接头和十字接头，在保证相同的强度条件下，采用开坡口的焊缝可以比一般角焊缝减少焊缝金属，对减小变形有利。

(2)尽可能减少不必要的焊缝。在设计焊接结构时，合理地选择筋板的形状，适当地安排筋板的位置，力求焊缝数量少，避免不必要的焊缝，从而减小焊接变形。

(3)合理地安排焊缝位置。在设计焊接结构时，安排焊缝尽可能对称于截面中性轴，或者使焊缝接近中性轴，这对于减少梁、柱等类型结构的挠曲变形有良好的效果。

2)工艺措施

工艺措施是指在焊接构件生产制造过程中所采用的一系列措施，将其分为焊前预防措施、焊接过程控制措施和焊后矫正措施。

(1)焊前预防措施：

焊前预防主要包括预防变形、预拉伸法和刚性固定组装法。

预变性法或称反变形法是根据预测的焊接变形大小和方向，在待焊工件装配时造成与焊接残余变形大小相当、方向相反的预变形量(反变形量)，焊后焊接残余变形抵消了预变形量，使构件恢复到设计要求的几何形状和尺寸。

预拉伸法多用于薄板平面构件，焊接时在薄板有预张力或有预先热膨胀量的情况下进行的。焊后，去除预拉伸或加热，薄板恢复初始状态，可有效地降低焊接残余应力，控制焊接变形。预热的作用在于减小温度梯度，不同的预热温度在降低残余应力的作用方面有一定的差别，预热温度在 300 ℃～400 ℃时，在钢中残余应力水平降低了 30％～50％，当预热温度为 200 ℃时，残余应力水平降低了 10％～20％。

刚性固定组装法是采用夹具或刚性胎具将被焊构件尽可能地固定，可有效地控制待焊构件的角变形与弯曲变形等。

(2)焊接过程控制措施：

焊接过程控制主要方法有采用合理的焊接方法和焊接规范参数，选择合理的焊接顺序以及采用随焊两侧加热、随焊碾压、随焊跟踪激冷等措施。选择线能量较低的焊接方法以及合理地控制焊接规范参数可以有效地防止焊接变形。采用随焊两侧加热、随焊碾压、随焊跟踪激冷等措施可以降低残余应力和减小焊接变形。采用随焊两侧加热,横向应变、纵向应变和最大剪切应变的分布更加均匀,变化更加平缓,起到减小焊接残余应力和变形的作用。随焊碾压法由于设备复杂、使用不便等原因,在生产应用中受到一定的限制,但该方法在提高焊接变形等方面具有理想的效果。随焊激冷法能够显著地降低残余应力和减少焊接变形。

焊接顺序对焊接残余应力和变形的产生影响较大,在采用不同的焊接顺序时,可以改变残余应力的分布规律,但对残余应力整体幅值的降低作用不大,同时该方法对于控制焊接变形有较大的作用,尤其在多道焊中,作用更加明显。

(3)焊后矫正措施:

当构件焊接后,只能通过矫正措施来减小或消除已发生的残余变形。焊后矫正措施主要分为加热矫正法和机械矫正法。加热矫正法又分为整体加热和局部加热。

整体热矫正是指将整体构件加热至锻造温度以上再进行矫正的方法,可用以消除较大的形状偏差。但是焊后整体加热容易引起冶金方面的副作用,限制了该方法的进一步推广及应用。

局部热矫正多采用火焰对焊接构件局部加热,在高温处,材料的热膨胀受到构件本身刚性制约,产生局部压缩塑性变形,冷却后收缩,抵消了焊后部位的伸长变形,达到矫正目的,火焰加热法采用一般的气焊焊炬,不需要专门的设备,方法简便灵活,因此在生产上广为应用。

此外,还有利用机械力或冲击能等进行焊接变形矫正,包括静力加压矫直法、焊缝滚压法、锤击法等。

6.2.4 焊接工艺要点

为了能够控制焊接变形,需要对焊接工艺进行控制,焊接工艺的要点如下:

(1)预热。预热有利于减低中碳钢热影响区的最高硬度,防止产生冷裂纹,这是焊接中碳钢的主要工艺措施,预热还能改善接头塑性,减小焊后残余应力。通常,35 钢和 45 钢的预热温度为 150 ℃～250 ℃含碳量再高或者因厚度和刚度很大,裂纹倾向大时,可将预热温度提高至 250 ℃～400 ℃。若焊件太大,整体预热有困难时,可进行局部预热,局部预热的加热范围为焊口两侧各 150～200 mm。

(2)焊条。焊条条件许可时优先选用碱性焊条。

(3)坡口。坡口形式将焊件尽量开成 U 形坡口式进行焊接。如果是铸件缺陷,铲挖出的坡口外形应圆滑,其目的是减少母材熔入焊缝金属中的比例,以降低焊缝中的含碳量,防止裂纹产生。

(4)焊接工艺。焊接工艺参数由于母材熔化到第一层焊缝金属中的比例最高达 30%左右,所以第一层焊缝焊接时,应尽量采用小电流、慢焊接速度,以减小母材的熔深。

(5)热处理。焊后最好对焊件立即进行消除应力热处理,特别是对于大厚度焊件、高刚性结构件以及严厉条件下(动载荷或冲击载荷)工作的焊件更应如此。消除应力的回火温度为 600 ℃～650 ℃。若焊后不能进行消除应力热处理,应立即进行后热处理。

6.2.5 焊接关键技术

相对工厂焊接而言,工地焊接在环境、设备等方面都要差一些,特别是对于一些大型钢桥来说，拼装场整体节段组焊及桥上组装焊接施工需历经较长时间，在施工制造过程中必然会遇到雨雪、大雾、大风及严寒等不利气候条件。拼装场及桥上施工条件差，受环境限制不能达到专业制造厂厂房屏蔽及御寒能力等条件。为了保证工地焊接质量，针对在拼装场及工地施工将会遇到的不利气候条件，必须制定一定的保证措施予以解决。以下技术措施对于控制焊接残余变形有一定成效。

(1)露天施工焊缝设置防护棚，有效避免雨、雪、大风等不利天气对焊接的影响。环境温度低于 5 ℃或环境湿度高于 80％时，采取对接头区域火焰加热，以创造局部施焊条件。

(2)桥面板下部焊缝，雨、雪、雾天气下施焊均要求焊接接头区域火焰加热，以去除钢板潮气和保证施焊温度，并根据焊缝接头类型局部设置防风棚，从而保证焊缝内部质量。

(3)受雨、雪、雾等影响，焊接接头可能受潮或有局部锈蚀，焊接前应将锈蚀部位打磨干净，显露出金属光泽，并进行火焰加热去潮，确认无影响焊接质量的因素后方可焊接。

(4)焊条、焊剂、陶质衬垫等易受潮的焊接材料，应严格按工艺规定保存、烘干及使用。在环境湿度较高时，焊条、焊剂等材料应减少外置时间，并及时换用烘干保温的材料，使用剩余的送回，重新烘干保温处理。

(5)焊接过程中操作者加强自检、互检力度，每焊完一道焊缝均应仔细检查，确认无影响焊接质量因素后方焊接下一道焊缝。

(6)技术、质检人员对现场焊接操作加强监控，监督工艺执行情况及检查焊接质量。

6.3　钢箱系梁和拱桥的节段制造技术研究

6.3.1　加劲肋的选型与安装

组合梁腹板配置加劲肋应符合以下标准(图 6-3)：

当 $h_0/t_w \leqslant 80\sqrt{235/f_y}$ 时，对有局部压应力的梁，应按构造配置横向加劲肋；但对无局部压应力的梁，可不配置加劲肋。

当 $h_0/t_w > 80\sqrt{235/f_y}$ 时，应配置横向加劲肋。其中，当 $h_0/t_w > 170\sqrt{235/f_y}$(受压翼缘扭转受到约束时)，或 $h_0/t_w > 150\sqrt{235/f_y}$(受压翼缘扭转未受到约束时)，或按计算需要，应在弯曲应力较大区格的受压区增加配置纵向加劲肋。局部压应力很大的梁，必要时尚宜在受压区配置短加劲肋。任何情况下，h_0/t_w 均不应超过 250。

梁的支座处和上翼缘受有较大固定集中荷载处，宜设置支承加劲肋。加劲肋宜在腹板两侧成对配置，也可单侧配置，但支承加劲肋不应单侧配置。支承加劲肋与腹板的连接焊缝，应按传力需要进行计算。

箱形截面梁受压翼缘板在两腹板之间的无支承宽度 b_0(当箱形截面梁受压翼缘板设有纵向加劲肋时，则取为腹板与纵向加劲肋之间的翼缘板无支承宽度)与其厚度 t 之比，应符合式(6-1)要求：

$$\frac{b_0}{t} \leqslant 40\sqrt{\frac{235}{f_y}} \tag{6-1}$$

加劲肋尺寸和布置还应符合现行国家标准《钢结构设计规范》(GB 50017)和《铁路桥梁钢结构设计规范》(TB 10002.2)的规定。

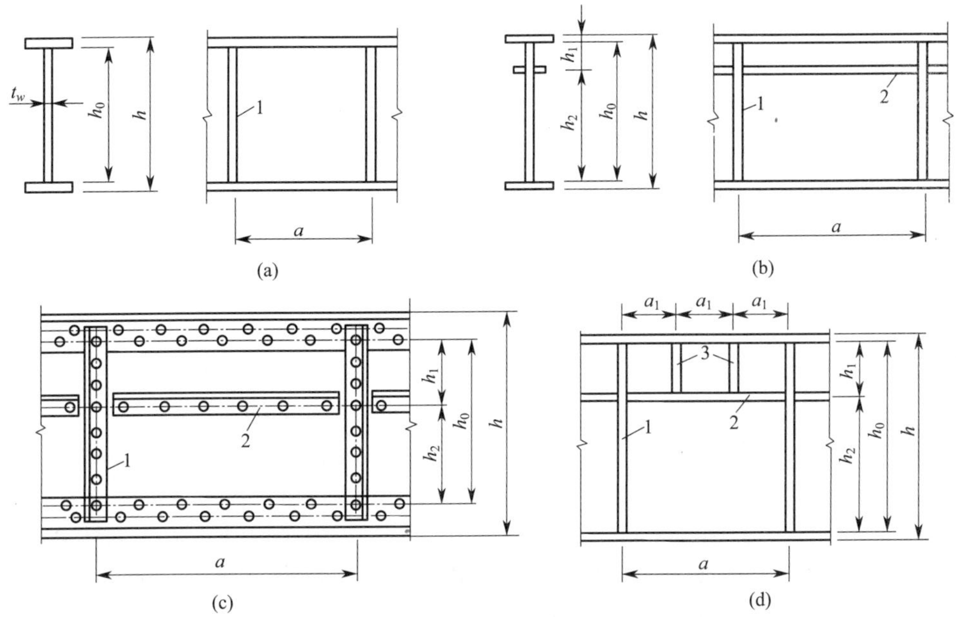

图 6-3　加劲肋布置

1—横向加劲肋；2—纵向加劲肋；3—短加劲肋

6.3.2　正交异性板的制造

正交异性板，是由纵、横加劲肋和盖板共同承受荷载的桥面结构。该结构最早始于 20 世纪 50 年代的德国，后来被很多国家广泛应用。目前已成为世界上大、中跨度钢桥所普遍采用的一种桥面结构形式。

1)构造细节

作为桥面系重要组成部分的钢桥面板，其加工精度要求高，焊接工作量大。它的构造优劣对整个桥梁的经济性影响很大。钢桥面板的构造细节，必须根据每个桥梁的不同特点来决定，下面介绍钢桥面板的一些基本构造细节。

(1)纵肋：

钢桥面的纵肋一般可分为闭口和开口两大类。闭口加劲肋有 U 形、V 形、Y 形、矩形和梯形(槽形)，开口加劲肋主要形式有球头扁钢、一字平板形、L 形和倒 T 形等。采用何种形式的加劲肋，主要根据结构承载情况决定，在扁平钢箱梁中 U 肋加劲肋是最为常用的加劲肋形式。

①开口纵肋。开口截面纵肋在构造方面有如下优点：与闭口截面相比，开口截面纵肋其截面形式简单，工厂制作和工地焊接都比较容易；易于按不同的截面内力来改变纵肋截面，因而纵肋截面可得到充分利用；开口截面纵肋与横肋相交时，通常采用纵肋贯通横肋腹板的构造方式，因此纵肋与横肋交叉处的连接构造简单。

与闭口截面的纵肋相比，开口纵肋的缺点如下：由于每根纵肋与桥面盖板的连接需要有两条贴角焊缝，所以桥面板单位面积所需焊接工作量要大；采用开口纵肋时，横肋的间距通常要比采用闭口截面纵肋时小，因此横肋数目有所增多；桥面板每单位面积的用钢量一般比闭口截面纵肋多；开口截面纵肋屈曲强度较低，不利于承受较大的轴向压力。

②闭口纵肋。闭口截面纵肋在构造上的优点如下：纵肋和桥面板的焊接工作量约为开口截面纵肋的二分之一，这是因为闭口纵肋的腹板只有一侧贴角焊缝；由于抗扭刚度大，荷载的横向分配作用效应好，所以可加大横肋的间距，其数量和用钢量以及制造工作均可减少；由于具有较高的屈曲强度，所以有利于承受较大的轴向压力。

与此相反，闭口截面肋的缺点如下：闭口纵肋的截面造价高，并且由于空心肋必须封闭，所以工地接头部分构造就变得复杂；为了使截面加强的附加部分更适合，所以截面的加工、组装精度都有较高的要求；采用的闭口纵肋截面，横肋间距可增大，但相应轮荷载所产生的局部变形也增大。

(2)横肋：

桥面板的横肋，通常采用焊接组成的倒T形或I形截面。当主梁的间距较大时，就应当按适当的间距设置强固的断面连接系，这时横肋往往兼作断面连接系的上横撑。

2)板单元划分及制造特点

在满足设计要求、保证大桥制造质量的前提下，综合考虑供料、运输以及批量生产等因素，对梁段进行板单元拆分。钢箱梁制造中实现板单元化，尽量避免或减少零散部件参与梁段组装，可以使所有板单元按类型在专用胎架上形成流水作业制造，实现生产规范化、产品标准化、质量稳定化。正交异性板单元的制造具有如下典型特点：

(1)工程量大：通常正交异性板单元的制造工作量较大。

(2)标准化程度高、互换性强：施工中可根据桥梁架设安装方案和设计要求，确定标准规格的板单元成组批量制造生产，以降低生产成本，达到互换性要求。

(3)加工精度要求高：预制完成后直接进入桥面钢箱梁组装或直接进入现场桥面系组装，为了确保成桥精度，必须控制其制造几何精度和平面度等形位公差。

(4)焊接变形控制难度大：焊接U形肋时，板单元主要发生4种形式的焊接变形，即纵向收缩变形、横向收缩变形、纵向面外弯曲变形和角变形。焊接时，由于U形肋角焊缝和周围热影响区的钢材在凝固和冷却过程中会发生收缩，从而导致板单元的纵向和横向收缩变形以及纵向面外弯曲变形。另外，由于是在面板的单侧施焊，沿面板的厚度方向存在温度梯度，所以面板有U形肋角焊缝的一面比另一面发生了更大的收缩，在焊缝处形成了角变形。在实际情况中，板单元的整体变形就是由上述4种单一变形组合的复杂变形。

3)制造工艺和关键技术措施

板单元制造按照：钢板赶平及预处理、数控精确下料、零件加工、胎型组装、反变形焊接、局部修正的顺序进行，其制造工艺流程如图6-4所示。板单元制造的工艺要求和关键技术措施如下。

(1)工艺要求：

纵向加劲肋应连续通过，不宜中断。纵向加劲肋与顶板焊缝焊接之后，宜将横向加劲肋或横隔板交叉处的过焊孔用熔透焊封闭。

纵向加劲肋与顶板焊缝焊接之后，宜将横向加劲肋或横隔板交叉处的过焊孔用熔透焊封闭。

U形肋与面板间的纵向角焊缝应保证必要的焊缝喉高不小于纵肋厚度，熔透深度不小于0.75倍纵肋厚度，并避免焊漏。具体构造如图6-5所示。

纵肋贯穿横肋(端横肋除外)，由于纵肋与面板角焊缝连续，横肋角部应切角，组装间隙应不大于1 mm，焊接时角部不得起、熄弧，具体构造如图6-6所示。

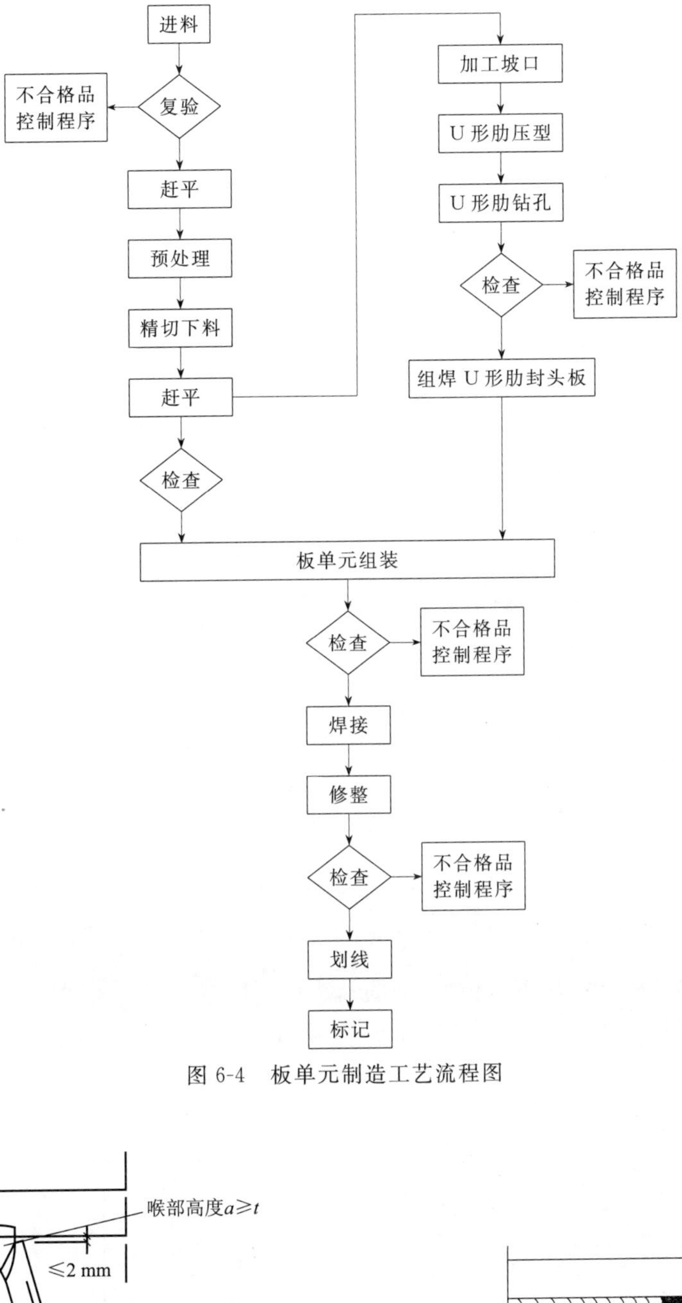

图 6-4 板单元制造工艺流程图

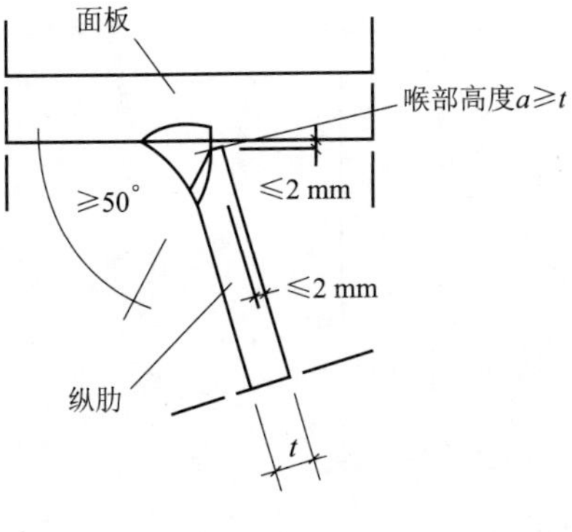

图 6-5 纵肋与面板连接构造

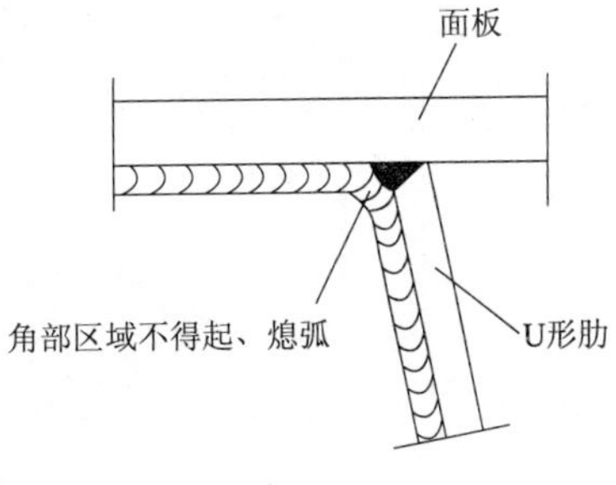

图 6-6 横肋与纵肋和面板交叉处构造细节

肋与纵肋下翼缘相交处的弧形切口推荐尺寸及构造细节如图 6-7 所示。

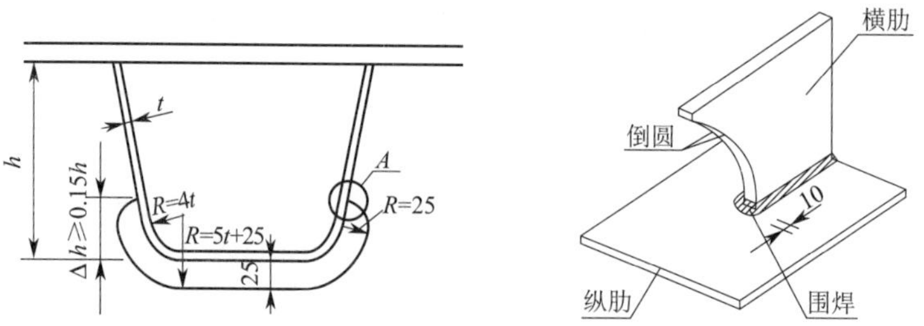

图 6-7　弧形切口推荐尺寸和构造细节(单位:mm)

钢桥面板的现场横向接头的位置宜设置在横肋间距 1/5 处,面板横向焊缝应采用陶瓷衬垫全熔透对接焊,纵肋接头可采用焊接嵌补段连接与摩擦型高强螺栓连接两种方式,在满足相应加工工艺的前提下,建议采用摩擦型高强螺栓连接。其接头的弧形切口长度应不大于 75 mm(建议取 70 mm),具体构造如图 6-8 所示。

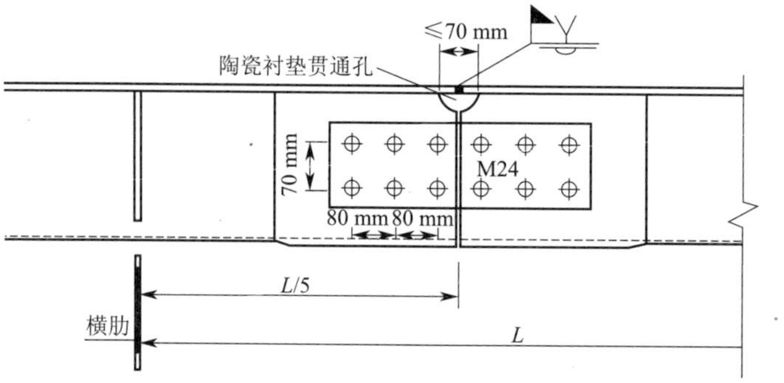

图 6-8　钢桥面板的横向接头摩擦型高强螺栓连接

注:接头处应考虑 U 肋母材断面缺损的影响,采用双面拼接,拼接板厚 10 mm

肋的接头应避开轮载的正下方位置,横肋接头可采用摩擦型高强螺栓连接或全熔透焊接,接头处设置的弧形切口长度应不大于 75 mm(建议取 70 mm),具体构造如图 6-9 所示。

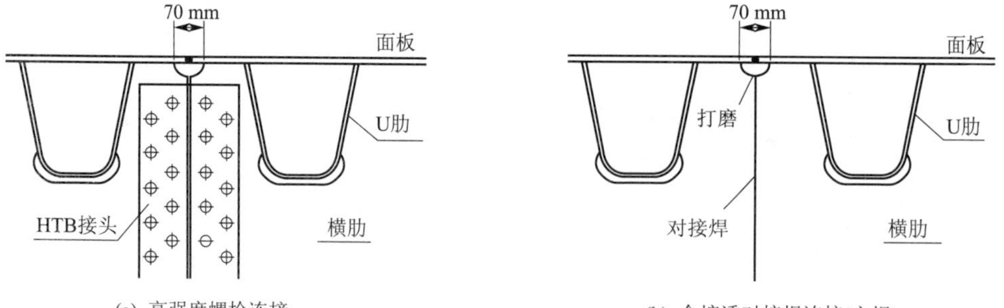

(a) 高强度螺栓连接　　(b) 全熔透对接焊连接(立焊)

图 6-9　钢桥面板的横向接头摩擦型高强螺栓连接

横肋腹板上需设置竖向加劲肋时,不得焊接到桥面板上,具体构造如图 6-10 所示。

纵肋与端横肋垂直相交处的构造细节,可参考图 6-11,当纵肋与钢衬垫板组装间隙不大

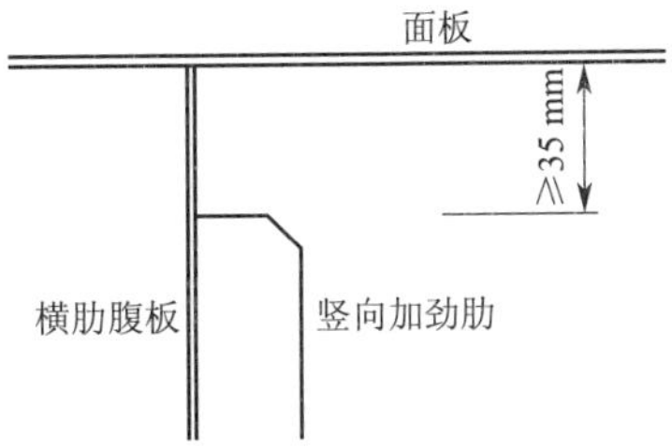

图 6-10 横肋腹板上竖向加劲肋构造

于 1.0 mm，纵肋与端横肋组装间隙为 4.0～5.0 mm 时，纵肋与端横肋的连接可采用钢衬垫板坡口全熔透角焊缝。

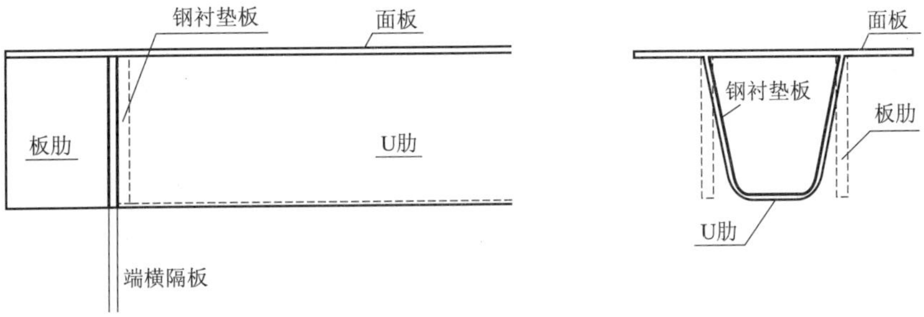

图 6-11 纵肋与端隔板连接的构造

钢桥面板应具有良好的平整性，其表面平面度（1m 范围内）不宜大于 4.0 mm。

钢桥面板顶板宜用焊接连接，焊缝余高大于 4.0 mm。

U 形肋在一个梁段长度内不允许有工厂拼接缝，顶底板在一个梁段内不得有横向工厂拼接缝。

板块的容许误差和制造误差应符合钢桥制造相关标准。

(2)关键技术措施：

①板材预处理。板材预处理顺序为：赶平→抛丸除锈吸尘→喷车间底漆→烘干，主要设备有：大型七辊赶平机、抛丸机、吸尘机、喷漆机、烘干机和磁力吊车等。

②无余量精切下料。无余量切割就是将零件一次切割下料后，经过单元件装焊矫正后直到钢梁拼装施焊完成，其零件经过多次冷热处理，最终零件尺寸的变化正好是施工完后所需尺寸。这样零件不需二次切割加工，既节约钢材又节省大量劳动力。

无余量下料切割尺寸的确定最好用倒推法。首先确定钢梁完工后，所需零件尺寸，再加上钢梁成桥施焊的收缩量、钢梁拼装时的收缩量、单元件火焰矫正的收缩量、单元件焊接时的收缩量、切割割缝量，即为无余量下料的切割尺寸。这些收缩变化量要经过大量的模拟试验数据统计分析得到。

正交异性板单元的制造要经历坡口切割、焊接、火焰矫形等过程，这些过程中钢材均会发生不同程度的收缩，因此准确实现无余量切割下料技术具有较大的难度。根据我国大量钢箱梁桥的成功制造经验，在板单元的整个生产流程中，焊接过程中的收缩量占整体收缩量的绝大部分，所以准确把握焊接收缩的规律是研究板单元无余量下料技术的关键问题。

影响板单元焊接变形的因素很多，如板厚、焊缝长度、焊缝类型、焊缝截面积、焊接热输入等，但对我国目前最常用的正交异性板单元而言，主要影响因素为面板厚度、U形肋角焊缝的焊接热输入、焊缝长度。

对于纵向收缩量，其经验公式为：

$$\Delta=\frac{0.008\ 6EL}{t}-15.1 \tag{6-2}$$

式中　Δ——板单元焊接纵向收缩量(mm)；

E——U形肋角焊缝焊接热输入(J/cm)；

L——U形肋角焊缝长度(m)；

t——板单元面板厚度(mm)。

而对于横向收缩量，由于U形肋焊缝为角焊缝，其远远小于一般对接焊的横向收缩量，并从实际工程统计分析，一般控制在1.5～2 mm。

③U形加劲肋制造。U形闭口肋目前主要采用数控板料折弯机进行压形制造。压型(也称为弯曲)是用机械设备将钢板压制成型的加工方法，有机械弯曲压弯和滚弯两种方法。

④U形肋钻孔。钢箱梁梁段间U形肋的连接通常通过高强螺栓进行连接，这对顶板单元的制造精度提出了严格的要求，为了保证孔群间距和孔间距的精度，可设计专用钻孔胎。如我国钢桥制造企业经常采用的U形肋专用旋转钻孔胎，可以实现先孔法钻制U形肋螺栓孔。

专用钻孔胎是专门针对桥梁U肋形式订身量做的，由于钻孔胎不仅设计有钻孔机器样板(机器样板制造时相邻孔距的允许偏差为±0.25 mm，极边孔距允许偏差为±0.5 mm)和卡位设备，而且可以自由旋转使U肋侧面呈水平状态，大大方便了摇臂钻床的使用。经实践检验，不仅成孔精度较高，而且效率也很高。专用钻孔胎的缺点是不同的U形肋必须制作不同的胎具，通用性较差，会增加一定的制造成本。

⑤U形肋装配。板单元的组装关键是要控制U形肋与桥面板的相对位置。过去我国在钢箱梁制造中，板单元的U形肋组装主要采用划线和胎型样板相结合且以划线为主的方法，该方法存在两个缺点：U形肋间距误差较大，导致组装横隔板接板时需要配切接板，这样组装的板单元质量较差而且效率不高；顶板U形肋螺栓孔精度差，致使拼接板不能互换，其制孔和后续梁段安装效率也非常低。

目前国外一些制造企业已经开发出专用的板单元全自动组装胎，不仅精度较高，速度较快，而且可以节约大量的劳动力。目前，我国制造企业对板单元的组装主要采用半自动板单元组装胎，该装置采用机床轨道的形式，具有自动定位的功能，主要优点有：在胎型上设有定位装置，实现板件自定位；在胎型上设有高精度的导轨和精密的梳形样板，组装时用其分别控制U形肋的直线度和间距；在胎型端部设有U形肋螺栓孔的定位装置，以保证所有顶板单元U形肋螺栓孔边距的一致性，实现同类拼接板的互换。板单元组装时以钢板和U形肋螺栓孔定位，可以保证U形肋中心距偏差控制在±0.5 mm之内。但是，该板单元组装胎自动化程度还不高，大量的工作需要靠人力来完成，而且基本不具备通用性，因此仍然有很多地方需要改进。

⑥反变形焊接。正交异性板单元件由平板和纵肋构成，其使用寿命在很大程度上取决于纵肋与顶(底)板间焊缝的焊接质量，通常设计要求该焊缝的有效厚度为0.8倍的U形肋板厚。为保证焊缝质量，工艺要求U形肋开坡口，但坡口焊缝焊后会使板单元残存较大的角变形，导致尺寸超差。为控制焊接变形，需根据钢箱梁的结构特点和设计参数设计反变形胎架，

制造时在反变形胎架上组焊，使胎架预置的反变形刚好与焊接变形相抵消。从我国多座钢箱梁桥的实践经验来看，由于反变形工艺预先对板单元施加了反向的角变形，所以大大减小了焊接后的残余角变形，也减小了火焰矫形的工作量，大大提高了板单元的生产效率。反变形焊接工艺要点如下：

a. 采用反变形预压装置对单元件施加预压反变形，使单元件贴合胎架，两边用夹具夹紧固定。单元件反变形预压装置布置在单元件焊接流水线上，反变形的施加和释放均由其完成，在单元件焊接流水线胎架上按单元件变形趋势施加一定预压反变形量。反变形量借鉴以往各类型单元件的变形统计数据，通过理论计算并根据工程的试验结果进行归纳确定。该装置可实现机械液压动力，解决了人力施压预变形不均匀的难题，为单元件制造中焊接变形的控制奠定了坚实的基础。

b. 在反变形亚船形焊接旋转胎架上采用 CO_2 气体保护自动焊机对 U 形肋角焊缝进行焊接，同时注意焊接顺序，一般从一端向另一端平行对称施焊。

⑦ 矫正、检验单元件。吊装至矫正检验平台，检查单元件平面度和板边平直度。重点控制项为：面板自由边波浪变形，横向平面度 $\leqslant$ 2 mm，纵向平面度 $\leqslant$ 3 mm/4 m，长度允许偏差为 $\pm$2 mm，宽度允许偏差为 $\pm$1.5 mm。

6.3.3 横隔板的形式与制造

1）横隔板的构造形式

钢箱梁横隔板有肋式、实腹板式和空腹桁架式三种基本类型，但现代钢箱梁中多采用后两种形式的横隔板。

（1）实腹板式横隔板：

实腹板式横隔板有搭接式和整体式之分。搭接式又可分两种，一种是采用上、下连接板先与顶、底板相焊，在梁段拼装时再将横隔板的中部与上下连接板通过贴角焊缝相连；另一种是横隔板与底板直接相焊，然后再和上连接板通过贴角焊缝相连。整体式即横隔板的上下部与钢箱梁的顶、底板直接相焊。

搭接式横隔板制造简单，拼装方便，精度要求不高。整体式横隔板受力直接，节省钢料，与其相连接杆件的制造工艺较简单，而且没有因为搭接产生的偏心，有更佳的稳定性，但整体式横隔板制造精度要求高，组焊难度较大，临时支撑构件较多。在制造工艺水平允许的情况下，应优先采用整体式横隔板。

（2）桁架式横隔板：

桁架式横隔板由上下横肋和中部桁架组成，中部桁架可由角钢、钢管等焊接而成，并通过节点板与上下横肋相连，上下横肋则直接与顶底板焊接。空腹桁架式横隔板在梁段拼装焊接时通风较好，也省去了设置检修过人孔、通风换气孔和各种过桥管线的麻烦。但这种形式的构造节点板较多，节点板处焊缝密集，质量控制较难。

2）横隔板的制造

（1）实腹板式横隔板。实腹板式横隔板的制造应注意以下几点：

①整体式横隔板是钢箱梁组拼的内胎，其加工精度直接影响钢箱梁的装配，因此必须对横隔板的四个面进行铣削，严格满足密贴度、板边的垂直度、对角线差、尺寸等工艺精度要求。

②整体式横隔板应精确预留上下焊缝的收缩量，以控制箱体高度。

③横隔板属薄板结构，易产生焊接变形，为保证质量，可将横隔板整体分为几个板块进行制造。

④搭接式横隔板需注意横隔板中部与上下连接板的贴角焊缝质量。

(2)空腹桁架式横隔板。空腹桁架式横隔板的制造应注意以下几点：

①空腹桁架式横隔板的组焊宜在专用胎架上进行，并注意焊接变形的控制。

②桁架制造时，应注意角钢或钢管与节点板的焊缝质量控制。

6.4 刚性吊杆的制造技术研究

6.4.1 吊杆制造

为确保吊杆索的质量，对构成吊杆索实体的主要原材料如钢丝、锚具、PE 料、冷铸填料，均精心选择国内知名厂家的产品，通过对厂商质保体系的认真评审，并按照少量—批量—大量的选用程序进行选用，形成了合格而稳定的原材料供应厂商，确保了原材料质量稳定可靠。

1)吊杆制造的材料与配件

(1)钢丝。选用优质质量保证厂家的高强度镀锌钢丝，抗拉强度为 1 670 MPa～1 860 MPa。要求厂家提供的钢丝必须符合《桥梁缆索用热镀锌钢丝》(GB/T 17101)中的技术规定，并提供质量保证单及进口盘条的检验报告。钢丝进厂后按照《钢丝验收、包装、标志及质量证明书的一般规定》(GB 2103)进行验收，检查包装、数量、重量和钢丝外观等，使用前委托有资质的实验室进行每批 5%的抽样检测，检测项目为抗拉强度，规定非比例伸长应力和伸长率。

(2)冷铸锚具。冷铸锚具由锚杯、分丝板、连接筒、锚圈、前后盖等金属部件组成，锚杯和锚圈选用可选用 40Cr 钢组成，锚具外表面须进行镀锌处理。锚具进厂时，要求生产厂家提供质量保证书，锚具和锚圈有具有资质的第三方的探伤报告，逐个检查锚具的外观，连接部分旋合是否自由，是否有互换性，对主要尺寸按照设计图纸进行复验。

(3)高密度聚乙烯(PE 料)。黑色和彩色 PE 料在直接承受大气环境因素的作用下，应具有较好的抗老化寿命，其主要性能不低于 GB/T 18365 中规定的技术要求。PE 护套料进厂时，要求厂家提供质量保证单和合格证，每批抽取 3 kg 委托国家认证的检测中心，对密度、熔体流动速率、拉伸强度、断裂伸长率、邵氏硬度、冲击强度进行检验，合格后方可投入使用。

(4)冷铸填料。选购的化工原料符合工业纯标准，必须有生产日期、批号、规格型号等标识，并有合格证明书。冷铸填料在使用前，须进行配方试验，即制作一组试件进行养生固化，试件抗压强度≥147 MPa，方可投入使用。

(5)缠包带。缠包带采用两层聚脂带内夹纤维丝的增强聚脂复合带，带宽 40 mm，抗拉强度带宽不低于 375 N/cm。

2)吊杆制造的工艺流程和步骤

制索工艺可如图 6-12 所示。

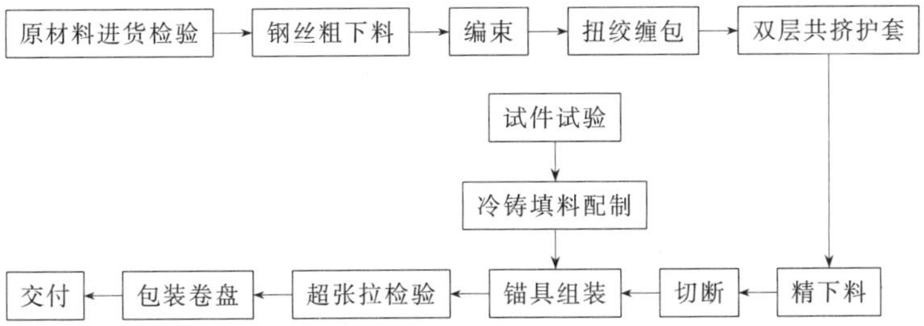

图 6-12 制索工艺图

吊杆索在工厂内的制作按照工艺流程主要划分为 5 个工序步骤完成：

(1)编索成型。粗下料后的钢丝由机械引入按吊杆索钢丝断面排列的流理盘中，经扭纹机实施轻度扭绞使网丝逐步紧密成型，并外缠纤维增强复合带，开成符合设计尺寸的裸索钢丝束，扭绞角为 3°±0.5°，扭绞方向为左旋。

(2)热挤塑套。钢裸索在牵引装置的作用下进入共挤机头，与此同时，黑色和湖蓝色的 PE 料分别进入两台塑料挤出机，受热熔融，在螺杆的强力塑化和推动下，由各自的流道进入共挤机头，将从机头穿过的钢裸索表面包砚，经过冷却水槽冷却，形成双层聚乙烯护套半成品索。

(3)锚具组装。在组装前，根据吊杆索的设计长度，徽头预留长度，断索预留余量、温度等计算出吊杆索的下料长度，用校验过的 50m 钢尺进行精确下料，然后将锚具组装在吊杆索两端，其灌注材料配方应符合相应的技术条件，灌注时采用“倒灌法”依次灌入环氧铁砂，高温固化剂，常温固化剂，一边灌注一边振捣，灌注完毕后，将锚具吊于远红外线养生炉中，并随炉放入一组试件按照升温、恒温、降温三个阶段进行养生固化。

(4)超张拉检验。对养生固化后的吊杆索按照 1.4 倍的设计索力进行超张拉检验。

(5)包装卷盘。检验合格后的吊杆索按脱胎成盘的形式进行卷绕，其盘绕内径不小于 20 倍拉索外径，采用三层包装，捆扎牢固，以便运输交付。

3)吊杆生产的技术要求

根据国家标准《斜拉桥热挤聚乙烯高强钢丝拉索技术条件》(GB/T 18365)的规定，结合桥梁吊杆索的特点，特制定专门的吊杆生产的技术要求，可参考一下技术要求：

(1)钢丝束经左旋扭绞而成，裸索直径误差为 $^{+0.5}_{0}$ mm，扭绞角为 3°±0.5°，外缠高强复合缠包带。

(2)钢索护套质地紧密，厚度均匀 2 mm，负偏差为−1 mm。

(3)冷铸填料试件强度超过 147 MPa。

(4)每根拉索出厂前进行 1.4 倍的设计索力的超张拉检验，经超张拉检验后，锚板内缩值不大于 6 mm。

(5)索长误差，每根吊杆索长度误差值≤20 mm。

(6)抗拉弹性模量不小于 1.90×10^5 MPa。

(7)静载破断载荷不小于吊杆索标称破断载荷的 95%。

(8)静载破断延伸率大于 2%。

(9)用脉冲动荷载加载，钢丝应力上限达 $0.4\sigma_b$，下限达 $0.28\sigma_b$，经 2.0×10^6 次循环加载后，钢丝断丝率不大于总数的 5%。

6.4.2 吊杆在梁和拱上的锚固构造

随着焊接技术的发展,钢箱叠拱桥的锚固结构形式多种多样,研究主要对下面两个方面进行研究:

(1)拱上连杆锚固结构形式与制造。

(2)梁上吊杆锚固结构形式与制造。

对于连杆及上下拱肋之间吊杆吊装须两端对称吊装,从跨中位置向两端对称吊装,亦可从两端位置向跨中位置吊装,具体吊装顺序可以根据实际情况而定。

在系杆(吊杆)拱桥中,钢锚箱是连接水平系杆(竖直吊杆)与桥梁拱肋的重要传力结构,设计上和制造上都极为关注。钢锚箱结构形式虽多种多样,但大同小异。其特点是"承受大吨位,适应小空间",即锚箱所承受的系杆拉力很大,而由于安装钢锚箱的空间位置有限,锚箱空间尺寸大小受到限制,这就增加了设计和制造的难度。

钢锚箱制造工艺是否科学,关系到其承载能力能否达到设计要求,因而,直接影响结构的安全。钢锚箱制造的关键工艺是焊接工艺和热处理工艺。

1)焊接工艺

钢锚箱所有焊缝的焊接均为开坡口熔透。因此必须经严格的焊接工艺评定试验,选用能确保焊缝全熔透的焊接工艺,且确保焊缝接头的力学性能达到要求。

2)残余应力处理

钢锚箱结构具有空间尺寸小、钢板厚度大、焊缝密集且存在交叉、焊缝全熔透等特点,因此,焊接完后的钢锚箱,其钢板内的焊接残余应力的应力水平高、分布区域广。为确保钢锚箱结构的受力性能,应选取有效的方法来减小或消除结构的焊接残余应力,如采用结构整体退火的热处理工艺等。

7 新型钢箱组合拱桥的施工关键技术研究

7.1 新型钢箱组合拱桥施工安装方案设计

7.1.1 钢箱梁杆件施工应力分析

钢梁杆件施工应力分析：需要分析大跨度钢梁在悬臂拼装过程中的杆件应力状况，并结合安装技术提出控制措施。

在悬臂拼装过程中，随着悬臂长度的加大，伸臂端点的下挠会加大，同时在悬臂支撑处附近的杆件应力将逐渐加大。为了保证在拼装时的稳定性和安全性，常用的措施如下：

①在伸臂安装应力最大区域的杆件采取临时加固措施或加设上加劲梁。

②在安装应力最大区段铺设预施拉力的吊索。

③在墩旁设一个托台。

④当悬臂到一定长度时，使用水上吊船。

⑤采用半悬臂拼装法。

⑥采用中间合龙法。

桥梁结构在施工过程中以及在成桥状态的受力情况是否与设计相符，是施工设计需要明确的重要问题。通常通过结构现场应力的监测来了解杆件的实际应力状态，若发现实际应力与理论应力的差值超限，就要进行原因分析和调整，使杆件的实际应力变化在容许范围内。若结构应力控制不力，将会给结构造成危害，严重的将导致结构破坏。因此，施工过程中的应力控制是钢梁安装设计中的一个重要内容，同时也是对施工阶段稳定控制的有益补充。

钢梁在悬臂安装施工时，应尽可能减轻悬臂孔的施工荷载，充分保证钢梁拼装时的稳定性，采取措施降低钢梁的安装应力和悬臂端的挠度，以保障悬臂施工的可靠性和安全性。总结我国钢梁悬臂安装施工的成功经验，常采用下列措施加强施工设计。

1)加设上加劲法

该方法是在悬臂安装钢梁的应力最大区段加设临时的上加劲梁，使临时加劲梁和钢梁组合成一整体，使之共同受力，以降低悬臂根部区段杆件的安装应力，增强该区段的刚度和强度，也减小悬臂端的挠度。

加劲梁可借用暂不拼装的钢梁杆件，当该孔钢梁拼装完毕后即可把加劲梁拆除移至另孔使用。这一方法虽然有效，但拼装和拆除加劲梁仍感费工费时，故此法不常采用。

2)局部杆件加固法

在悬臂安装钢梁根部应力最大区域，对于承受压应力或拉应力的杆件，可在设计时就采用较大截面的杆件或箱形杆件等，以满足钢梁悬臂架设的需要。或者对于压杆，可在杆件中间增加临时支撑以减小杆件的自由长度，也可在杆件内嵌入方木并用螺栓和钢箍与杆件夹紧形成整体，以增加压杆的刚度和局部稳定性，以防压杆被压屈失稳垮塌。或还有其他加强措施以控制施工应力。若是多跨悬臂安装的钢梁,需加固的杆件较多,加固用的材料不易回收。是否必须采用此方法,应结合桥位在工地具体情况而综合考虑决定。

3)墩旁托架法

为了避免钢梁超过安装应力或过多的加固杆件,悬臂拼装钢梁时,可在前方墩台的一侧安装一定长度的临时支架即墩旁托架。当钢梁悬臂拼装至托架顶部时,则可将梁端支撑在托架上,以减小悬臂长度,改善悬臂时的受力状态和减小梁端挠度。

托架通常是用万能杆件拼成,其长度根据施工要求决定。托架的水平拉杆(或水上弦杆)的一端锚在桥墩上,当托架受力时,使墩身产生较大的弯矩,该弯矩使桥墩的另外一侧产生较大的拉应力。一般说来,最大拉应力值应控制在桥墩不出现裂缝的允许范围内,否则,要对桥墩特殊处理。通常是在另一侧的墩身上施加竖向预应力,预应力的大小由下列两条决定:

(1)桥墩在预应力单独作用下产生的最大拉应力最好与预应力和托架受力时产生的最大拉应力值接近,并且不得超过容许值。

(2)桥墩内力的偏心 e 应小于容许值,对于混凝土及石砌墩台,e 值应不大于 $0.35b$,b 为墩宽。

墩台预施加应力的设备安装,费时费工,给施工带来一定困难,故此法应尽可能避免使用,托架安装的关键在水下部分。托架下支座一般在水下安装,宜采用敞口式带导向的支座,并在灌筑承台时预埋。托架的桁架部分用水上吊机整体拼装就位。

4)半悬臂拼装法

为了减小钢梁的悬臂长度,在条件允许时,可在桥孔中设置一个或几个临时墩,使钢梁受力状态大大改善。在多孔钢梁悬臂拼装时,第一孔钢梁多用此法拼装。临时墩的个数根据拼装中钢梁的稳定性和受力状态来决定。临时墩多由拆装式杆件拼成。近年来也开始研究活动升降平台,这是一种使用方便的临时支撑。当临时墩较低时也可以用枕木垛、钢轨束、工字钢束等垒成。临时墩的基础要可靠,需防止墩架沉陷引起钢梁附加应力。

5)中间合龙法

大跨度连续桁梁或简支桁梁已广泛采用悬臂安装或半悬臂安装。但是,随着伸臂长度的增大,为保证钢梁稳定所需的锚固梁的长度也将增大;支座附件处杆件的安装应力和梁端挠度也将增大,有时还会超过允许值;过大的伸臂长度,将使钢梁的横向刚度减小,甚至会使钢梁在安装过程中产生较大的晃动。为了改善这些不利的情况,可采用中间合龙法,即由桥跨两旁的墩(台)向跨中同时拼装钢梁,在跨中进行合龙。

中间合龙法的关键问题是:在架设过程中如何保证由墩(台)相向拼来的钢梁至桥孔中间时,两侧钢梁的端截面保持垂直,两侧钢梁合龙的杆件对准,无相对偏差,只有这样钢梁才有可能通过纵向移动的调整顺利的达到合龙。目前现场采用调整锚固梁前后支座的相对高度来达到上述目的。并使合龙截面处的弯矩和剪力均为零,使合龙节点在无应力的情况下来拼装,合龙后再进行应力调整。目前主要有两种方式:即节点式和拉杆式。

6)吊索塔架法

用吊索塔架法进行钢梁的全悬臂或半悬臂拼装施工,可通过吊索的斜拉力减小钢梁的安装应力并控制其挠度,有利于悬拼的施工线形及应力控制。

7)水上浮船吊机法

当悬臂拼装至一定长度,若钢梁某些杆件的安装应力接近容许值,拼梁吊机以很大的集中荷载作用在悬臂端难以再向前拼装杆件，这时若现场条件许可，可将拼梁吊机后移至支座处，所余节间杆件的安装工作，可换用水上浮船吊机进行。水上吊机应在水位平稳、无大风大浪的情况下使用，使吊机在稳定状态下拼装杆件。吊装杆件一经到位，上足冲钉和螺栓后，应立即脱钩，以防浮船摇摆时吊钩牵动钢梁，使钢梁承受额外的附加力。另外，为了减小钢梁悬臂端的荷载，可由水上运送钢梁杆件。

需要强调的是，无论采用何种方法来控制和减小杆件的施工应力，都必须事先拟定好安装架设方案，对各施工阶段进行翔实的应力分析，并结合现场应力监测数据的对比分析，对钢梁杆件施工应力进行合理评判。

7.1.2　结构施工变形分析

结构施工变形分析需要分析大跨度钢梁在悬臂拼装过程中的结构变形，并结合工地连接方式分析跨中合龙的技术要点。

大跨度钢梁在悬臂拼装过程中，随着伸臂长度的增加，为保证钢梁稳定所需的锚固梁的长度也将增大；支座附近处杆件的安装应力和梁端挠度也将增大，有时还会超过允许值；过大的伸臂长度，将使钢梁的横向刚度减小，甚至会使钢梁在安装过程中产生较大的晃动。为了改善这些不利的情况，可采用中间合龙法，即由桥跨两旁的墩台向跨中间时拼装钢梁，在跨中进行合龙。

中间合龙法的关键问题是：在架设过程中如何保证墩台相向拼来的钢梁至桥孔中间时，两侧钢梁的端截面保持垂直，两侧钢梁合龙的杆件对准，无相对偏差，只有这样钢梁才有可能通过纵向移动的调整顺利地达到合龙。目前，现场采用调整锚固梁前后支座的相对高度来达到上述目的，并使合龙截面处的弯矩和剪力均为零，是合龙点在不受力的情况下拼装，合龙后再进行应力调整。

钢梁悬臂安装中的任务之一，就是对施工挠度的理论计算和现场控制。科学合理地确定悬拼梁段的预拱度是至关重要的。只有预拱度设置合理，才能保证合龙顺利，线形平顺，成桥的结构应力和变形满足设计要求。

1)钢箱梁结构施工线形计算

大跨度桥梁的施工采用分阶段逐步完成，结构的最终形成必须经历一个漫长而又复杂的施工过程。对施工过程中每个阶段进行详细的变形计算和分析，是实现线形控制最有力的手段。施工之前对施工方法和架设程序进行较为深入的讨论研究，而后建立施工过程中每个阶段的等效的力学图式，对施工阶段中每个状态进行模拟，得出正确的结论。在进行钢梁桥施工设计时，经常将钢梁自重荷载作为均布荷载进行施工安装设计计算。但是在施工图设计完成后，正式拼装钢梁前，必须详细计算各节点荷载，以便按节点荷载形式进行钢梁安装计算。在施工计算中，经常把复杂的受力状态简化为较简单合理的受力状态，以使计算简便。但是在简化受力图式时必须充分分析研究，充分注意受力图示简化及选取合理化与正确性，否则会给施工作业带来很大困难或损失。特别应注意施工过程中不定因素多，有些荷载随机发生且不易估算准确。因此，为了施工的安全性和可靠性，应取一定的安全系数，作为施工中的安全储备。

施工过程中的挠度计算不仅与力学计算模式的选取有关，而且更重要的是与许多影响挠度的因素相关，这些主要因素包括：施工节段的一期恒载，即梁自重；施工临时荷载；悬拼的机具设备重；人群荷载、大自然的温度变化、湿度变化、风荷载；桥墩变位、基础沉降、施工误差等。

这些主要影响因素中，还有许多模糊不定及随机变化的因素，日照温度使结构内外温度变化的不均衡等，再加上施工荷载增多而随机变化，致使精确计算挠度变形比较困难。

2)施工预拱度的设置

(1)施工预拱度的设置方法。为了克服前述桥梁悬臂施工引起的静定结构的短期弹性挠度，保证桥梁在同一跨合龙时两悬臂端的标高相差不大，对于静定悬臂施工的两端应保持平衡并预设上拱度。一般设置预拱度的曲线和数值，是将从施工开始到完工后每一节点的弹性总挠度曲线及数值反向设置，即或为主桥的理论上拱度曲线，考虑到各个桥梁工地的温度及桥梁施工方法及时间进度安排的不同，各系数取值不同，并与工地实际情况不完全相符，还必须根据各座桥梁施工中的试验实测值对系数进行修正，并结合施工实际适当调整和控制。

(2)设置预拱度应考虑的因素。除了悬臂阶段一期恒载对设置预拱度的影响外，当悬臂梁合龙转化成连续体系以后，还有二期恒载、次内力(二次应力及温度影响)和 1/2 车辆静活载的影响。为了施工的简化，通常可以将这些影响值的总和作为跨中预拱度的最大值，以梁桥墩支点为零，其余各点可以近似地按二次抛物线进行分配。

(3)纠偏措施。尽管在桥梁设计和施工时已计算了挠度并设置了预拱度，也进行了施工精密测量和挠度监控，但是因施工过程中不定因素太多，难免有挠度误差和不符合设计要求的标高以及纵轴向梁体线形不平顺出现，为了保证合龙段的顺利安装，使合龙段的两侧标高之差控制在合理范围内，并使线形平顺，这时必须采取如下的纠偏措施：

①根据施工现场条件，在合龙段两悬臂端增加平衡配重，可用水箱或沙箱，通过注水放水或加砂来平衡梁端的荷载变化，平衡设计应遵守平衡原则进行，以达到标高线形的控制。

②使用临时钢束，纠正梁端竖向或水平向的悬臂挠度差。

以上纠偏措施在纯竖向挠度差或水平挠度差时，都是有效的。通过纠偏可达到设计所要求的梁体线形。但当悬臂端有扭转变形发生时纠偏则相当困难。因此，施工中必须控制好梁的横向变形，防止发生扭转变形。

3)合龙控制

精确的计算是实现成功合龙的基础和保证，尤其是对于技术复杂的新型桥梁。应深化计算合龙节间由于温度、外力、支承条件等变化因素造成的梁端变位情况，以选择最佳的合龙方案。钢梁计算的刚度系数应在悬臂拼装过程中根据实测资料予以修正。以上资料可作施工中指导合龙工艺措施的依据。

合龙控制应注意以下内容：

(1)合龙端在实际安装荷载作用下，纵向、竖向、横向、转角的位移值；单位荷载施加在悬臂端不同位置(向上或向下)时引起各向位移的变化。

(2)前后支点高差对合龙点各向位移的关系。

(3)钢梁合龙后，温度、施工荷载、支点高程变化对结构内力的影响。

简而言之，钢梁在不同施工阶段的变形，关系到施工阶段的稳定性和安全性，关系到钢梁能否顺利合龙，也关系到成桥运营阶段的结构应力和线形是否合理。因此，在施工设计中，应基于现场情况，借助计算分析和现场测量，得出变形控制、合龙控制和预拱度设置的合理方案。

7.1.3　施工荷载的合理确定

施工荷载的合理确定需要研究钢桥施工设计中所需考虑各种施工临时荷载和环境荷载。

桥梁结构特别是大跨度桥梁结构的分段施工要经历一个复杂而漫长的施工过程，结构中的各个部分（例如梁体）是在分段施工中逐步形成的，各个施工阶段不仅结构形式不同，而且施工荷载也与成桥状态的设计荷载有一定的差异。分段施工荷载的大小直接影响到施工阶段以及成桥状态的桥梁结构状态、结构内力状况和几何线形。

分段施工中的施工荷载大概分为恒载、施工活载和其他荷载三大类。恒载是指结构在施工过程中其值不随时间或施工阶段变化，或者变化与平均值相比可忽略不计的荷载，主要指节段梁体自重等；施工活载是指结构在施工过程中其值随时间或施工阶段变化，且其变化与平均值相比不可忽略，主要指挂篮和施工临时荷载等；其他荷载是指在施工过程中所受到的除了恒载和施工活载之外的任何荷载或作用，主要包括预应力、混凝土收缩徐变以及温度等。

悬臂拼装钢梁的施工设计计算荷载主要考虑以下几个方面。

(1)钢梁自重荷载，施工设计图和设计计算书中查出。若为钢桁架梁，还应计算出桁架梁节点荷载。

(2)风荷载，分为静力风荷载和动力风荷载。要结合桥位所在地区的风力情况，一般将静力风荷载取为 500～1 000 kN/m^2 之间。对于动力风荷载，有其随机变化的不定性，一般应考虑桥梁的气动反应，包括扭转发散、驰振相应、涡脱相应、颤振及抖振等现象。应针对具体桥位处风力情况，在长悬臂钢梁拼装过程中考虑制振减震的措施，若采用主动控制或增加阻尼的被动控制措施，以免发生风与钢梁共振现象，造成施工困难和不必要的损失。

(3)施工临时荷载，施工过程中的临时活载的产生更具随机性和不定性的特征。可结合已建同类桥梁的基础资料，充分考虑施工过程中各种因素及荷载发生情况，进行估算。主要应考虑以下各种荷载因素：

①人群荷载，初估施工上桥作业人员及部分其他人员。

②拼装吊机自重，运梁平车重，拼装脚手架重等，可按集中荷载作用在吊机前轮处。

③上弦拼梁吊机走道重和人行道重。

④下弦运送钢构件等人行道重。

⑤若有吊索塔架，则重量以集中荷载作用在上弦节点处。

⑥为增加悬拼钢梁的稳定性而设计的平衡压重，视所配压重荷载而计之。

⑦其他随机和临时发生的施工荷载。

7.2 拱桥施工安装技术研究

7.2.1 钢箱梁的悬臂拼装技术

1)悬臂拼装法的特点及方法

悬臂拼装法是将钢梁杆件依次悬臂拼装至前方墩（台）或合龙。在悬臂拼装过程中，为了平衡悬臂拼出的钢梁重力，必须在钢梁支座（点）后面的引桥或路基上拼装一段平衡梁，或设置其他平衡稳定设施。这种架设法适宜于架设在水深、流急，有流冰或木排的河流中不宜建立临时墩的桥梁，适宜于架设大跨径的悬臂梁桥、连续梁桥和多孔平行弦的简支梁桥，也适宜于架设桥面较高的跨线桥。

(1)悬臂拼装架设的优点是：

①完全不影响桥下通航、通车。

②辅助工程量小。

③钢梁组拼后不需作大幅度的升降或纵、横向位移。

(2)悬臂拼装架设法的不足是:

①悬臂拼装时,杆件所受应力较大,需要临时加固的杆件较多,约需多用钢梁总量的7%的钢料,且难以回收再利用。

②其组拼及装卸工作量也较繁重。

③悬拼期间要作精细监控观测,计算和调整控制的工作量较大。

(3)悬臂拼装有下列几种方法:

①全悬臂拼装。桥跨中间不设临时支墩,为减少悬臂拼装长度,常在前方桥墩一侧设立墩旁托架,或在墩顶钢梁上设立塔架和斜拉吊索。

②半悬臂拼装。桥孔内设立一个或几个临时支墩,以减小悬臂长度,使悬臂弯矩大为减少。通常,对河中能设立临时支墩的情况,宜采用半悬臂拼装。

③中间合龙悬臂拼装。当桥梁跨度较大,向一个方向悬拼长度过长,梁的下挠、加固工作量、平衡重设施工作量和结构振动等均较大时,可采用从桥跨两段相向悬臂拼装、在跨间适当位置合龙的方式。其优点是悬臂较短,拼装应力、下挠、平衡重和振动等均较小。但要求很高的施工精度,且合龙计算复杂,调整工作量大,并需要较多的墩顶调节设施。

④平衡式悬臂拼装。从桥孔中的某个桥墩开始,按左右两侧大体平衡的原则,同时向左右两侧对称悬臂拼装。桥墩顶面的钢梁节段需具有可靠的稳定性,使能承担悬拼期内可能产生的不平衡弯矩。通常在墩顶埋设锚杆承受拉力,或在桥墩两侧建立牛腿式墩旁托架,或加长墩顶钢梁节段支托距离。

2)拼梁吊机

悬臂拼装主要使用专用拼梁吊机,也可使用浮吊或缆索吊机。在钢梁上普遍使用的是专用拼梁吊机。

(1)专用拼梁吊机种类繁多,主要包括:

①在上弦杆上工作的吊机,有单动臂式和双动臂式两种。前者的吊臂设在吊机前方横梁的中部,能悬臂吊装左右两片桁架的所有杆件。后者左右两侧弦杆上各有一个动臂,用于拼装桁架宽度较大的钢梁,效率较高。

②在下弦面或地面上工作的吊机,主要有:

a. 轨行吊机:一般拼装需在桥下运料,也可在组拼完成一个节间后,吊机退回桥头,另用小平车运送杆件卸存在前端纵梁外侧,再由吊机上前吊装。

b. 缆风式单动臂吊机:其占用面积小,自重轻,可以轻便移动及调整高度,尤其适宜于拼装窄梁与多边形上弦的梁。

c. 缆风式双动臂吊机:两个动臂安装在同一横梁上,立柱之间用钢丝绳交叉拉索,运料轨道可由中间通过。两立柱间距不宜小于柱高的1/2,故一般只用于两桁架间距较大的钢梁。

d. 塔式吊机:工作方便,宜设在地面上。

(2)拼梁吊机使用时需注意以下事项:

①不论何种吊机,当其组装完成后,必须对各部零件进行检查并作行走及吊重试运转,经检查合格后,方可投入使用。

②起吊杆、构件不得超过吊臂伸臂半径的额定起重量，防止吊机倾覆。

③吊机不得同时操作两种动作。

3)悬臂拼装的稳定措施

悬臂拼装施工前应进行钢梁倾覆稳定性验算，并以悬臂最长时的不利状态为计算依据。在悬拼的任何阶段，稳定系数均不得小于1.3。稳定计算时，需考虑的荷载包括钢梁自重和施工时的临时荷载。

(1)控制施工临时荷载、减小倾覆力矩的措施包括：

①减小钢梁自重。凡可暂缓安装的部件如桥面、人行道、检查设备等在悬拼时可暂不安装。

②减小施工设施重力。

③严格限制暂不使用的料具、施工人员进入悬臂梁，悬拼端接近前方墩台时，悬臂梁上所有荷载应进行清理和复查。

④按规定工序及时拆卸悬臂上的脚手架和吊篮等。

(2)增加稳定力矩的措施包括：

①组拼平衡梁。在桥台后的路基上用临时联结杆件与待拼钢梁组拼一段或一跨钢梁。所需长度根据稳定计算确定。

②在平衡梁后端加压平衡重。当平衡梁本身重力不足以平衡稳定悬臂端时，可在梁后端加压平衡重(通常用钢轨、钢锭或充水的浮箱作为平衡重)。若平衡梁设在引桥上，可将平衡重放在桥下，用万能杆件或钢丝绳吊挂在平衡梁上。也可利用引桥作为平衡重。

③利用锚拉设施增加稳定力矩。将平衡梁后端用锚杆暂时锚固在路基内，或将平衡梁上弦节点用钢拉杆、钢丝绳、高强钢丝束锚固到锚固体内。

④设墩旁托架减小悬拼长度。

4)悬臂拼装工艺

悬臂拼装对施工设计、工艺规程和安装量都要求很高，应注意下列事项：

(1)准备工作：

①对悬臂拼装各个阶段进行施工设计计算，画出布置图，图中应标明吊机位置和挠度。

②标示每个节点的受力大小和组装期内的高程变化。

③制订每个节点的杆件组装顺序，规定组装栓钉数量和配置方法。

④进行中间合龙的计算和设施准备。

⑤核实悬臂梁上各种荷载的大小，检查墩台顶面的布置情况。

(2)悬臂拼装顺序：

①检查拼装就位的梁节位置，无误后，安装桥面系及平纵联。

②由于弦杆在厂内多制成两个节间的长度，在组装第一节时常一端固定，另一端悬臂，使联结处杆件和冲钉产生较大应力或对孔困难，可用螺栓、系杆或索具等临时吊住弦杆悬臂端。

(3)拼梁吊机作业：

①应保证其在施工设计规定的位置上工作。

②在拼装下一节间时，应按规定上足冲钉、螺栓，并满足一定条件后，方可将吊机前移至新的工作位置继续作业。

③吊车移动时应注意每个车轮走动情况，吊车到位后必须与钢梁扣结牢固后，方可开始

工作。

(4)悬拼用的冲钉螺栓:

①为确保悬拼时的拱度,冲钉直径不得偏小,一般应采取在工厂试拼时,使工地钉孔重合率达70%的直径。

②悬拼所需冲钉数量按受力要求计算确定,但不得少于孔眼总数的50%,其余布置普通螺栓或高强螺栓,按不受力考虑。

③杆件对孔时,应使用数个冲钉均匀地插入孔眼内,并用小手锤轮流锤击冲钉,使杆件孔眼重合。严禁用大锤猛击冲钉强行对孔。

拼装主桁杆件时,50%以上的孔眼均匀安设冲钉,30%的孔眼均匀安设螺栓并作一般拧紧后,方可摘除吊钩。摘去吊钩后应立即将剩余孔眼补上冲钉和螺栓,并作一般拧紧。

7.2.2 钢箱梁的拖拉架设技术

1)拖拉架设法的特点

(1)拖拉架设法的施工原理是:将钢梁在路堤上、支架上或已拼好的钢梁上进行拼装,并在钢梁下面设置上滑道,在路堤、支架和墩台顶面上设置下滑道,根据需要在上、下滑道之间布置一定数量的滚轴或滚筒箱等,通过滑车组、绞车等牵引设备,沿桥轴线纵向拖拉钢梁至预定的桥墩,最后拆除附属设备,落梁就位。此种方法原理简洁,易于掌握,具有一定的适用范围。

(2)拖拉架设法的优点可主要归纳为以下几个方面:

①钢梁的拼装工作大多在路堤上或支架上进行,工作条件比较好,容易保证施工质量,高空作业少,比较安全。

②拼装工作可与墩台、基础施工同时进行,可合理安排劳动力,缩短工期。

③用于多跨架梁时,较快速、经济。

④用于跨线桥或临时抢修桥梁可不中断桥下交通。

(3)拖拉架设法的缺点可归结为以下几个方面:

①桥头需有预拼场地、备用拖拉设备、滑道等。

②拖拉时梁体应力大,且与营运时应力相反,故对杆件应力应详细计算,进行必要的加固。

③桥墩所受水平荷载的应力及变形也需要加以核算,应采取适当的措施。

2)拖拉架设的施工设计

拖拉架设的施工设计是一项非常重要的工作。其通常由设计单位与施工单位配合完成。在施工设计中包括稳定、反力、挠度及安装应力等方面的计算。

(1)稳定计算。在拖拉的全过程中,必须保持钢梁纵向稳定系数 K 应大于1.3,即支墩后方的锚固加上压重对支墩处的弯矩与支墩前方悬出的钢梁和导梁的弯矩之比应大于1.3。钢梁受水平力时的横向稳定问题,主要由风荷载、左右两桁受载不均和两股滑道高低不平引起,稳定系数多在1.3以上,一般可不验算。

(2)挠度计算。钢梁架梁过程中挠度计算中主要应考虑以下几个方面的因素:钢梁与导梁自重、上滑道及机具、人员重力等产生的弹性挠度 f_1;由钢梁上拱度引起前端的下挠度 f_2;钢梁与导梁间的连接杆件采取缩短上弦杆长度措施所引起的前端上挠度 f_3;用万能杆件拼成的导梁,由于拼装螺栓与孔眼间的间隙产生的下挠度 f_4。

将以上的挠度相加的代数和即为最大挠度控制值。根据规范的相关规定,对挠度值进行控制。挠度计算相当复杂，一般应通过杆系有限元的方法进行电算求解。

(3)安装应力计算。对于安装应力计算应考虑以下几方面的影响：

①在拖拉钢梁的时候，由于施工荷载与运营荷载相反，部分杆件由受拉杆变成了受压杆。

②安装过程中部分杆件安装应力值超过了容许值。

③节点滑道有可能因反力偏心，使交会于该点的杆件受到二次应力等原因，从而有可能使杆件变形、失稳甚至破坏。

根据计算结果，对薄弱环节进行加固。另外，在多风地区架设长钢梁时，还应考虑最大悬臂时的风振等问题。

3)拖拉架设施工

拖拉架设施工应考虑导梁、支墩、压重、滑移和轨道设施以及牵引设施等方面。

(1)导梁。导梁长度一般在取主梁的1/6～1/4，多采用现成的板梁、桁梁或万能杆件组拼成平行弦式、三角式或阶梯式桁梁。采用板梁式导梁时，多借用主梁的纵梁，长度一般为6～30 m。各种形式的导梁都由前端、主体结构和与主梁的连接段组成。

(2)支墩。为减小悬臂长度，在条件允许时，可在悬臂梁前方设置支墩。支墩的种类很多，一般可分为路基面支墩、墩台面支墩和桥孔内支墩。支墩由基础、墩身、顶面滑道等组成，桥墩和桥孔内临时支墩，均须设置钢梁上墩设施。设计计算支墩时主要考虑以下几个方面的因素：

①承受拖拉的反力。

②纵横向风载作用。

③钢梁上下墩和墩顶移动时的水平荷载作用。

④钢梁移动时墩顶的偏心荷载作用。

⑤拖拉中产生的冲击力。

(3)压重。压重主要从以下几方面进行考虑：

①压重材料的选择。宜选用密度大、易装卸和就地取材的材料。

②压重位置的选择和调整。

压重的作用是为了保持钢梁的平衡稳定并减少支点反力。因此，需合理选择压重大小和位置。压重的重心距倾覆支点愈远愈好。但继续前进时，对其他支点可能产生不利影响。故在设计压重时，应考虑其调整方法。施工中较常采用的压重方法是在钢梁最后一个节点用木板搭成平台，并将压重材料堆放在平台上。此种方法压重的重心在端节点处，效果不好。另外一种方法是在钢梁后端临时拼接一孔或一段旧钢梁作为压重，重心距前支点较远时，这样做的效果比较好。

(4)滚移和滑道设施。对设置在钢梁底面和支墩顶面的上、下滑道，总的要求是长度足够，表面光滑平整，刚度大，能均匀传递反力。结构简单，拆装方便，与钢梁、支撑的联结牢固可靠，两端易于吞吐滚轴或滑块。

(5)牵引设施。牵引设施包括几个方面的内容：

①绞车。

②牵引绳。

③锚碇。

④牵引时钢梁跳跃前进问题。

用滑车组拖拉钢梁，会出现脉冲式跳跃前进现象，即加速—减速—停止—再启动现象。要完全避免脉冲跳跃前进现象是不可能的，但可以通过一些方法进行改善。比如缩短钢丝绳总长度。

对拖拉方向控制可采用导向设备和滚轴方向控制。导向设备是在钢梁外侧安装角钢或竖直滚筒，在支墩两侧安装侧向支架，内横千斤顶调整钢梁横向位置。用滚轴移梁时会发生蛇形运动，必须随时纠正，控制其偏斜量在一定范围内的方法是：事先应使左右滑车拉力平衡；上下滑道平行；滚轴与滑道方向垂直。在拖拉做好中线的观测工作，遇有偏移随时纠正。

7.2.3　钢箱梁的分段和整体浮运架设技术

1）浮运架设法的特点及方式

浮运架设法指将钢梁在岸上拼好，移上驳船，拖运至桥位，利用落潮或充水压舱，将钢梁落在位置上。浮运架设法适用于宽阔平稳水域，桥面和水面高差不宜过大的地方，驳船吨位最好大于浮运重量2～3倍，以期稳妥。常用的浮运架设方案有如下几种：

(1)整梁吊起上船法。当钢梁长度较短、重力较轻时，可采用大吨位吊机将在岸边拼装好的钢梁整梁吊起，搁放在浮船上，然后浮运至桥跨处安装就位。

(2)钢梁纵向移动上船法。在与岸垂直方向修建一座临时栈桥码头，拼装好的钢梁沿栈桥码头纵向拖拉，悬出码头一定长度后，第一组浮船进入，托起钢梁前半部，再连同第一组浮船继续向前拖拉一定位置后，第二浮船进入，托架托起钢梁后半部，然后浮运至预定桥跨处，落梁安装就位。

(3)钢梁横向移动上船法。当岸边水深足以容纳浮船驶入时，将钢梁在基本平行于河流方向上的支架上拼装，再沿深入河中的两座栈桥码头横向拖拉至码头前端，将浮船驶入钢梁下面的预定位置，从浮船内排水，使浮船上升，船上托架托起钢梁，然后将钢梁浮运至预定桥跨落梁就位安装。本法优点是施工简单、浮船所受荷载是固定的。其缺点是栈桥码头和拼梁支架工作量大。

(4)浮船上组拼钢梁法。在浮船上设立拼梁支架，将钢梁杆件逐根吊装至浮船上，在浮船上拼钢梁，然后浮运至预定桥跨处落梁安装就位。

(5)钢梁浮拖法。与钢梁纵向移动上船法近似，不同之点是钢梁由高速铁路纵线向前移出，浮船在桥跨中托住钢梁，边浮边拖，使钢梁前端到达首位桥墩就位安装。本方案宜用于架设单孔大跨径钢梁。

2）钢梁浮运架设的技术要求

浮运架设工作开始前，应具备下列施工结构设计：

(1)浮船结构受力计算及其加固结构图。

(2)钢梁纵横移栈桥码头结构图。

(3)浮船上支架结构图。

(4)浮船稳定性计算。

(5)绳索牵引设备或拖轮计算。

(6)浮船内隔舱压舱排灌水计算。

7.2.4　支架上的钢梁拼装技术

指采用落地支架(木制或常备式钢支架)，顶面铺脚手板，在其上拼装钢梁桥的方法。支架可以是满堂式的，也可以是梁柱式的。对于已拼好的钢桥，需有落梁装置，使之就位；而后可以拆除支架。此法作业简便，并能在脚手架上用千斤顶调整梁部线形，保证拼装精度。但支架用料较多，成本较高。且支架阻水面积大，故此法只适用在桥下净空不高、水浅流缓、不影响桥下通航或通车情况。大跨钢梁桥很少采用这种安装方法。

7.3　拱桥工艺工法研究

7.3.1　钢箱系梁安装的工地连接技术要点

箱梁系梁安装的工地连接（焊接，拴接，冲钉）技术要点主要体现在以下几个方面：

(1)焊接。焊接是现代钢桥最主要的连接方法，焊接的优点是对刚才从任何方位、角度和形状相交都能方便使用，一般不需要附加连接板、连接角钢等零件，也不需要在钢材上开孔，不使截面受削弱。因此，它的构造简单，节省钢材，制造方便，并易于采用自动化操作，生产效率高。此外，焊接的刚度较大，密封性较好。

焊接的缺点是使结构产生焊接残余应力和残余应变，影响结构的承载力、刚度和使用性能；焊缝可能出现气孔、夹渣、咬边、弧坑裂纹、根部收缩、接头不良等影响结构疲劳强度的缺陷。因此，与高强度螺栓和铆钉连接相比，焊接的塑性和韧性较差，脆性较大，疲劳强度较低。此外，工地焊接的拼装定位和操作较麻烦，通常需要用螺栓或销钉定位和临时固定，焊接后拆除；而且，工地焊接操作空间和焊接姿势往往受到限制，焊接作业和质量检验、检查困难，质量不易控制。因此，构件间的工地现场安装连接常常采用高强度螺栓连接，或设安装螺栓定位后再焊接。

(2)螺栓连接。螺栓连接分为普通螺栓连接和高强度螺栓连接。普通螺栓连接用普通扳手拧紧，通过螺杆承受剪力和杆件孔壁承受压力或者螺杆受拉来传力；高强度螺栓则是用高强度钢材制成并经热处理，用特制的、能控制扭矩或螺栓拉力的扳手拧紧，使螺栓有较高的规定预拉力值，相应地把被连接的板件高度夹紧，使部件接触面产生很大的摩擦力，主要通过摩擦力或者板件间的预压力来传力。

普通螺栓和高强度螺栓连接的优点是安装方便，特别适用于工地安装连接。普通螺栓也便于拆卸，适用于需要装拆的结构连接和临时性连接。高强度螺栓不仅安装方便，而且具有强度高，对螺孔加工精度要求较低、连接构件间不易产生滑动、刚度大等优点，适合构件间的工地现场安装连接。螺栓连接的缺点是需要在板件上开孔和拼装时对孔，增加制造工作量；螺栓孔还使构件截面削弱，且被连接的板件需要相互搭接或另加角钢或拼接板等连接件，因而多费钢材。

(3)铆钉连接。铆钉连接的受力和设计与普通钢筋连接相仿。钢结构中一般采用热铆，即把预先制好的一端带有铆钉头的铆钉加热到 1 000 ℃～1 100 ℃淡黄色（铆钉枪铆合）或650 ℃～670 ℃褐红色（压铆机铆合），插入铆钉孔，然后用压缩空气铆钉枪连接锤击或压铆机挤压形成另一端的钉头。由于铆钉的连接构造复杂，用钢量大，施工麻烦，打铆时噪声大，劳动条件差。因此，目前已很少应用，已被焊接或高强度螺栓连接代替。

7.3.2　钢箱梁工地焊接工艺

焊接工艺是焊接过程中的一整套技术规定，它包括焊接方法、焊前准备、焊接材料、焊接设备、焊接顺序、焊接操作、工艺参数以及焊后热处理等。

1)焊接工艺的要点

(1)预热。预热有利于减低中碳钢热影响区的最高硬度,防止产生冷裂纹,这是焊接中碳钢的主要工艺措施,预热还能改善接头塑性,减小焊后残余应力。通常,35 和 45 钢的预热温度为 150 ℃～250 ℃含碳量再高或者因厚度和刚度很大,裂纹倾向大时,可将预热温度提高至 250 ℃～400 ℃。若焊件太大,整体预热有困难时,可进行局部预热,局部预热的加热范围为焊口两侧各 150～200 mm。

(2)焊条。条件许可时优先选用碱性焊条。

(3)坡口形式。坡口形式将焊件尽量开成 U 形坡口式进行焊接。如果是铸件缺陷,铲挖出的坡口外形应圆滑,其目的是减少母材熔入焊缝金属中的比例,以降低焊缝中的含碳量,防止裂纹产生。

(4)焊接工艺参数。由于母材熔化到第一层焊缝金属中的比例最高达 30%左右,所以第一层焊缝焊接时,应尽量采用小电流、慢焊接速度,以减小母材的熔深。

(5)焊后热处理。焊后最好对焊件立即进行消除应力热处理,特别是对于大厚度焊件、高刚性结构件以及严厉条件下(动载荷或冲击载荷)工作的焊件更应如此。消除应力的回火温度为 600 ℃～650 ℃。若焊后不能进行消除应力热处理,应立即进行后热处理。

2)钢梁工地焊接工艺

钢梁工地焊接工艺可分为以下几步进行:

(1)矫正接头部分的变形。块件运抵工地后,因运输或其他原因,接头处可能有某种变形,须在组拼前用千斤顶或火焰加热法矫正到容许误差内。

(2)吊装组拼。块件的吊装组拼时,严防碰伤接头。焊缝两边的板块要互相对齐,防止发生歪扭现象。

(3)安装夹具。夹具是将焊缝两边板块刚性地或弹性地连接在一起的专用设施。刚性固定是指焊接过程中不容许有相对位移的固定;弹性固定是容许有一定的相对位移的固定。钢梁在工地进行立体组拼,确认组装精度达到要求后,需要在焊缝两边安装(或焊接)架设作业用的连接夹具,以保证现场连接的精确度,这些夹具可在工地焊接完工后卸去或割除。焊接用夹具多由施工单位自行设计制造,可采用螺栓连接固定。

(4)安装衬垫和调整坡口间隙。在焊缝位置下按照规定安装衬垫,同时精确地将坡口间隙和两侧板块高低,用调节螺钉、楔块等调整到规范许可的范围内。如确有困难达不到规范要求时,可采取堆焊、研磨等办法将其整修合格。

(5)设置防护设施。设置防风壁和其他设施遮盖全部焊接接头,以防风雨侵袭。

(6)点固焊。即组装定位焊,系将两块板件的相互位置完全固定,以免在焊接时发生错动。用手工施焊容易产生缺陷,故有条件时宜用 CO_2 半自动焊施焊。在进行点固焊前必须首先进行预热。点固焊如有裂纹或其他缺陷时必须铲除重焊。

(7)焊前预热。为延缓焊接处的冷却速度,籍以防止形成硬化组织而产生裂纹,在焊接以前一定要对焊缝两侧预行加热。加热温度按有关桥涵施工技术规范的规定执行。工地焊接的预热温度宜比室内预热温度略高。预热温度不足时可能产生裂纹,过高时又会影响材质,故应当用表面温度计严格控制。预热可用气体火焰、红外线、电热法等加热,厚板宜采用稳定加热、可控制温度的电热法。

(8)施焊：

①焊接区的清除。焊接前必须清除焊接区的有害杂质，清除内容包括：埋弧焊及用低氢焊接的杆件，焊接区及两侧必须清除铁锈，氧化皮等影响焊接质量的杂物；清除定位焊的飞溅熔渣；熔透焊缝的背面必须清除影响焊透的焊瘤熔渣、焊根等；多层焊的每一层必须将熔渣缺陷等清除干净，才能继续施焊。坡口范围内须用钢丝刷或通过打磨处表面金属，然后才能按规定的焊接顺序施焊。

②焊接方法的选定。盖板、腹板、横梁、纵梁、桥面板等施焊次序，以及焊接采用前进焊法、后退焊法、对称焊法或者跳跃焊法等，应按既能减少焊接变形和残余应力，又能减少焊接和矫形工作量的原则做出比较和决定。选定后对先焊某些焊缝是否会影响其余焊缝的坡口组装精度和会不会引起翘曲变形等情况应充分考虑。

③减少焊后变形的措施。为减少焊后出现变形和残余应力，可考虑采取以下措施：增加焊道的熔敷量，减少焊道道数；均等对称地进行焊接；按可以消除变形的顺序和方向施焊，例如可选热量均匀分布地跳跃法、导向分段法和其他变形较小的施焊顺序施焊。

④焊工技术对保证焊接质量关系重大，必须经过培训，经考试合格后方可上岗。

(9)降低残余应力和矫正焊后变形。对已经出现的变形，一般用局部加热法矫正或加压冷矫。对焊接部位周围产生的残余应力，当它对结构物的强度和安全性有不良影响时，应当用退火方法消除。退火温度一般为 600 ℃～650 ℃，对调质高强度钢不得超过 600 ℃。此外还可以采取振动法、敲击法等降低残余应力。也可在施焊时采取以下措施：首先是从约束较大的部位向约束较小的方向施焊，其次从一端或者中央向另一端连续施焊，再次是将基材先预热到 80 ℃～150 ℃时再焊等。

(10)保证焊接质量的其他要求：

①焊接材料的正确选用和科学管理是保证焊接质量的重要一环。焊条、焊剂等在使用前必须按照规定进行干燥，凡已经缺损、脱皮的焊条都不得使用，焊条、焊剂必须按规定烘干使用。

②焊剂的粒度、埋弧自动焊宜用 1.0～3.0 mm；埋弧自动焊宜用 0.5～1.5 mm。埋弧自动焊焊剂覆盖厚度不应小于 20 mm；半自动焊不应小于 10 mm。焊剂中的杂物、焊丝上的油污、锈迹必须清除干净。

③手工焊引火打弧，对钢材影响很大。瞬间的引弧会使钢材经受严重的淬火并导致局部性能劣化。故只允许在焊口上引弧，杜绝在工件其他地方引弧，发生引弧缺陷时必须进行补修。埋弧自动焊须在距杆端部 80 mm 以外的引板上起弧、熄弧。埋弧自动焊焊接中不应断弧，如有断弧必须将停弧处刨成 1∶5 斜坡后再继续搭接 50 mm 施焊。

④在箱梁内部施焊时，必须有适当的排烟措施。

⑤在焊接和冷却的过程中，对焊接部位不要有较大的冲击和振动。

⑥加劲肋手工施焊的第一层要特别仔细地焊接，并在焊后检查有无裂纹发生。

⑦垂直应力方向的对称焊缝余高必须铲除，并顺应力方向磨平。杆件焊接后两端引板必须用气割切掉，并磨平切口。

7.3.3　钢箱梁的工地高强度螺栓施拧工艺

高强度螺栓连接按受力状况分为摩擦型连接、承压型连接、张拉型连接以及摩擦—承压型连接等。在钢结构工程中使用的基本上是摩擦型连接的方式，其具有受力及抗震性能好、连接刚度高、耐疲劳、施工简便等特点，从而在钢结构工程中具有与焊接同等重要的地位。

(1)高强度螺栓连接工艺流程主要有：检查连接面，清除浮锈、毛刺和油垢→安装构件就位，安装临时螺栓→构件校正→紧固临时螺栓→安装高强度螺栓(用高强度螺栓换下临时螺栓)→高强度螺栓紧固。

(2)高强度螺栓连接工艺有以下几方面要求：

①摩擦面处理。高强度螺栓连接摩擦面一般在工厂已经处理好，若在工地复核不合格时重新处理，一般采用砂轮打磨，打磨方向与构件受力方向垂直，打磨后其摩擦系数必须符合设计要求。

②螺栓对孔。高强度螺栓连接中连接板的孔径，允许比高强度螺栓的直径大 1.5～3.0 mm。螺栓孔的加工必须采用钻床制孔的方法，严禁现场采用氧气切割开孔、扩孔，要保证孔壁与构件表面垂直，孔边无飞边和毛刺。

③安装临时螺栓。构件拼装时，先用冲钉和临时螺栓拼接。临时螺栓的穿入量不得少于安装孔总数的 1/3，且不少于 2 个螺栓，穿入冲钉数量不得少于临时螺栓的 30%。连接用的高强螺栓不得兼做临时螺栓，以防止螺纹损伤和连接副表面状态弯曲，引起扭矩系数的变化。

④安装高强度螺栓。它的安装应待构件调整完毕后方可进行，安装时应注意螺母和垫圈的方向。为便于操作，螺栓穿入方向应一致。安装时，应先在未安装临时螺栓的螺栓孔中安装好高强度螺栓，并用扳手紧固后，再将临时普通螺栓取下，替换上高强度螺栓，用扳手拧紧。

⑤高强度螺栓的紧固。其过程可分为初拧、复拧、终拧三个阶段，当节点螺栓数量较少时，可采用初拧、终拧两个阶段。施拧力的大小分别为：初拧 10%，复拧 60%，终拧 100%的施工预拉力；初拧 50%～60%，终拧 100%的施工预拉力，终拧应在初拧完成后的 24 h 内完成。终拧后，螺栓丝扣外露 1 扣或 4 扣。在紧固螺栓时，应先紧主要构件，后紧次要构件；每组应从节点中心部位开始逐步向两端施拧。高强度螺栓的紧固用扭矩扳手控制其扭矩值。高强度螺栓初拧、复拧、终拧后，应作出不同的标记，以便识别，避免重拧或漏拧。当天安装的高强度螺栓，应在当天终拧完毕。

1)高强度螺栓的安装

高强度螺栓的安装应遵循如下原则：

(1)构件拼装前，必须复验所附试件的抗滑移系数，每批试件的抗滑移系数最小值不得小于 0.45，否则摩擦面必须重新处理，直至达到设计要求。

(2)构件拼装前，应除去拴接面的毛刺、飞边、焊接飞溅物及其他污物，涂层如出现剥离和严重擦痕，应清除干净并进行补涂。摩擦面必须干燥、整洁，禁止在雨中作业。

(3)构件拼装时，每个节点应穿入足够数量的冲钉和安装螺栓。高强度螺栓连接副的安装应在结构构件位置调整准确后进行。

(4)穿放高强度螺栓前，应除去栓孔的灰尘、浮锈、油污等，安装时不得碰伤螺纹及沾染脏物。

(5)高强度螺栓连接副组装时，螺母带圆台面的一侧应朝向垫圈有倒角的一侧，螺栓头下垫圈有倒角的一侧应朝向螺栓头。螺栓插入方向应以便于施拧为主，并应考虑全桥螺帽方向的一致性。

(6)螺栓应能自由穿入孔内，不得强行将螺栓打入，而应用铰刀进行修孔，修整后孔的最大直径应符合图纸要求，禁止用气割孔。修孔后应用砂轮机清除孔边毛刺，并将铁屑清扫干净。为防止钢屑落入板层缝中，绞孔或扩钻前应将该孔四周的螺栓全部拧紧。对于经铰孔或扩钻的构件及孔眼位置，应有施工记录备案。

(7)必须严格按图纸标注的规格和数量进行安装，且不得随意变更螺栓长度。被栓合板束的表面应垂直于螺栓轴线，否则应在螺栓垫圈下面加垫斜坡垫板。

(8)高强度螺栓连接副应按出厂配套使用，不得随意变更配套组合。施工时应按每班实际需要量领取高强度螺栓连接副，安装剩余部分必须装箱妥善保管，不得乱扔乱放。

2)高强度螺栓连接副的施拧

高强度螺栓施拧应遵循如下原则进行：

(1)施拧高强度螺栓应按一定顺序进行，通常从板束刚度大、缝隙大之处开始。对于大面积节点板应由螺栓群中间向外拧紧的顺序进行，并应在当天终拧完毕。

(2)高强度螺栓连接副的初拧、复拧和终拧应在同一天内完成。

(3)施拧时，施拧时应用套筒扳手卡住螺栓头，扭矩只准施加在螺母上，不得采用冲击拧紧和间断拧紧。

(4)高强度螺栓连接副的施拧可分为扭矩法和扭角法，通常应优先采用扭矩法。

(5)高强度螺栓连接副的拧紧分为初拧、复拧和终拧。在采用扭矩法拧紧高强度螺栓时，可分初拧和终拧两次紧固。

(6)普通螺栓和冲钉倒换高强度螺栓，应在其余高强度螺栓终拧完成后进行，以防结构位置发生变化。

(7)雨天不得进行高强度螺栓施拧。

(8)扭矩法施拧工艺：

①施拧前，应按出厂批号分批复验扭矩系数，并记录试验时的环境温度和湿度。每批抽验不少于8套，每批扭矩系数的平均值应为0.110～0.150范围内，标准偏差小于或等于0.010。复验数据应作为施拧的主要参数。

②温度与湿度对扭矩系数影响很大，施工时应考虑环境温度、相对湿度变化对扭矩系数的影响。

③初拧扭矩一般为终拧扭矩值的50%，复拧扭矩等于初拧扭矩，终拧扭矩应按式(7-1)计算：

$$T_c = k \cdot P_c \cdot d \tag{7-1}$$

式中　T_c——终拧扭矩(N·m)；

k——高强度螺栓连接副的扭矩系数平均值，可取该批的复验数据；

P_c——高强度螺栓的施工预拉力(kN)；

d——高强度螺栓公称直径(mm)。

④复拧后的高强度螺栓连接副经检查合格后，应用油漆划线标记螺母、垫圈与钢板的相对位置后方可终拧。

⑤终拧时，施加扭矩必须连续、平稳，螺栓、垫圈不得与螺母一起转动，如果垫圈发生转动，应更换高强度螺栓连接副，并按操作程序重新初拧、复拧和终拧。

⑥终拧完成后，应用与复拧不同颜色的油漆在螺母上进行标记。

(9)扭角法施拧工艺：

①扭角法施拧的初拧、复拧应用扭矩控制，终拧用螺母转动角度控制。

②初拧扭矩由试验确定，复拧扭矩等于初拧扭矩。复拧后应用油漆在螺母上做标记。

③复拧检查合格后，即用划线器自螺栓尾部端面中心经螺母断面上划一细直线。

④终拧用扳手将划线后的螺母再转动一个角度，终拧转角应按式(7-2)计算：

$$\theta = a + b(n-1) + cB \tag{7-2}$$

式中 θ——终拧转角(°)；

a——常数项(°)，由试验确定；

b——每增加一层被连接钢板所需的转角(°/层)，由试验确定；

n——被连接钢板的层数(层)；

c——每毫米厚被连接钢板所需的转角(mm)，由试验确定；

B——被连接钢板的总厚度(mm)。

⑤终拧完成后，应用与复拧不同颜色的油漆在螺母上做标记。

(10)同时使用焊接与高强度螺栓两种连接的情况下，原则上待焊接完后再进行螺栓的紧固，如果高强度螺栓紧固之后再焊接时，必须考虑到次内力的影响。

7.3.4 箱梁组拼工艺

1)梁段制造及预拼

钢箱梁应在桥址附近的拼装场内进行梁段组焊和预拼，并及时进行尺寸和匹配件的调整，降低高空作业难度和加快吊装速度，确保桥上梁段的顺利架设。

构件在拼装场内的存放场地应坚实、平整，并有良好的防淋和排水设施，并应满足以下要求：

(1)杆件底部与地面间净空不宜小于 300 mm。

(2)杆件支点应选择在自重作用下不会导致杆件产生永久变形处。

(3)同类杆件多层堆放时，各层间垫块应在同一垂面上。杆件叠放不宜过高，以防止下层杆件产生永久变形或损伤下层杆件，同时应防止出现安全事故。

(4)应将杆件抗弯刚度较大的一面竖立放置。多片排列放置时，应设支撑并用螺栓把杆件彼此连接。

(5)杆件间应留适当间隙。

梁段组装应以胎架为外胎，以横隔板和纵隔板为内胎，并辅以必要的工装设备确保组装精度和安全。梁段焊接应遵循先内后外、现下后上、由中心向两边的施焊原则分步进行。

首段钢箱梁制造完成后，要全面检查整个制造工艺是否合理、生产措施是否得当，经检验合格后方可进行后续梁段的制作。

每轮梁段制造完成后可直接在胎架上进行预拼装检查，并调整钢箱梁的线形进行调整，确定桥位安装架设的基准线。预拼装检查的主要内容为：桥梁纵向线形、梁段纵向累加长度、梁段扭曲、梁段长度、梁段间端口的匹配精度、坡口间隙等。

预拼装过程中，应根据上次预拼装后累计总长和误差，及时修整本次预拼装梁段长度，不使误差累计，保证钢箱梁长度满足精度要求。对合龙梁段还应预留足够的配切余量，确保能够顺利合龙。

完成拼装后出胎的钢箱梁应按施工图规定的编号喷涂标记。

梁段预拼还应注意以下事项：

(1)板单元及零杆件。必须经全面检验合格后方可参与梁段组装,构成各梁段的板单元及零杆件应编号并记录清楚其所在的部位。

(2)桥梁中心线处的顶板单元、底板单元的定位必须避开日照的影响。

(3)组装顶板时,必须精确预留横隔板上下对接焊缝的收缩量。

(4)严禁在梁段组装过程中在板件上随意焊接临时工艺辅助件。

(5)预拼装时要考虑焊接环形焊缝收缩量、相邻接口对接缝错边量等影响。

(6)每次在胎架上组装的梁段不能少于三段梁。

2)桥上梁段安装

钢箱梁段的桥上组装主要是梁段间顶板、底板、腹板、纵隔板以及加劲肋间的对接焊或高强度螺栓连接。焊接时一般应遵循对称施焊的原则,施焊工艺及高强度螺栓施工参见本书相关章节。

7.3.5　吊杆安装工艺

吊杆、连杆以新开河钢箱叠拱桥施工为例进行说明:

1)连杆(小吊杆)安装

(1)从两端向中间对称安装上下拱肋间的连杆。安装时先将连杆一端与上拱肋吊耳连接,连杆下垂后,将连杆下端装入下拱肋上部吊耳中。销轴装入时不宜直接用锤敲击,以免损坏销轴。

(2)在部分连杆上贴应变片。

(3)用专用的扭力扳手对连杆实施拧紧,保证连杆受拉。拧紧时避免损伤连杆表面,根据连杆(部分连杆)变形测试数据显示达到连杆受拉即可停止施拧,并做好记录。

(4)所有连杆安装完毕后,从两端向中间进行受拉状态检查。发现非受拉状态连杆须进行二次拧紧张拉,使每根连杆都处于受拉状态且受力基本均匀。最终旋紧护套。

(5)组焊上下拱肋之间的连接板。

(6)测量左右侧两榀拱肋间距,安装两榀拱肋间横撑。

2)吊杆安装

(1)先在地面组装吊杆,调整长度尺寸。

(2)从两端向中间对称安装下拱肋与系梁间的吊杆。安装时先将吊杆一端与下拱肋下部吊耳连接,吊杆下垂后,将吊杆下端装入系梁吊耳中。销轴装入时不宜直接用锤敲击,以免损坏销轴。

(3)在每根吊杆上贴应变片进行应力测试。

(4)用专用的扭力扳对吊杆施加 50 kN 的初始张力,拧紧时避免损伤吊杆表面,根据吊杆应力显示达到吊杆受拉 50 kN 即可,并做好记录。

(5)吊杆全部安装后,从两端向中间对称依次进行吊杆拉力检查。发现拉力不足 50 kN 者,须对其进行二次张拉。

(6)为消除温差对吊杆拉力的影响,在二次张拉相隔 24 h 后,对吊杆拉力进行再次检查。发现拉力不足 50 kN 者,须对其进行第三次张拉调试,使每根吊杆受力一致。最终旋紧长短护套。

(7)检查吊耳板处腻子,有损坏处及时修补。

(8)拆除临时支架、梯子栏杆等,磨平焊缝。

(9)进行最后一道面漆涂装。

3)注意事项

安全生产,人人有责,现场配备专职安全员一名,除专职安全员外,其他每个人都应兼职现场安全员,保证安全生产,顺利完成吊装任务。

(1)每次吊装前应检查吊装设备是否可靠,及时检修龙门。

(2)吊装使用的材料,如卷扬机,钢丝绳,棕绳等必须检查确认其符合使用要求。

(3)吊装作业前应指派专人统一指挥,信号要做到统一、清楚、正确、及时。

(4)吊装区域严禁非作业人员入内,进入现场工作人员必须戴安全帽,高空作业人员必须戴安全带,且安全带应挂在牢固可靠的地方且高挂低用,不准穿拖鞋。

(5)吊装时吊装物下方严禁站立行走。

(6)6 级以上大风不许吊装,应停止作业。

(7)吊装过程中遵从龙门吊装安全规范。

因拱肋为抛物线状,施工中在曲线面上安装临时爬梯和栏杆,确保施工安全。连杆、吊杆张拉时,要设置操作平台,平台牢挂在桁车上,随时移动。操作者要严格遵守安全操作规程,绝对避免"爬杆"作业。

吊杆将拱和系梁连接在一起共同承载,要逐级张拉和紧固,每根吊杆都要进行变形测试,以达到设计要求的张力。

施工中若遇较大风雨应停止施工,并要锁紧吊杆或连杆的护套,以免吊杆、连杆松扣坠落。

7.4 临时系梁桥阶段运架梁的安全稳定性分析

大跨度钢箱梁的空间稳定性分析需要讨论采用不同安装技术时,对钢梁纵向及横向稳定性的安全控制。

钢箱梁主跨结构的各节段由工厂内制造,先进行正式安装前的预拼装检查、调整,各项指标符合要求后,分段用汽车运至现场。先搭设底部的支架,从桥的一端向另一端开始使用吊车和龙门吊机抬吊在拼装支架上,这就需要高强螺栓和焊接相结合的方式将各箱梁节段连接起来,这对钢梁纵向及横向稳定性有着重大的影响。需要编制一整套焊接工艺,指导生产和施工,确保了产品质量;对于高强螺栓的连接,也需要制定一定的工艺流程,如检查连接面,清除浮锈→毛刺和油垢→安装构件就位,安装临时螺栓→构件校正→紧固临时螺栓→安装高强度螺栓(用高强度螺栓换下临时螺栓)→高强度螺栓紧固。

桥梁结构的失稳现象表现为结构的整体失稳和局部失稳。整体失稳是指桥梁结构整体丧失稳定平衡而破坏。局部失稳是指部分子结构的失稳或个别杆件的失稳。局部失稳常常导致整个结构体系的失稳。

历史上有许多因桥梁失稳而造成事故的例子。如:俄罗斯的克夫达敞开式桥于 1875 年因上弦压杆失稳而引起全桥破坏,加拿大的魁北克桥于 1907 年在假设过程中由于悬臂下弦杆的腹板翘曲而引起严重破坏事故,1969 年奥地利维也纳多瑙河 4 号桥的箱梁下翼缘因压应力过大而失稳,1970 年英国米尔福德港桥的箱梁因支承隔板支承反力过大而压溃等。

桥梁失稳事故的发生促进了桥梁稳定理论的发展。研究稳定可以从小范围内观察,即在邻近原始状态的微小区域内进行研究。为了揭示稳定的实质，也可以从大范围内进行研究。前者以小位移理论为基础，而后者建立在大位移非线性理论的基础上。由此引出了两类稳定问题：第一类稳定，分支点稳定；第二类稳定，极值点稳定。

实际工程中的稳定问题一般都表现为第二类稳定问题。但是，由于第一类稳定问题求解比较方便，在许多情况下两类稳定问题的临界值又相差不大，因此研究第一类稳定问题仍有较大的工程意义。

分析稳定问题常用的方法有静力平衡法、能量法、缺陷法和振动法等。目前，已有大量商用计算机程序可以直接计算出杆件或结构的稳定安全系数。

随着科学技术的发展，稳定理论与非线性理论的联系越来越紧密不可分。研究表明，只有通过对结构几何非线性以及材料非线性本构关系的研究，才能深入揭示复杂稳定问题的实质。

桥梁结构的稳定性关系到桥梁结构的安全，它与桥梁的强度有着同等的甚至更重要的意义。目前，桥梁施工阶段的稳定性已引起人们的重视，但是对施工过程中可能出现的结构稳定问题还没有可靠的检测手段，尤其是随着桥梁跨径的增长，受动荷载或突发情况的影响，还没有快速反应系统，所以，很难保证桥梁施工安全。为此，应结合桥梁施工监控工作，建立起相应的稳定监控系统。

目前所采用的方法主要是：

(1)借助计算机程序，对不同施工阶段的结构进行稳定分析计算，得到稳定安全系数，在理论上确保结构安装过程中的稳定性。

(2)监测主要受压构件的应力以及结构的变形，并结合稳定分析结果和监测情况，综合评定结构的整体稳定和局部稳定，达到控制结构稳定性、安全性的目的。

桥梁的稳定安全系数是衡量结构安全的重要指标，但需要注意的是，现行规范中尚未详细列出不同材料的不同结构在不同工况下的最小稳定系数。对此，还需结合理论研究和工程实践，逐步完善。

钢梁桥安装施工中，需要考虑稳定问题的情况较多，例如，顶推或拖拉法时结构的纵向整体稳定，全悬臂或半悬臂拼装时钢梁根部负弯矩区的受压杆件，钢箱梁受压翼缘或腹板区域、支承反力过大的支承隔板区域的局部稳定等。

除桥梁结构本身的稳定性必须得到控制外，施工过程中所用的大型临时设施，如落地或移动支架、拼梁吊机、浮船、索塔等的各项稳定系数也应满足要求。

在进行稳定性分析时，不能忽略施工临时荷载和环境因素(如风、温度等)的不利影响。

8 新型钢箱组合拱桥的施工监控理论和方法研究

8.1 新型钢箱组合拱桥施工控制理论与方法

桥梁施工过程的安全和成桥状态是否必须满足设计要求是桥梁建设者非常关心和必须解决的问题。桥梁施工本身就是一个系统工程。桥梁施工的过程也就是该系统的运行过程，施工过程中桥跨结构的安全和成桥后的状态就是该系统运行所要达到的目标。而由于桥梁结构施工过程漫长复杂，影响因素很多，使得桥梁结构实际施工状态与设计的假定必然存在差异，必须要对施工的全过程进行监控。通过对施工过程中桥梁结构状态实际状态的测量，对结构的设计参数进行识别，对施工的结构进行不断的调整，使施工沿着预定的状态进行，确保桥梁在成桥后的结构受力和线形满足设计要求。

纵观国内外大跨度桥梁施工监控技术的研究状况，桥梁的施工监控技术经历了从简单到复杂的发展过程，其中所采用的控制方法主要包括：倒装分析法、正装分析法、无应力状态控制法、零弯矩拼装法、线性回归分析法、灰色预测控制法、人工神经网络法、卡尔曼滤波法、参数识别最小二乘法以及施工精度控制系统。

倒装分析法是从设计图中给出的理想成桥状态开始，按照桥梁结构实际施工加载顺序的逆过程逐步倒拆计算来获得施工各阶段的中间理想状态和初始状态，以此作为施工控制的依据。

正装分析法又称前进分析法，是指按照施工阶段前后次序进行的结构分析方法。在正装分析的过程中，随着施工阶段的推进，结构的形式、边界约束、荷载形式及几何位置都在不断地变化，因此需要根据前一阶段结构的状态，对施工仿真模型作不断地修正。该法的实质是一种确立预拱度的结构计算方法，通过施工阶段和施工工艺计算各节段累加至成桥后的挠度，将该挠度反号作为节段施工预抛高量。

无应力状态法是将成桥状态各单元无应力长度和无应力曲率作为安装过程的控制量，来实现对成桥目标的自动逼近。但实际上在安装过程中，设计计算参数误差、施工误差、测量误差、制作误差必将使还原后的结构内力和线形与设计成桥状态有差异，误差的积累可能使结构较大地偏离设计成桥状态。

零弯矩拼装法的思想是针对缆索吊装拱桥和斜拉桥的施工控制的。每一拼装拱段的自重荷载由此拱段中的扣索来平衡，因而正在安装的拱段对已安装梁段不传递弯矩和剪力而只传递轴向力。

线性回归分析法是通过对悬臂箱梁挠度与悬臂长度、悬臂重量的一元线性回归处理或二元线性回归处理，来建立挠度回归数学模型，它可以用于分析箱梁挠度变形的规律，也可用于预测下一施工梁段的挠度。

灰色预测控制法以灰色动态模型GM(1,1)作为预测模型，以预测控制理论对桥梁的施工过程实施有效控制，预测过程中需及时对模型进行滚动优化和反馈校正，但必须保持模型的结构不变。该系统曾被用于大跨度连续刚构桥和斜拉桥施工控制中。

人工神经网络法是利用多层前馈性网络的前向计算和误差的反向传播的功能，通过试探和调整连接权值使该网络成为输入输出非线性关系的最佳逼近，在此基础上，来对桥梁施工状态进行预测。该系统具有了很强的抗干扰能力和自组织、自学习以及容错性等优点，但缺点是学习时间过长，甚至难以收敛于全局极小点，该系统不仅可以用于桥梁施工控制中的误差调整和预测中，而且可以用它进行参数估计，实践表明该方法的精度比较高。

卡尔曼滤波法是以概率论为基础的最优随机控制，它的实质是从被噪声污染的信号中提取真实的信号，估计出系统的真实状态，然后用估计出来的状态变量，按确定的控制规律对系统进行控制。该方法曾被引入到桥梁的施工控制中作为调整安装阶段的索力和悬臂挠度的手段，也被用于进行参数识别。

参数识别法是在桥梁施工过程中根据实测主梁的内力和挠度等信息运用最小二乘法识别和修正设计时采用的参数，如构件重量、有效预应力、弹性模量、徐变系数等，对结构进行实时分析，对原有设计值进行校核和调整，重新给出标高和预加力的施工控制值。

日本研制的施工精度控制系统主要包括两大部分：其一是在设计过程中，利用倒装分析确定每个施工阶段的理想状态，根据灵敏度分析确定各部件和各施工过程的允许的最大误差，以及确定施工误差分析中各项误差的权系数；其二是在架设过程中，通过测量、辨识、预测、调整四个过程来对桥梁进行循环控制，采用高精度的测量方法测出桥梁结构的位移和应力，根据测量出的误差结果，通过最小二乘法辨识出误差的原因，从辨识出的误差原因开始，预测下一施工阶段的误差。如果本阶段测量出的误差或预测的下一阶段的误差大于设计时所规定的允许值，那么必须对当前结构的状态进行修正，修正控制量通过最优理论从误差中获得。该系统即为施工控制中最为合理的自适应控制法。

通过上述几种控制方法的评述比较，我们可以从控制思路上将它们归类为三种形式：开环控制、反馈控制及自适应控制，它们的分类情况为：

(1)开环控制是单向性的，只在施工前，根据理想的成桥状态求得每个施工阶段主梁的位置和索力，在施工过程中，并不根据结构的反应来改变施工的参数。倒装分析法、正装分析法、无应力状态控制法及零弯矩拼装法、线性回归分析法都是开环控制方法，它没有控制误差和修正误差的功能。

(2)反馈控制是一闭环控制方法，它是在施工状态与理想状态之间出现误差之后，及时地进行纠正，而纠正的措施和控制量的大小是由误差经反馈计算所决定的，这就形成了一个闭环反馈控制过程。如灰色预测控制法、人工神经网络法、卡尔曼滤波法及参数识别法都属于反馈控制方法，该方法并没有分析产生误差的原因，将各种误差综合在一起进行处理修正。

(3)自适应控制是在闭环反馈控制的基础上，再加上一个系统辨识过程，整个控制系统就成为自适应控制系统误差识别过程。当结构测量到的受力状态与模型计算结果不相符时，把误差输入到参数辨识算法中去调节计算模型的参数，使模型的输出结果与实际测量到的结果相一致，得到修正的计算模型参数后，重新计算各施工阶段的理想状态，按反馈控制方法对结构进行控制，这样，经过几个工况的反复辨识后，计算模型就基本上与实际结构相一致了，在此基础上可以对施工状态进行更好的控制。该方法目前被认为是最合理的施工控制方法，日本的施工精度控制系统即属于该类型。

综上所述，桥梁的施工控制是一个复杂的动态系统，最佳的施工控制方法就是建立一个完善的自适应控制系统，该系统中必须包括以下两大任务：结构的前期预报和后期调整。前期预报中我们可以运用正装分析法、倒装分析法、无应力状态控制法等一些控制分析方法来确定结构施工理想状态；而后期调整中需要有一个测量、辨识、预测、调整循环过程，其中我们也可以运用灰色预测控制法、人工神经网络法、卡尔曼滤波法及参数识别的最小二乘法等控制理论作为误差辨识、阶段预测及制定最佳调整方案的理论基础。

8.2 参数识别和误差调整方法

由于实桥的结构参数的变易性，加工、制作，安装等施工误差，施工环境、现场条件的变易等诸多因素的影响，如先期土建施工的误差、材性、几何尺寸、安装精度、施工荷载、环境温度等误差，必然造成实际参数与计算假定的理论参数的差异，因此施工过程中必须进行实时跟踪监控，根据实际监测结果分析、识别结构的实际参数，调整计算假定的参数，以指导控制、修正偏差的施工状态，使其最大限度地逼近理想状态。

为了消除因设计参数取值的不确切所引起的施工中设计与实际的偏差，在施工过程中通过检测对这些参数进行识别和正确估计。对于重要的设计参数有较大的偏差时，应及时通报监控领导小组和设计方，及时协商处理，对于常规的参数误差，通过优化进行调整。

1)设计参数识别

通过在典型施工状态下对状态变量(拱的变形、梁位移和应力应变)实测值与理论值的比较，以及设计参数权重影响分析(或称参数敏感性分析)，识别出设计参数误差量。

2)优化调整

通过修正参数误差，保证了施工控制数据的精确性，从而保证了施工过程中结构的受力安全和实现最终的成桥状态。

8.3 施工控制过程中的影响因素分析

新开河桥两侧均接常规 32 m 简支箱梁，架桥机由小里程向大里程侧架梁，拱脚内侧净距 14 m，考虑运梁车和架桥机运架普通简支箱梁的需要，需在成拱前通过运梁车和架桥机。新开河桥采用先梁后拱的施工方法，主要步骤为：

施工主桥桩基及墩身→施工临时墩及支架→架设系梁→分段吊装钢纵梁、横梁→横放工字钢横梁，上铺 20 mm 厚钢板，形成临时运梁通道→过运梁车及架桥机→安装拱脚段→搭设支架，拼装拱肋成拱→安装横撑，修补拱肋涂装→拆除拱肋支架→安装吊杆，施加吊杆初张力→分段现浇桥面板→施工人行道、栏杆等。

为方便模拟，采用倒拆法进行分析。以成桥状态为初态，按照施工工序的逆过程，对结构进行倒拆，分析出每拆除一个施工工序对剩余结构的影响，从而推算出各施工阶段的变形和受力状态，为各施工阶段提供线型和受力状态的控制目标。本文从成桥阶段逐渐向最初阶段倒拆结构组、边界组和荷载组，模拟施工的进展。具体的施工阶段划分如下：

(1)架设系梁支架。

(2)组拼系梁、纵梁、横梁、部分桥面设备。

(3)搭设拱脚处支架,安装拱脚。

(4)搭设拱肋下支架,架设、焊接下拱肋。

(5)架设、焊接上拱肋。

(6)安装连杆。

(7)安装横撑。

(8)安装、张拉吊杆,拆除拱下支架。

(9)从中间对称依次拆除系梁下支架。

(10)铺设二期设备,成桥。

8.3.1　系梁临时结构分析

新开河桥桥面设计为钢混结合体系,为保证成桥后钢混结合桥面系质量,运梁车及架桥机通过期间采用钢结构临时桥面系,总长 140.5 m。在纵横梁剪力钉之间横桥向铺设 I22b 型钢,工字钢顶面铺设 $\delta=20$ mm 钢板,焊接成整体桥面,架梁完成后拆除临时桥面系。考虑到 138 m 钢箱叠拱与两侧 32 m 简支箱梁桥面的高差,为满足运梁车的最大爬坡能力,在拱桥端部与简支梁连接处形成坡度,端横梁部分工字钢变为 I25b/I28b。工字钢纵向最大间距按 20 cm设计,与剪力钉的布置冲突时,可适当移动。

运梁车横向轮距为 5.0 m,轮宽为 1.2 m,总宽度为 6.2 m,运梁车支腿中心距为 5.8 m,作用宽度为 0.5 m,总宽度为 6.3 m。考虑以上因素,工字钢长度取 8.0 m,钢板宽度取 3.0 m。临时桥面系断面如图 8-1 所示。

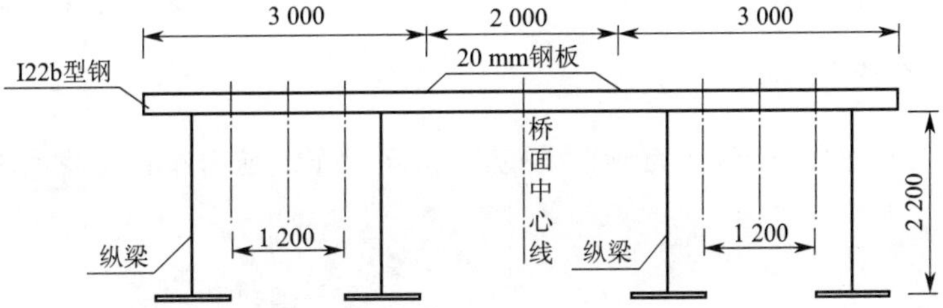

图 8-1　临时桥面系断面(单位: mm)

1)运梁车计算图式

运梁车为 TLC900 型号,额定负荷 9 000 kN,自重 2 800 kN,共 16 个轴,64 个轮胎。偏装运输 32 m 箱梁荷载计算图示如图 8-2 所示。

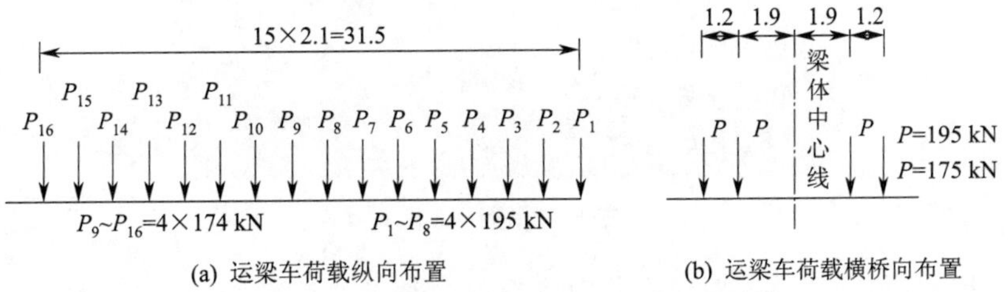

图 8-2　偏装运输 32 m 箱梁工况(单位:m)

2)临时桥面板检算

工字钢沿桥纵向间距为 20 cm,TLC900 运梁车采用的为 26.5R25 轮胎(宽 714 mm),根据图 8-2 工况知:P_1～P_8 的单胎作用面积为 3 384 cm^2,单胎作用力为 195 kN;P_8～P_{16} 的单胎作用面积为 1 934 cm^2,单胎作用力 174 kN。检算临时桥面板时,轮胎接地面积采用 700 mm×400 mm(纵×横),最大均布压力为 195/(0.4×0.7)=696.4 kPa。

采用 Midas 软件中板单元建立临时钢板的模型,依据运梁车偏装运输 32 m 箱梁荷载工况,考虑荷载最不利布置后,计算钢板的最大应力为 39.8 MPa<[σ]=135 MPa,强度满足。

3)临时工字钢检算

I22b 型钢腹板检算:腹板厚度 9.5 mm,轮胎宽度为 700 mm,受压承载力为 898 kN。单个轮胎的最大作用力为 195 kN<898 kN,满足要求。

I22b 型钢截面模量 W_x=325 cm^3,根据《铁路桥涵钢结构设计规范》(TB 10002.2—2005)I22b 型钢的弯曲容许应力[σ_w]=140 MPa,截面容许弯矩[M]=W_x×[σ_w]=45.5 kN·m,工字梁横向支承于与纵梁之上,根据纵梁间距得出工字钢的计算图式如图 8-3 所示。根据轮胎的接触面积,假定运梁车每侧的一个轴重由 2 条 I22b 型钢承担,即 1 条工字钢承重 195 kN,均布在每侧纵梁间 2 m 范围内的工字钢上,均布荷载集度 q=195/2=97.5 kN/m。

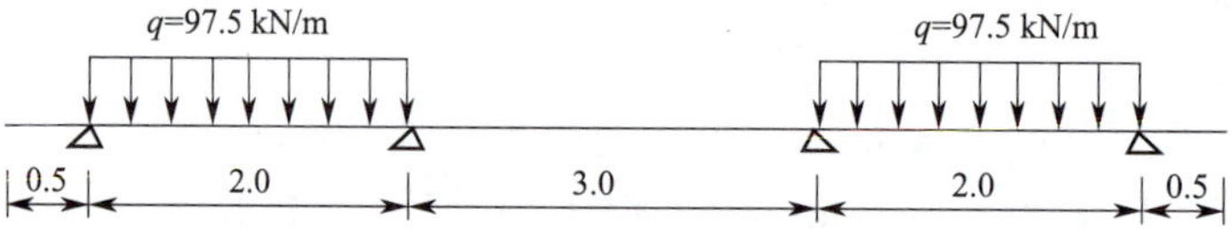

图 8-3　工字钢计算图式(单位:m)

计算得 M_{max}=41.4 kN·m<[M],σ_w=127 MPa,工字钢强度满足规范要求。

8.3.2　预压的施工荷载影响

为了防止临时支撑的下沉,在完成系梁施工,过运梁车之前需布置荷载预压,经计算,需要的预压荷载约为 1 400 t。

图 8-4　预压荷载

经数值模拟分析,预压荷载对已有临时支撑的位移的影响较小,按照等效原则,运梁车可以安全通过,图 8-4 为现场预压荷载图示。

8.3.3 运梁车的荷载效应分析

1)临时支墩的布置

设计初期按照不影响富民大街机动车通行的原则,同时满足相关计算要求,在模型的每侧系梁布置 6 个支承点,具体位置如图 8-5 所示。

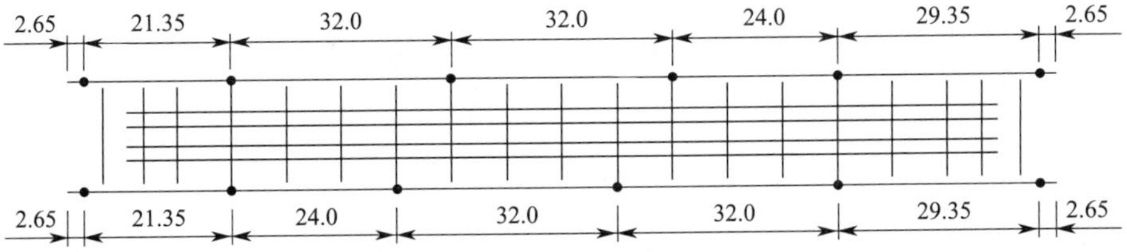

图 8-5 临时支墩布置(单位:m)

2)模型的建立

采用 Midas 中的梁单元建立无拱肋的纵横梁模型,荷载考虑结构自重、临时桥面系荷载等,计算中将运梁车荷载分别加在 4 道纵梁上,然后进行组合。由于运梁车过梁时速度很慢,故不考虑运梁车的 动力作用。

3)计算结果

通过计算,运梁车过桥时,纵梁的最大应力为 25.2 MPa,横梁最大应力为 71.6 MPa,系梁最大应力为 37.5 MPa。恒载作用下的桥梁最大竖向位移为−3.5 mm,恒载+运梁车作用下的最大竖向位移为−12.1 mm。计算结果均满足规范要求。

8.3.4 架桥机的荷载效应分析

1)架桥机过梁检算

采用运梁车驮运架桥机过梁,根据 TLJ900 型架桥机桥间转移图,无论是低位驮运过桥还是高位驮运过桥,总架桥机作用力为 5 600 kN,远小于 32 m 简支箱梁重,故该荷载工况不控制。

2)架桥机架设箱梁检算

(1)架设过程中整体检算。建立 Midas 模型,将架设过程中的运梁车各轴重分摊到此位置的 4 道纵梁上,不考虑运梁车的每个单胎作用力对纵梁的扭转作用。架桥机支腿反力、运梁车支腿反力及 P_1 按集中荷载加到端横梁上,并考虑对端横梁产生的扭矩。

计算结果表明:架梁过程中梁体最大竖向位移为−13.1 mm,最大组合应力为 78.3 MPa,均出现在第 13 道横梁附近,计算结果满足要求。

(2)架设过程中局部检算。由于架设新开河桥两端简支箱梁过程中,端横梁上顶板要承受巨大的架桥机支腿反力,同时端横梁又为箱室结构,受力复杂,需建立有限元模型进行局部分析。考虑架桥机支腿位置及作用力关于桥面中心线对称,计算中沿桥面中心线取一半端横梁进行分析,对称面上设对称约束,采用 Midas 板单元建立模型如图 8-6 所示,支腿作用力按面荷载考虑。

根据架桥机架设荷载工况,在架设新开河桥两侧的简支箱梁过程中,端横梁要承受的前支腿最大反力为 3 110 kN,后支腿最大反力为 2 215 kN。通过 Midas 局部模型计算,借

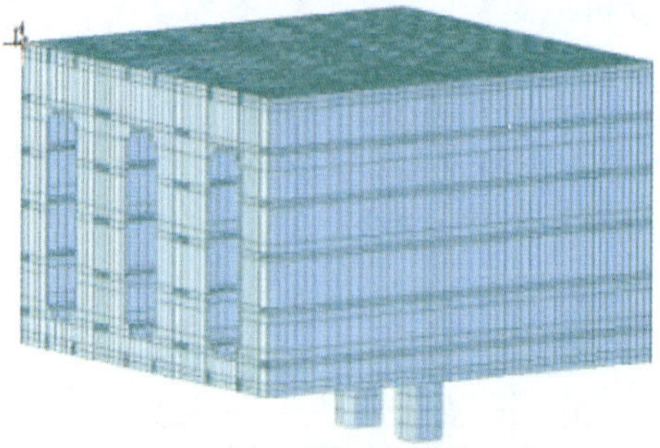

图 8-6　端横梁局部计算模型

助简单的桥面板局部加劲，端横梁上顶板应力均超过钢材的屈服强度，应力和变形均不能满足要求。

考虑到尽可能地将支腿反力传至桥墩承受，减少端横梁上顶板的受力，最终施工方案采用支腿下设 50 mm 厚的钢垫板 N4，并在端横梁内外部加竖向钢支撑，且内外钢支承要求竖向对齐支腿中心，钢支承下部为了达到支承端横梁的目的，在钢支承下部与端横梁底板考虑用楔形钢板 N5 打紧，前支腿钢支承构造如图 8-7 所示。

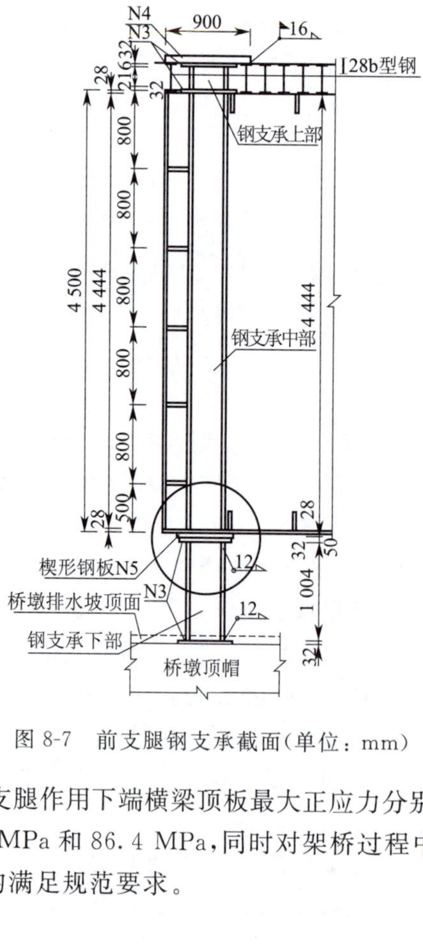

图 8-7　前支腿钢支承截面(单位：mm)

采用上述措施后，前、后支腿作用下端横梁顶板最大正应力分别为 111.4 MPa 和 97.2 MPa，最大组合应力分别为 107.7 MPa 和 86.4 MPa，同时对架桥过程中内外部钢支承的应力、变形进行了检算，结果表明上述均满足规范要求。

8.3.5 拱的支架的变形

大跨度钢箱叠拱在施工过程中，完成架梁和安装拱脚之后，需要搭设拱肋下支架，从而完成上拱肋、下拱肋、连杆和横撑的架设和焊接，如图 8-8～图 8-9 所示。

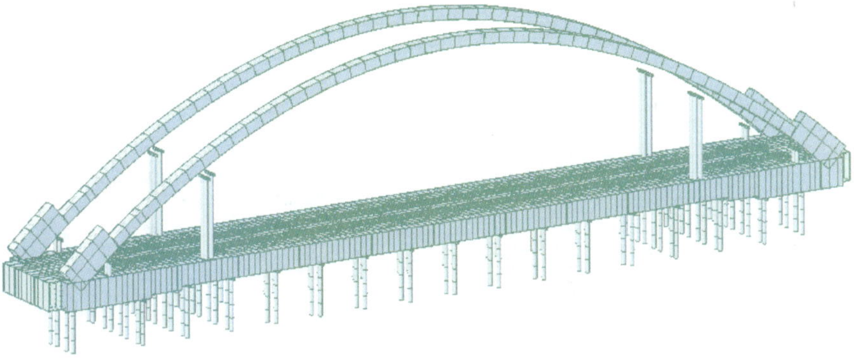

图 8-8 支架搭设下拱肋施工阶段模型图

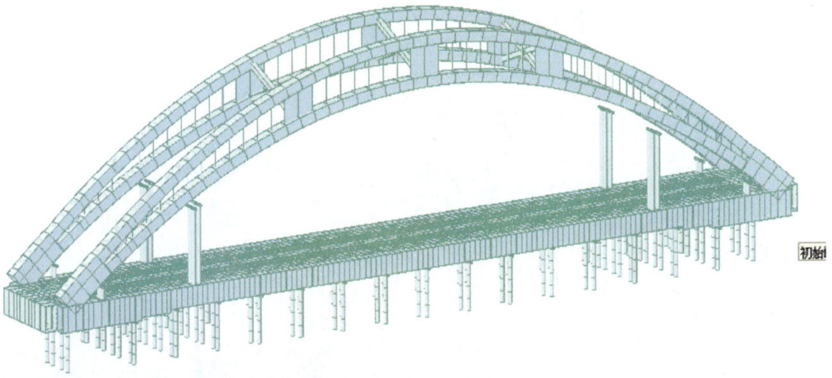

图 8-9 支架搭设上、下拱肋施工阶段模型图

通过模拟发现，在支架搭设完成之后，随着上拱肋的架设，支架产生竖向位移，上拱肋相应下移，引起下拱肋的内力重分布，进而引起拱脚内力的变化，最后引起叠合拱肋整体的变化。所以，拱的支架的变形对叠合拱肋的影响较大，是施工控制的重要影响因素。

8.3.6 吊杆的安装与张拉力

吊杆和连杆的安装和张拉力的控制是施工控制的一项重要指标，通过数值模拟计算，将各施工阶段中连杆和吊杆的内力汇总，它们的时程曲线如图 8-10 所示。

此处的连杆与吊杆均取自跨中位置。由图 8-10 可以看出，连杆的内力远小于吊杆的内力，可见吊杆是钢箱叠合拱桥的主要传力路径。连杆在横撑与挡风板安装完毕后，内力减小，主要是因为挡风板于上、下拱肋焊接在一起，分担了该处连杆的受力，减少了该处的应力集中。吊杆、连杆的两次内力增大的过程，也就是反映了拱肋下支架、系梁下支架拆除，受力体系发生变化过程。

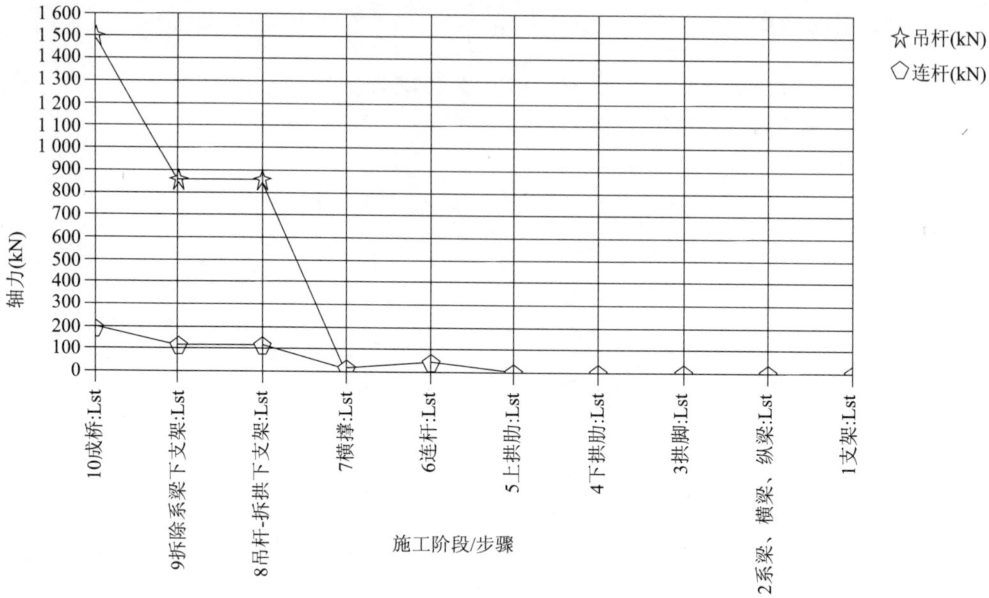

图 8-10　连杆、吊杆轴力时程曲线图

9　新型钢箱叠合拱桥的实桥施工监测控制

9.1　新型钢箱叠合拱桥的施工阶段的模拟计算分析

新开河大桥钢箱叠合拱桥拟采用先梁后拱的施工方法。在原位拼装施工支架，利用支架平台焊接系梁、纵梁、横梁；在系梁上搭设支架，焊接拱肋，安装实心吊杆；在系梁、横梁、纵梁上安装预制桥面板，现浇湿接缝。

施工阶段的计算分析采用倒拆法，即以成桥状态为初始状态，按照施工工序的逆过程，对结构进行倒拆，分析出每拆除一个施工工序对剩余结构的影响，从而推算出各施工阶段的变形和受力状态，为各施工阶段提供线型和受力状态的控制目标。从新开河桥的成桥阶段逐渐向最初阶段倒拆结构组、边界组和荷载组，模拟实际施工的进展。具体的施工阶段划分如表 9-1 所示。

表 9-1　施工阶段划分表

步骤序号	工　况　简　介	步骤序号	工　况　简　介
1	架设系梁支架	6	安装连杆
2	组拼系梁、纵梁、横梁、部分桥面设备	7	安装横撑
3	搭设拱脚处支架，安装拱脚	8	安装、张拉吊杆，拆除拱下支架
4	搭设拱肋下支架，架设、焊接下拱肋	9	从中间对称依次拆除系梁下支架
5	架设、焊接上拱肋	10	铺设二期设备，成桥

部分施工阶段的计算模型如图 9-1 所示。

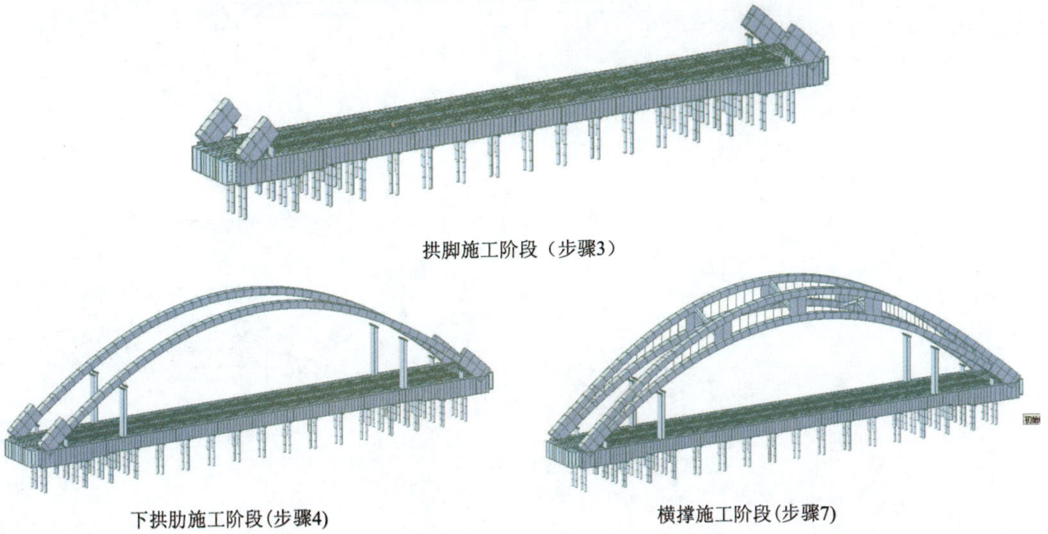

图　9-1

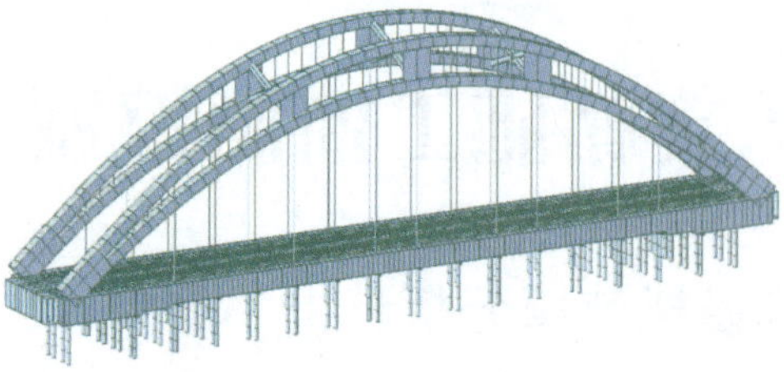

拆除拱下支架施工阶段(步骤8)

拆除所有支架施工阶段(步骤9)

图 9-1　施工阶段模拟模型图

9.1.1　施工阶段各构件位移计算分析

部分关键施工阶段的结构位移图如图 9-2 所示。

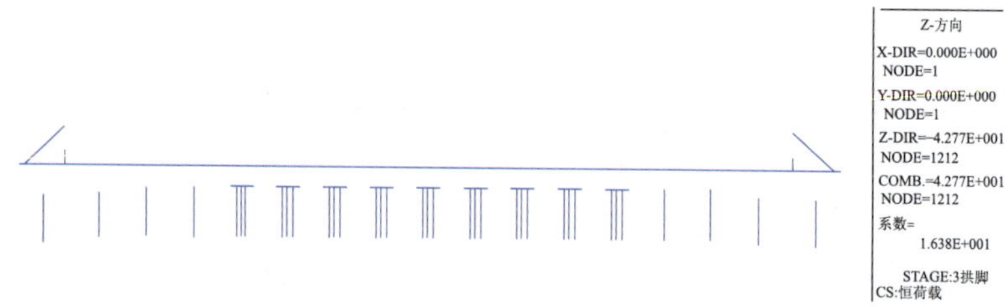

拱脚施工阶段(步骤3)位移

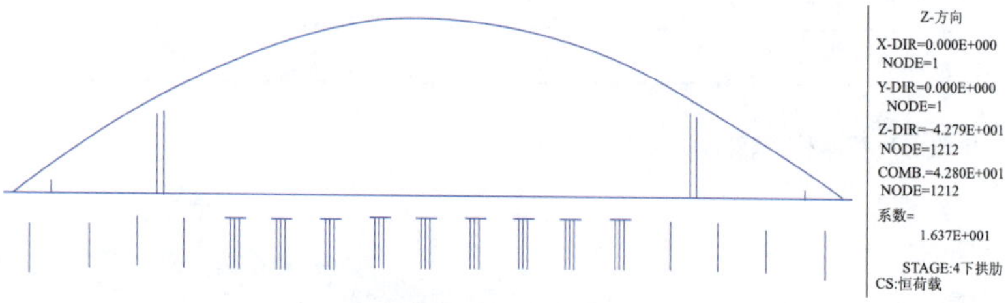

下拱助施工阶段(步骤4)位移

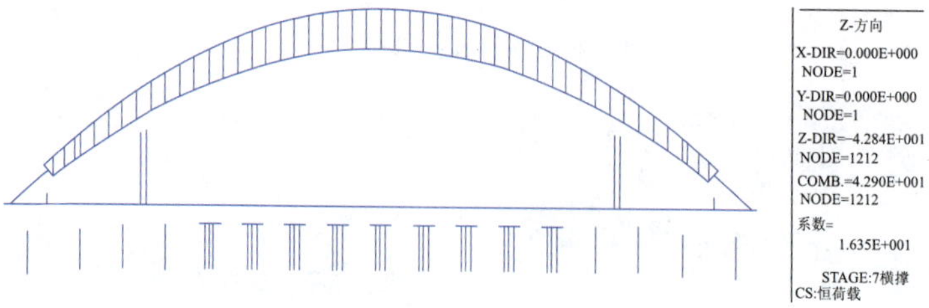

横撑施工阶段(步骤7)位移

图　9-2

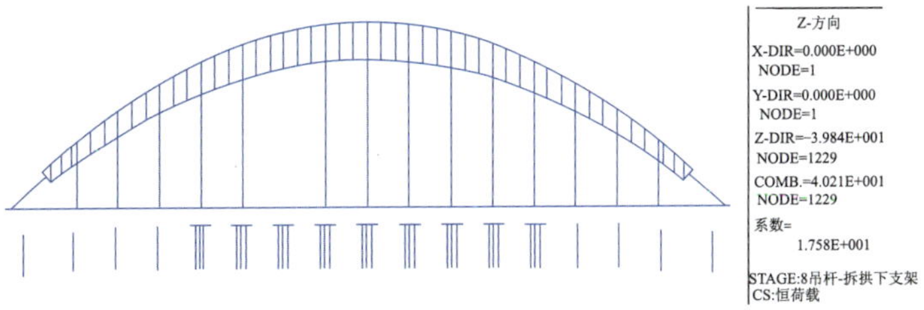

拆除拱下支架施工阶段(步骤8)位移

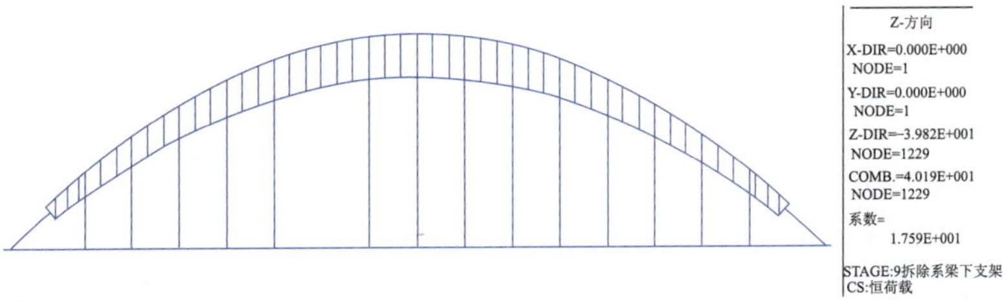

拆除所有支架施工阶段(步骤9)位移

图 9-2　施工阶段位移图（单位：mm）

由图 9-2 可以看出，各构件在各个施工阶段的挠度均在允许范围内。

将各施工阶段的系梁、横梁在跨中位置处的竖向位移汇总，时程曲线如图 9-3 所示。

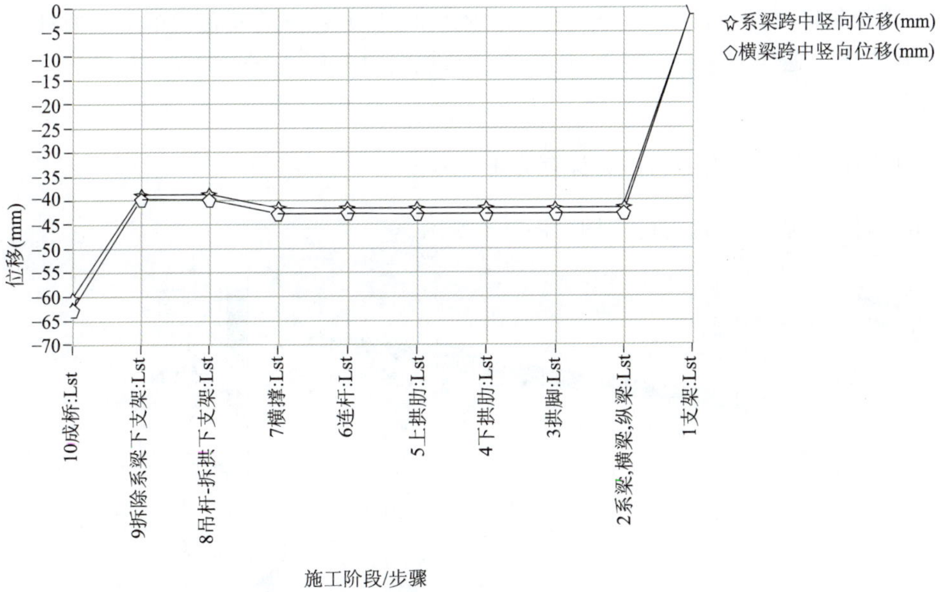

图 9-3　系梁、横梁跨中竖向位移时程曲线图

由图 9-3 可以看出，系梁与横梁在支架未拆除阶段，竖向位移的波动变化范围很小，且变化方向一致。但在拆除支架之后，桥梁完成了体系的转换，吊杆拉力使得系梁的竖向位移反而变小。施加上二期恒载以后，桥面上的荷载均通过桥面系传给系梁，再传给吊杆，因此系梁与横梁的竖向位移变大。

将各施工阶段的上、下拱肋在跨中位置处的竖向位移汇总，时程曲线如图 9-4 所示。

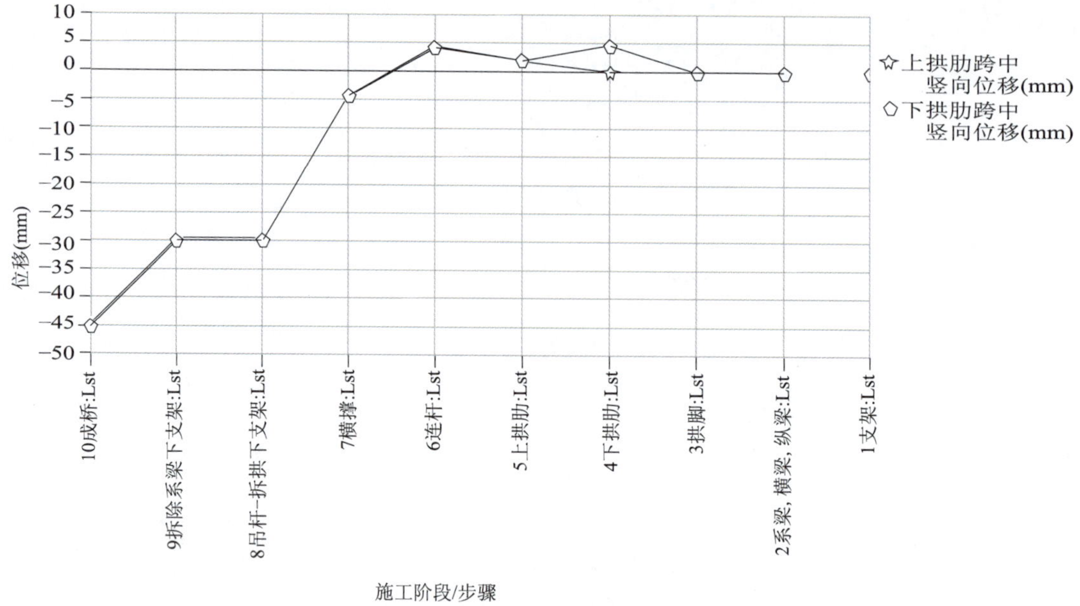

图 9-4　上、下拱肋跨中竖向位移时程曲线图

由图 9-4 可以看出，上拱肋未安装阶段，下拱肋作用在拱脚与支架之上，为非承重构件，因此竖向位移表现为上挠。在上拱肋、连杆与横撑安装结束，上、下拱肋便组合成有机的整体。在拱肋下支架拆除之后，桥梁上部结构完成了体系的转换，吊杆将桥面上的荷载通过拉力传递给下拱肋，再通过连杆传递给上拱肋，最后传递给拱脚，因此，上、下拱肋在上部结构体系转换后竖向位移变大。

9.1.2　施工阶段各构件内力与应力计算分析

部分关键施工阶段的结构应力图如图 9-5 所示。

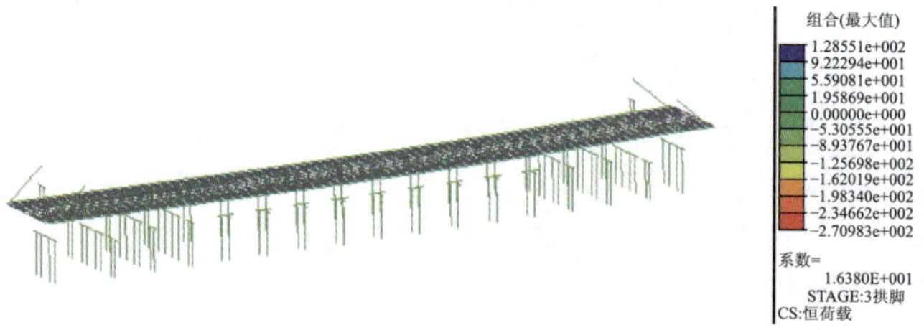

拱脚施工阶段(步骤3)应力

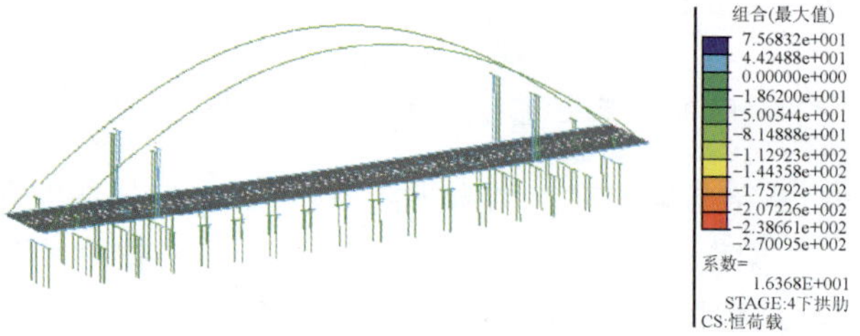

下拱肋施工阶段(步骤4)应力

图　9-5

横撑施工阶段(步骤7)应力

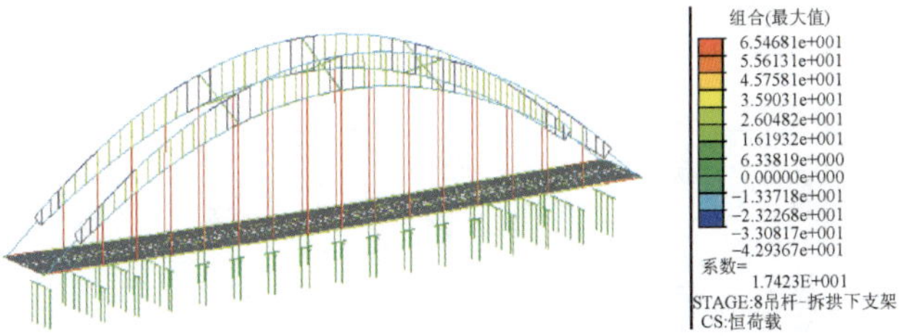

拆除拱下支架施工阶段(步骤8)应力

成桥施工阶段(步骤9)应力

图 9-5 施工阶段应力(单位:MPa)

由图 9-5 可以看出,各构件在各个施工阶段的应力均在允许范围内。将各施工阶段中系梁跨中弯矩、拱脚弯矩以及连杆和吊杆的内力汇总,它们的时程曲线如图 9-6～图 9-7 所示。

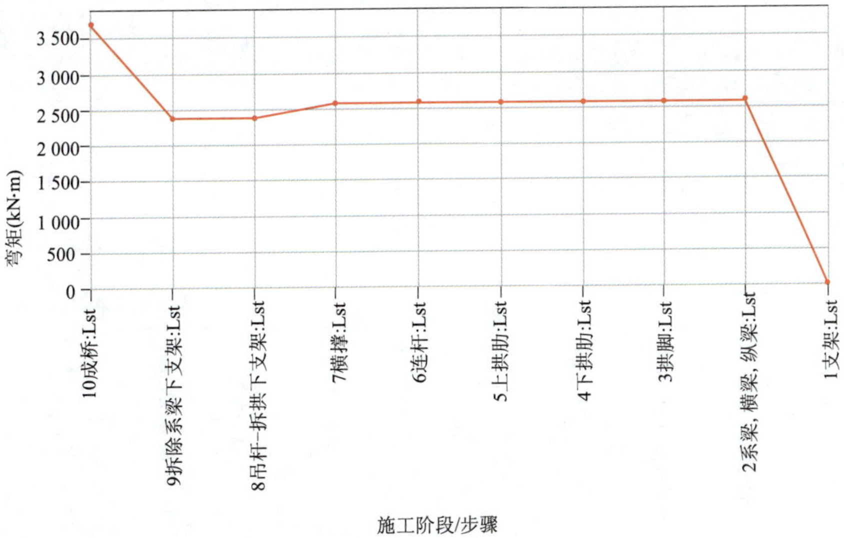

图 9-6 系梁跨中弯矩时程曲线图

由图 9-6 可以看出,系梁的跨中弯矩在支架未拆除阶段,变化范围很小所致。但在拆除支

图 9-7　拱脚弯矩时程曲线图

架之后，吊杆拉力平衡了系梁受到的桥面荷载引起的弯矩，弯矩反而略微变小。施加上二期恒载以后，桥面上的荷载均通过桥面系传给系梁，再传给吊杆，因此系梁弯矩变大。

由图 9-7 可以看出，拱脚弯矩在架设焊接下拱肋时达到最大值，因为此时下拱肋的受力不均衡。但上拱肋、连杆、横撑等拱肋部分的构件焊接完毕后，拱脚弯矩逐渐变小。然后在拆除拱下支架之后，上、下拱肋受力均通过拱脚向下传递，因此拱脚弯矩增大。

由图 9-8 可以看出，连杆的内力远小于吊杆的内力，可见吊杆是钢箱叠合拱桥的主要传力

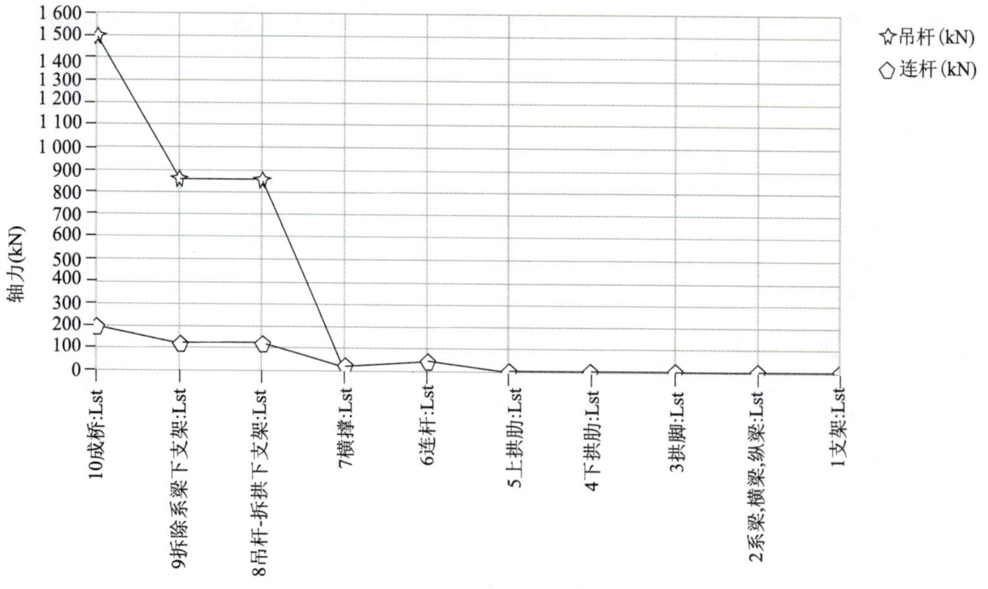

图 9-8　连杆、吊杆轴力时程曲线图

注：此处的连杆与吊杆均取自跨中位置

路径。连杆在横撑与挡风板安装完毕后,内力减小,主要是因为挡风板于上、下拱肋焊接在一起,分担了该处连杆的受力,减少了该处的应力集中。吊杆、连杆的两次内力增大的过程,也就是反映了拱肋下支架、系梁下支架拆除,受力体系发生变化过程。

9.2 施工监测方案与内容

9.2.1 监测控制工作内容

对于大跨度钢箱叠合拱桥,施工中积累的误差在合龙时很难消除。施工控制的目的即是通过对施工过程的监测、调控,及时修正各种影响参数误差对成桥目标的影响,使每一个施工阶段的线型和应力偏差均在规范容许范围内,确保建成的桥梁满足设计要求,符合现行规范标准,施工控制的主要内容如下:

(1)通过周密、详细的计算、分析和比较,验证控制目标,拟定优化的、切实可行的安装施工顺序。

(2)研究分析各类参数的偏差或误差对结构安全、稳定性和线型的影响。

(3)施工全过程跟踪监控与调整(主墩、拱肋、加劲梁、横梁、纵梁、吊杆的内力和线形):

①主拱肋的内力调整与监控。

②拱肋、桥面加劲梁的预拱度的设置。

③拱肋安装的监控(钢拱肋、施工临时钢支架等)。

④施工过程结构的整体抗倾覆稳定性的分析与控制。

⑤拱肋合龙前内力、标高的调整。

⑥吊杆安装、临时支架拆除和桥面加劲梁安装的监控与调整。

⑦主墩水平反力、位移的监控与调整。

(4)监控的实现形式和获取现在信息的方式:

①位移监测。监控主桥墩台沉降,临时钢管支墩沉降、墩顶纵横向偏移变化。在每个桥墩承台顶、桥墩顶各设 2 个截面的对角观测点;每一个施工阶段完成结束后,都要采集至少一次数据。在拱肋和梁部合龙前、后,均须对全桥的标高作一次全面复测。此项测量由施工单位承担,监理工程师复测,监控单位负责计算分析标高和线形误差,并及时汇报反馈给设计、监理和施工单位。

②提供包括支座预偏量、支架标高、拱肋和梁的安装标高(预拱度或反拱设置、温度力的影响)。

③应力/应变监测。

④温度场的测量。

可以用智能型表贴焊式钢应变传感器同时测量应变和温度。在桥梁主体施工期间的各个应变测试工况可同时量测钢梁和钢箱的内部温度,也可在具有代表性的天气(例如:每个月选择一个晴天、多云天和阴雨天),进行多次观测,以计算分析温度场的变化对施工期间梁体变形的影响。

9.2.2 监测控制方案

根据设计图纸和监控目的,应力监控截面和测点按如下方法布置:应力监控截面为拱肋、系梁和纵横梁的端部、$L/4$、$L/2$、$3L/4$，具体布置如图 9-9 所示；分别在相应的监测控制截面粘贴表面贴式应变计以监控拱肋在各施工阶段的应力和位移的变化；每一次工况变化测量一次数据(例如每一段拱肋安装完毕就需测一次数据)。考虑到温度等外界影响条件，测量时间尽量选择在早晨 6:00～7:00 温度相对恒定的时间进行，并根据每次测量过程的实际环境温度对计算值进行修正，然后进行分析。

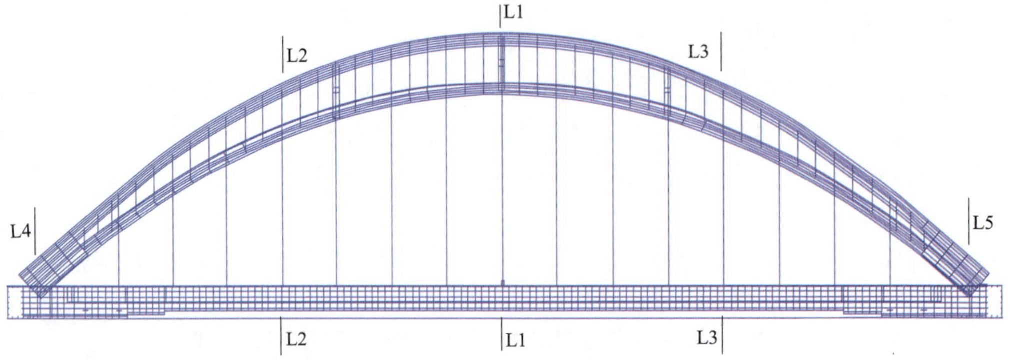

图 9-9 应变片布置截面位置示意图

9.3 施工过程临时结构的现场监测

由于整条线路的施工规划，新开河桥在架设拱肋前需通过架桥机及运梁车，所以采用“先梁后拱法”。由于拱肋的整体吊装能优化拱肋安装精度与结构整体性能，且能缩短工期，综合考虑施工现场的操作空间以及哈大客运专线的施工工期规划，施工中采用临时支架、龙门架施工方法相结合，系梁施工采用支架法，拱肋施工采用整体吊装。在原位拼装施工支架，利用支架平台焊接系梁、纵梁、横梁；在系梁上搭设支架，焊接拱肋，安装实心吊杆；在系梁、横梁、纵梁上安装预制桥面板，现浇湿接缝。施工顺序为：主桥基础及临时墩→分段吊装组拼系梁→吊装组拼纵横梁→架设临时钢桥面→在临时钢桥面上过架桥机→运输 91 孔 32 米预应力混凝土箱梁。然后拆掉临时钢桥面→搭设钢支架→安装拱脚整体段→拼装拱肋成拱→安装横撑→安装吊杆→施工桥面系。

在新开河桥的施工过程中，临时桥面系运梁阶段结构构件的安全性成为需要攻关的难题。

为了确保施工和运梁过程中结构的安全，以及快速及时获取结构变形和内力变化的信息，采用在梁上布设传感器、动挠度计和动应变计，在临时钢柱上布置应变片的方法。采集数据的时间段分别是在运梁前和运梁过程中。

9.3.1 测试点及测试仪器的布置

1)钢桥梁部的变位、应力(应变)和温度控制与监测

(1)纵梁与系梁上传感器的布置：

左变截面处的传感器布置在左起第一根中横梁与第二根中横梁之间的系梁和纵梁的跨中处，$3L/4$ 截面处的传感器布置在第 11 根与第 12 根中横梁之间的系梁与纵梁的跨中处，具体布置位置如图所示，每个截面共布置 16 个传感器。其示意图如图 9-10 所示。

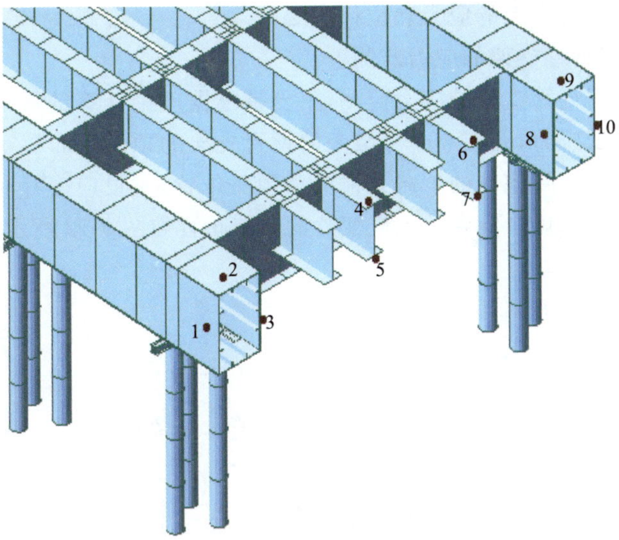

图 9-10 左变截面和 $3L/4$ 截面处纵梁和系梁上测点位置示意图

在 $L/4$ 截面、跨中截面和右变截面处，传感器的具体布设位置与图 9-10 基本相同，且在该截面处添加了系梁底板上传感器的布置，每个截面共布置 12 个传感器。其示意图如图 9-11 所示。

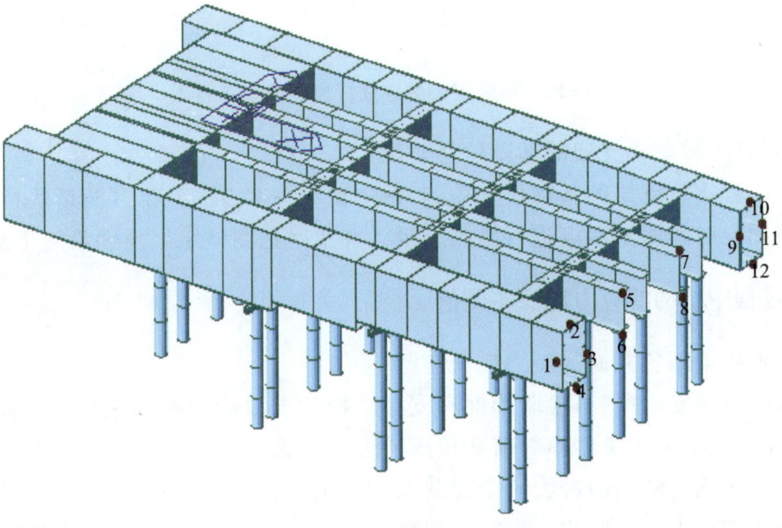

图 9-11 $L/4$ 截面、跨中截面和右变截面处纵梁及系梁上测点位置示意图

(2)横梁上传感器的布置：

横梁上传感器的布设位置分别取在 1/4 截面、1/2 截面、3/4 截面以及变截面处。

(3)梁上动挠度计、动应变计和应变片的布置：

为了掌握运梁过程中梁上的动挠度，动应变和静应变的变化情况，在第 4 根中横梁的底部布设了一个动挠度计，在跨中处的系梁和横梁顶部各布设了一个应变片测点，另外还在靠近 307 号墩的变截面处的系梁底部，横梁底部和一根纵梁的底部分别布设了应变片。

共计在梁上布置动挠度计 1 个，应变片测点 4 个。

2)大型临时工程钢管支架的应力和位移监测

(1)大型临时工程钢管支架的应力监测:

对于大型临时工程钢管支架的应力监测,主要是根据理论计算的最不利位置在钢管支架的底部布设应变片测试应力,并在 306 号墩旁的钢管支架的顶端也布置了两个应变片以测试钢管顶部的应力。根据实际地基的承载力情况和预压位置,布设应变片时在靠近 306 号墩的半跨里面多布置了一些测点。钢管柱上应变片的具体布置如图 9-12 所示。

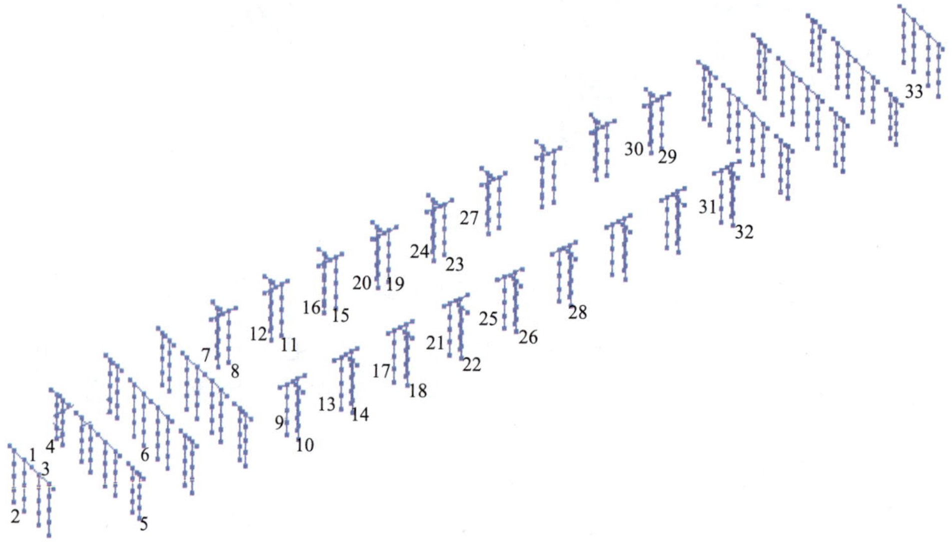

图 9-12　钢管支架的应变片监测位置布置图

(2)大型临时工程钢管支架的基础位移监测:

大型临时工程钢管支架的基础位移监测,由中交哈大客专的三工区测量队具体实施,用精密水准仪每天固定时间固定地点进行监测测量。并及时把测试结果反馈给施工监测单位。

9.3.2　预压过程中结构的应力应变实测值

1)预压过程中梁部各截面的应力应变监测

为了确保运梁的安全顺利,检验梁部和支撑结构的支撑能力和安全性是否达到设计的要求,施工单位在运梁前采用了沙箱等荷载预压的方法。为了确保预压的安全运行和采集到相应的数据以估算运梁时结构的最大承受荷载以及找出结构最大承载力的位置,在预压的过程中对预压时的应变应力进行监测。梁部各截面在砂箱预压前后的应力应变监测结果如表 9-2 所示。

表 9-2　梁部各截面在砂箱预压前后应力、应变最大值

工况	开始测量到预压前		加载五个砂箱后		砂箱卸载后	
截面位置	应变	应力(MPa)	应变	应力(MPa)	应变	应力(MPa)
左变系 1-T	−8.0	−1.6	−28.0	−5.7	−12.0	−2.5
左变系 1-F1	−39.0	−8.0	−42.0	−8.6	−37.0	−7.6
左变系 1-F2	−7.0	−1.4	−18.0	−3.7	−10.0	−2.1

续上表

工况	开始测量到预压前		加载五个砂箱后		砂箱卸载后	
截面位置	应变	应力(MPa)	应变	应力(MPa)	应变	应力(MPa)
左变系 2-T	−2.0	−0.4	−17.0	−3.5	2.0	0.4
左变系 2-F1	−2.0	−0.4	−7.0	−1.4	8.0	1.6
左变系 2-F2	−30.0	−6.2	−41.0	−8.4	−25.0	−5.1
左变横-T	−5.0	−1.0			−26.0	−5.3
左变横-B	−12.0	−2.5	55.0	11.3	53.0	10.9
左变纵 1-T	−1.0	−0.2	−15.0	−3.1	−5.0	−1.0
左变纵 1-B	−15.0	−3.1	−17.0	−3.5	−5.0	−1.0
左变纵 3-T	−1.0	−0.2	5.0	1.0	14.0	2.9
左变纵 3-B	−1.0	−0.2	−21.0	−4.3	−3.0	−0.6
1/4 系 1-T	−8.0	−1.6	−29.0	−5.9	−40.0	−8.2
1/4 系 1-F1	−24.0	−4.9	−26.0	−5.3	−23.0	−4.7
1/4 系 1-F2	−6.0	−1.2	−7.0	−1.4	102.0	20.9
1/4 系 2-T	−12.0	−2.5	−23.0	−4.7	−12.0	−2.5
1/4 系 2-F1	79.0	16.2	36.0	7.4	65.0	13.3
1/4 系 2-F2	−4.0	−0.8	−15.0	−3.1	−1.0	−0.2
1/4 横-T	−2.0	−0.4	−152.0	−31.2	−8.0	−1.6
1/4 纵 2-T	−5.0	−1.0	−13.0	−2.7	1.0	0.2
1/4 纵 2-B	−2.0	−0.4	9.0	1.8	4.0	0.8
1/4 纵 4-T	−4.0	−0.8	−30.0	−6.2	−3.0	−0.6
1/4 纵 4-B	—	—	31.0	6.4	16.0	3.3
跨中系 1-T	−16.0	−3.3	−6.0	−1.2	1.0	0.2
跨中系 1-F1	−11.0	−2.3	−10.0	−2.1	21.0	4.3
跨中系 1-F2	−7.0	−1.4	−10.0	−2.1	−10.0	−2.1
跨中系 2-T	−5.0	−1.0	−16.0	−3.3	7.0	1.4
跨中系 2-F1	5.0	1.0	−24.0	−4.9		
跨中系 2-F2	47.0	9.6	2.0	0.4	14.0	2.9
跨中横-B	3.0	0.6	−2.0	−0.4	6.0	1.2
跨中纵 1-T	1.0	0.2	5.0	1.0	15.0	3.1
跨中纵 1-B	−3.0	−0.6	−6.0	−1.2	−6.0	−1.2
跨中纵 3-T	0.0	—	7.0	1.4	15.0	3.1
跨中纵 3-B	3.0	0.6	−9.0	−1.8	−4.0	−0.8
3/4 系 1-T	−6.0	−1.2	−18.0	−3.7	−20.0	−4.1
3/4 系 1-F1	47.0	9.6	−7.0	−1.4	15.0	3.1
3/4 系 1-F2	29.0	5.9	−5.0	−1.0	−2.0	−0.4
3/4 系 2-T	—	—	—	—	10.0	2.1
3/4 系 2-F1	4.0	0.8	−9.0	−1.8	−2.0	−0.4

续上表

工况	开始测量到预压前		加载五个砂箱后		砂箱卸载后	
截面位置	应变	应力(MPa)	应变	应力(MPa)	应变	应力(MPa)
3/4 系 2-F2	−12.0	−2.5	−18.0	−3.7	−16.0	−3.3
3/4 横-T	—	—	−18.0	−3.7	4.0	0.8
3/4 横-F	−7.0	−1.4	−13.0	−2.7	−1.0	−0.2
3/4 横-B	23.0	4.7	4.0	0.8	20.0	4.1
3/4 纵 2-T	8.0	1.6	28.0	5.7	3.0	0.6
3/4 纵 2-B	—	—	−40.0	−8.2	−44.0	−9.0
3/4 纵 4-T	12.0	2.5	24.0	4.9	44.0	9.0
3/4 纵 3-B	—	—	−3.0	−0.6	−47.0	−9.6
右变系 1-T	—	—	—	—	−7.0	−1.4
右变系 1-F1	17.0	3.5	−36.0	−7.4	−27.0	−5.5
右变系 1-F2	—	—	—	—	−23.0	−4.7
右变系 2-T	—	—	—	—	−1.0	−0.2
右变系 2-F1	—	—	—	—	25.0	5.1
右变系 2-F2	45.0	9.2	−22.0	−4.5	−5.0	−1.0
右变横-F	14.0	2.9	4.0	0.8	13.0	2.7
右变横-B1	9.0	1.8	−8.0	−1.6	12.0	2.5
右变横-B2	17.0	3.5	12.0	2.5	33.0	6.8
右变纵 1-B	—	—	29.0	5.9	—	—
右变纵 3-B	—	—	−2.0	−0.4	−91.0	−18.7

在砂箱预压和卸载的过程中，梁部最大的压应力发生在的第四根中横梁的顶部(即 1/4 横-T)，最大值为 31.2 MPa；最大拉应力产生在 1/4 截面处东侧系梁内侧，最大值为 20.9 MPa。

2)预压过程中大型临时工程钢管支架的应力应变监测

根据现场测点布置情况，并结合现场预压方案(只预压半跨)，监控预压时钢柱应力变化情况，监测结果如表 9-3 所示。

表 9-3　新开河桥砂箱预压荷载效应实测值表

测点	荷载工况					
	第一个砂箱	第二个砂箱	第三个砂箱	第四个砂箱	第五个砂箱	合计
1	—	—	—	—	—	—
2	—	—	—	—	—	—
3	1.6	1.6	0.8	−1.4	−0.6	2
4	1.4	−3	−0.6	1.4	−1.2	−2
5	−5	5.2	—	—	0	—
6	−6	−0.8	−5.8	−3.8	−4	−20.4
7	−2.8	−0.8	−4	−0.2	−1.4	−9.2

续上表

测点	荷载工况					
	第一个砂箱	第二个砂箱	第三个砂箱	第四个砂箱	第五个砂箱	合计
8	0	−0.4	−4.8	−4.2	−2	−11.4
9	−0.6	−0.2	—	—	—	—
10	—	—	—	—	—	—
11	−9.4	0.8	8.8	−2.4	1.2	−1
12	−0.6	−1.0	−5.6	−3	−0.4	−10.6
13	−6.2	−1.2	−5	2.6	0.6	−9.2
14	0	−1.6	0.2	0.4	−1.2	−2.2
15	−4.4	−2.6	−0.4	0.4	0	−7
16	−1.6	1.0	−1.2	−1.4	0.2	−3
17	2.8	−1.4	0.2	−0.8	−0.6	0.2
18	−5.6	0.4	−2.4	0.6	0.4	−6.6
19	−1.6	−3	1	0.6	0.4	−2.6
20	0	0.2	—	—	—	—
21	2.2	−3	3.6	0.2	0	3
22	−3	1.4	−1.8	3.6	1.2	1.4
23	0	−1.8	1.6	0.2	0	0
24	2	−1.6	1.2	−0.4	−0.8	0.4
25	2	−0.6	1.8	−0.8	−0.2	2.2
26	−8	3	−2.6	2.6	1.4	−3.6

注：1. 表中的—代表没有读数；

2. 表中第一个砂箱、第二个砂箱、第三个砂箱、第四个砂箱、第五个砂箱分别为加载第一、二、三、四、五个砂箱前后钢柱应力的差值；合计为五个砂箱的总效应值。

从统计表中可以看出，在预压阶段，6、7、8 号测点处应力最大，因为砂袋大多集中在这个位置，同时该位置最大压力值为 20.4 MPa，远远小于结构的允许应力值，因此结构是安全的。

9.3.3 预压过程中结构的应力应变实测值与计算值对比

预压过程中梁上应力实测值与计算值对比，如表 9-4 所示。

表 9-4 预压过程中梁上应力实测值与计算值对比表

位置	实测值	理论值	位置	实测值	理论值
	应力(MPa)	应力(MPa)		应力(MPa)	应力(MPa)
左变系 1-T	−5.2	−3.1	左变纵 1-B	−4	5
左变系 2-T	−5.4	−3.6	左变纵 3-T	−1.8	−6.2
左变横-T	−21	−6.9	左变纵 3-B	−4.4	5.9
左变横-B	8.2	−1.4	1/4 系 1-T	−2.8	−4.4
左变纵 1-T	−7.8	−4.9	1/4 系 1-B	2.8	5.4

续上表

位置	实测值	理论值	位置	实测值	理论值
	应力(MPa)	应力(MPa)		应力(MPa)	应力(MPa)
1/4 系 2-B	−0.2	5	跨中纵 1-B	−2.8	1.3
1/4 横-T	−30.4	−26.2	跨中纵 3-T	−0.6	−1.6
1/4 横-B	0	19	跨中纵 3-B	−3.2	1.5
1/4 纵 2-T	−5.4	−14	3/4 系 1-T	1	−0.9
1/4 纵 2-B	0	15.2	3/4 横-T	−5.2	−0.1
1/4 纵 4-T	−7.4	−13.1	3/4 横-B	−6.2	−0.1
1/4 纵 4-B	4.6	13.2	3/4 纵 4-T	−0.6	−0.5
跨中系 1-T	0.4	1.3	3/4 纵 3-B	−7.4	0.6
跨中系 1-B	−0.6	1.2	右变系 1-B	−3	0.1
跨中系 2-T	−3.6	−1.3	右变系 2-B	−6	0.1
跨中系 2-B	−4	1.2	右变横-F	−2.8	0.05
跨中横-T	−13	0.2	右变横-B1	−5	0.2
跨中横-B	−3.6	−0.4	右变横-B2	−4	0.19
跨中纵 1-T	−1	−1.5	右变纵 3-B	−1.4	0.3

注:实测值里包含有温度力的影响(一般为 2～3 MPa,最大可达 10 MPa)。

9.3.4 过架桥机和运梁过程中结构的应力应变实测值

过架桥机和运梁过程中梁上最大应力应变实测值,如表 9-5 所示。

(1)架桥机在架梁时,306 号墩处端横梁下部钢柱应力的实测值,如表 9-5 所示。

表 9-5 架梁时 306 号墩处端横梁下部钢柱应力的实测值表

工况 位置	前支腿承压在端横梁上	梁前端吊运到跨中	梁前端吊运到306 号墩	梁支撑到支座	架桥机前支腿已抬起
	应力(MPa)	应力(MPa)	应力(MPa)	应力(MPa)	应力(MPa)
1 号柱左侧	−8.6	−33.2	−79.3	−32.0	−32.2
1 号柱中间	−8.6	−38.5	−70.5	−8.4	−26.2
2 号柱中间	−24.6	−62.7	−119.3	−35.1	−10.9
2 号柱右侧	−2.1	−30.3	−60.9	−11.7	−10.9
端横梁内 2 号方柱	−11.1	−26.2	−38.1	−17.4	−9.0

在架桥机跨上端横梁,并架设 305 号与 306 号墩之间的简支梁的过程中,306 号墩处端横梁下部钢柱实测最大压应力为−119.3 MPa。

(2)过架桥机和运梁过程中梁部各截面最大应力、应变实测值,如表 9-6 所示。

表 9-6 过架桥机和运梁过程中梁部各截面最大应力、应变实测值表

工 况	过架桥机		运第一片梁		运第二片梁		运第三片梁		运第五片梁	
截面位置	应变	应力(MPa)	应变	应力(MPa)	应变	应力(MPa)	应变	应力(MPa)	应变	应力(MPa)
左变系 1-T	-5.0	-1.0	-28.0	-5.7	-13.0	-2.7	-17.0	-3.5	-6.0	-1.2
左变系 1-F2	4.0	0.8	-19.0	-3.9	-11.0	-2.3	-24.0	-4.9	-10.0	-2.1
左变系 2-T	8.0	1.6	-12.0	-2.5	-148.0	-30.3	-16.0	-3.3	-5.0	-1.0
左变系 2-F1	9.0	1.8	-4.0	-0.8	3.0	0.6	-18.0	-3.7	4.0	0.8
左变系 2-F2	-13.0	-2.7	-23.0	-4.7	-18.0	-3.7	-7.0	-1.4	5.0	1.0
左变横-T	-105.0	-21.5	-122.0	-25.0	-113.0	-23.2	-59.0	-12.1	-61.0	-12.5
左变横-B	86.0	17.6	125.0	25.6	132.0	27.1	77.0	15.8	62.0	12.7
左变纵 1-T	-50.0	-10.3	-24.0	-4.9	-10.0	-2.1	-43.0	-8.8	-38.0	-7.8
左变纵 1-B	29.0	5.9	3.0	0.6	6.0	1.2	-12.0	-2.5	-3.0	-0.6
左变纵 3-T	6.0	1.2	-21.0	-4.3	-8.0	-1.6	-47.0	-9.6	-35.0	-7.2
左变纵 3-B	19.0	3.9	6.0	1.2	15.0	3.1	-5.0	-1.0	6.0	1.2
1/4 系 1-T	-55.0	-11.3	-62.0	-12.7	—	0.6	6.0	1.2	-21.0	-4.3
1/4 系 1-F1	3.0	0.6	-35.0	-7.2	—	-7.0	-27.0	-5.5	-20.0	-4.1
1/4 系 1-F2	114.0	23.4	76.0	15.6	—	11.7	-51.0	-10.5	-35.0	-7.2
1/4 系 1-B	24.0	4.9	-8.0	-1.6	—	—	-30.0	-6.2	-14.0	-2.9
1/4 系 2-T	2.0	0.4	-20.0	-4.1	4.0	0.8	7.0	1.4	26.0	5.3
1/4 系 2-F1	85.0	17.4	50.0	10.3	60.0	12.3	-13.0	-2.7	5.0	1.0
1/4 系 2-F2	20.0	4.1	4.0	0.8	9.0	1.8	6.0	1.2	15.0	3.1
1/4 系 2-B	-1.0	-0.2	—	—	—	—	-15.0	-3.1	-6.0	-1.2
1/4 横-T	-45.0	-9.2	-189.0	-38.7	-165.0	-33.8	-68.0	-13.9	-31.0	-6.4
1/4 纵 2-T	3.0	0.6	-38.0	-7.8	-59.0	-12.1	-45.0	-9.2	-22.0	-4.5
1/4 纵 2-B	20.0	4.1	12.0	2.5	-28.0	-5.7	-23.0	-4.7	-6.0	-1.2
1/4 纵 4-T	14.0	2.9	-35.0	-7.2	-22.0	-4.5	-24.0	-4.9	3.0	0.6
1/4 纵 4-B	12.0	2.5	53.0	10.9	53.0	10.9	-14.0	-2.9	-1.0	-0.2
跨中系 1-T	33.0	6.8	-9.0	-1.8	9.0	1.8	-24.0	-4.9	-14.0	-2.9
跨中系 1-F1	46.0	9.4	34.0	7.0	32.0	6.6	12.0	2.5	20.0	4.1
跨中系 1-F2	28.0	5.7	-17.0	-3.5	-8.0	-1.6	-30.0	-6.2	-18.0	-3.7
跨中系 1-B	29.0	5.9	11.0	2.3	0.0	0.0	-26.0	-5.3	-15.0	-3.1
跨中系 2-T	3.0	0.6	-33.0	-6.8	—	—	-34.0	-7.0	-23.0	-4.7
跨中系 2-F1	11.0	2.3	-3.0	-0.6	—	—	-22.0	-4.5	-14.0	-2.9
跨中系 2-F2	41.0	8.4	13.0	2.7	—	—	-12.0	-2.5	-4.0	-0.8
跨中系 2-B	23.0	4.7	15.0	3.1	—	—	-3.0	-0.6	11.0	2.3
跨中横-T	1.0	0.2	-115.0	-23.6	-8.0	-1.6	-119.0	-24.4	-107.0	-21.9
跨中横-B	-7.0	-1.4	170.0	34.9	58.0	11.9	135.0	27.7	164.0	33.6

续上表

工　况	过架桥机		运第一片梁		运第二片梁		运第三片梁		运第五片梁	
截面位置	应变	应力(MPa)	应变	应力(MPa)	应变	应力(MPa)	应变	应力(MPa)	应变	应力(MPa)
跨中纵 1-T	8.0	1.6	−41.0	−8.4	—	—	−67.0	−13.7	−60.0	−12.3
跨中纵 1-B	6.0	1.2	−3.0	−0.6	—	—	−23.0	−4.7	−10.0	−2.1
跨中纵 3-T	34.0	7.0	−11.0	−2.3	—	—	−57.0	−11.7	−45.0	−9.2
跨中纵 3-B	−16.0	−3.3	13.0	2.7	—	—	−12.0	−2.5	−17.0	−3.5
3/4 系 1-T	−2.0	−0.4	−18.0	−3.7	−10.0	−2.1	−10.0	−2.1	−21.0	−4.3
3/4 系 1-F1	44.0	9.0	26.0	5.3	28.0	5.7	7.0	1.4	22.0	4.5
3/4 系 1-F2	34.0	7.0	−8.0	−1.6	0.0	0.0	−23.0	−4.7	16.0	3.3
3/4 系 2-T	104.0	21.3	81.0	16.6	—	—	136.0	27.9	105.0	21.5
3/4 系 2-F1	22.0	4.5	−2.0	−0.4	—	—	7.0	1.4	14.0	2.9
3/4 系 2-F2	306.0	62.7	−13.0	−2.7	—	—	−4.0	−0.8	6.0	1.2
3/4 横-T	23.0	4.7	−108.0	−22.1	−16.0	−3.3	−125.0	−25.6	−117.0	−24.0
3/4 横-F	20.0	4.1	−9.0	−1.8	—	—	−12.0	−2.5	−5.0	−1.0
3/4 横-B	80.0	16.4	188.0	38.5	—	—	186.0	38.1	199.0	40.8
3/4 纵 2-T	84.0	17.2	2.0	0.4	—	—	−30.0	−6.2	−11.0	−2.3
3/4 纵 2-B	−28.0	−5.7	−35.0	−7.2	—	—	−52.0	−10.7	16.0	3.3
3/4 纵 4-T	88.0	18.0	28.0	5.7	—	—	−11.0	−2.3	−9.0	−1.8
3/4 纵 3-B	−50.0	−10.3	−46.0	−9.4	—	—	−32.0	−6.6	21.0	4.3
右变系 1-T	12.0	2.5	−26.0	−5.3	—	—	−29.0	−5.9	−27.0	−5.5
右变系 1-F1	18.0	3.7	−29.0	−5.9	—	—	−26.0	−5.3	−16.0	−3.3
右变系 1-F2	15.0	3.1	−26.0	−5.3	—	—	−17.0	−3.5	−13.0	−2.7
右变系 1-B	43.0	8.8	11.0	2.3	—	—	−20.0	−4.1	−1.0	−0.2
右变系 2-T	35.0	7.2	−1.0	−0.2	—	—	−16.0	−3.3	−13.0	−2.7
右变系 2-F1	53.0	10.9	32.0	6.6	—	—	−26.0	−5.3	−19.0	−3.9
右变系 2-F2	38.0	7.8	−1.0	−0.2	—	—	−18.0	−3.7	5.0	1.0
右变系 2-B	34.0	7.0	−9.0	−1.8	—	—	−17.0	−3.5	2.0	0.4
右变横-T	11.0	2.3	−67.0	−13.7	—	—	−34.0	−7.0	−76.0	−15.6
右变横-F	36.0	7.4	0.0	0.0	—	—	−18.0	−3.7	−11.0	−2.3
右变横-B1	62.0	12.7	77.0	15.8	—	—	45.0	9.2	76.0	15.6
右变横-B2	80.0	16.4	48.0	9.8	—	—	11.0	2.3	33.0	6.8
右变纵 1-T	34.0	7.0	−22.0	−4.5	—	—	−40.0	−8.2	−14.0	−2.9
右变纵 1-B	−83.0	−17.0	—	—	—	—	0.0	0.0	0.0	0.0
右变纵 3-T	33.0	6.8	2.0	0.4	—	—	−19.0	−3.9	−17.0	−3.5
右变纵 3-B	−58.0	−11.9	−91.0	−18.7	—	—	−40.0	−8.2	−38.0	−7.8

过架桥机过程中，梁上最大压应力发生在沿大连—哈尔滨方向第二根中横梁顶部，其值为

—21.5 MPa;最大拉应力产生在 3/4 截面处西侧系梁外侧,其值为 62.7MPa。在运梁过程中,梁上的最大压应力发生在沿大连—哈尔滨方向第四根中横梁顶部,其值为—38.7 MPa;最大拉应力产生在沿大连—哈尔滨方向第 13 根中横梁底部,其值为 40.8 MPa。

9.3.5 运梁过程中梁上动力测试结果

1)动力测试的仪器、设备

(1)动挠度:wy—50 位移计,精度±1με。

(2)动态应变仪:江苏镇江 DHDAS386 数据采集仪。

2)动力应变和位移监控结果

监控的荷载工况为运第四、五片梁。监控内容为跨中横梁跨中断面顶缘点的动应力、系梁跨中断面顶缘点的动应力,4 号横梁的动挠度。对运梁及空车回载,均进行了监控,结果如下:

(1)运第四片梁时的监控结果:

①中横梁跨中断面梁顶缘点的动应力:

最大压为—64.89 MPa,应力—时程曲线如图 9-13 所示。

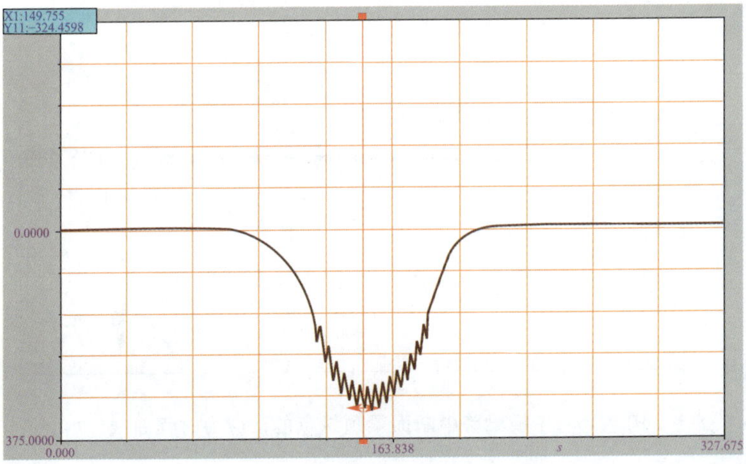

图 9-13 中横梁跨中断面梁顶缘点的动应力时程曲线

②系梁跨中断面顶缘点动应力:

最大拉应力:5.13 MPa

最大压应力:—4.98 MPa

系梁跨中断面顶缘点动应力时程曲线如图 9-14 所示。

(2)运第四片梁后,空车回载监控结果:

①中横梁跨中断面梁顶缘点的动应力:

最大压应力为—16.99 MPa,应力—时程曲线如图 9-15 所示。

②系梁跨中断面顶缘点动应力:

最大拉应力:0.87 MPa

最大压应力:—1.98 MPa

系梁跨中断面顶缘点动应力时程曲线如图 9-16 所示。

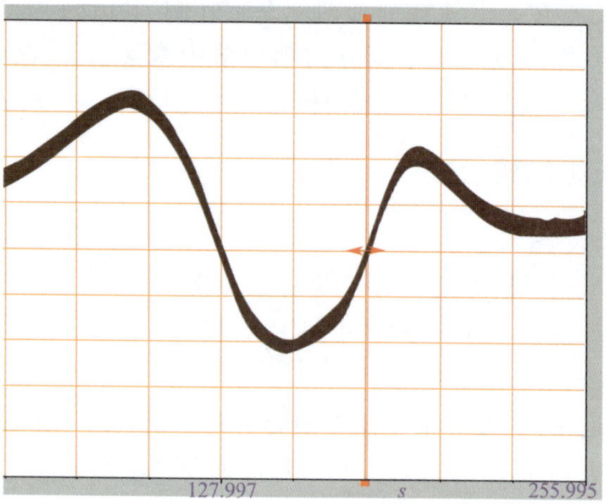

图 9-14　系梁跨中断面顶缘点的动应力时程曲线

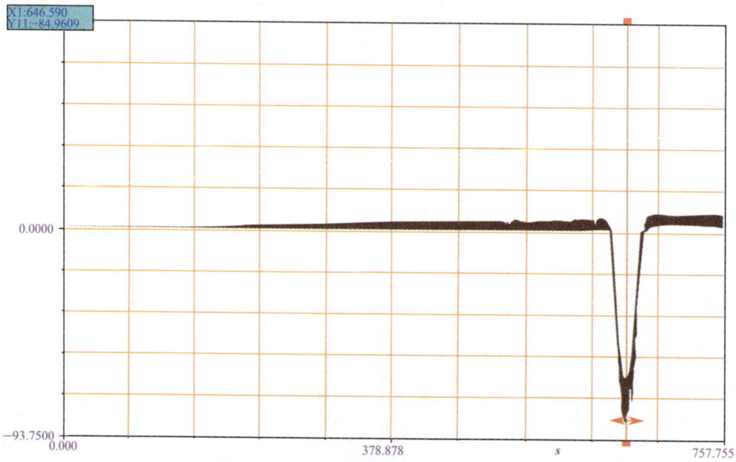

图 9-15　中横梁跨中断面梁顶缘点的动应力时程曲线

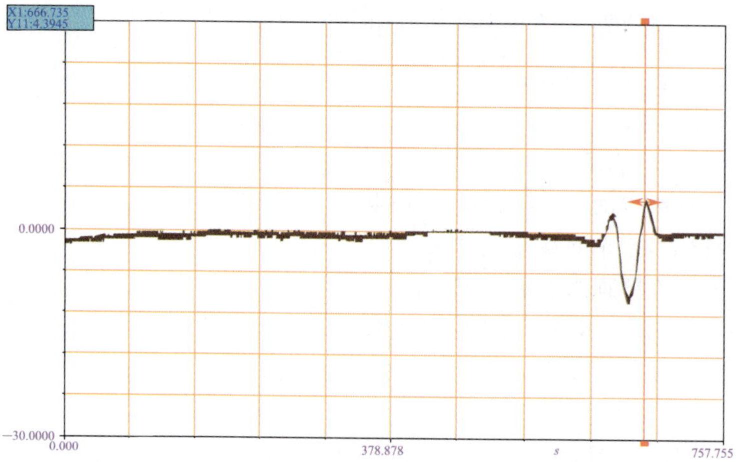

图 9-16　系梁跨中断面顶缘点的动应力时程曲线

9.3.6　钢管大型临时支撑在运梁过程中应力应变的测量

根据现场测点布置情况，并结合桥梁结构对称的特点，在监控运梁时钢柱应力变化情况，在每一片梁的运梁前后监控钢柱应力值，如表 9-7～表 9-9 所示。

表 9-7　运第一片梁的应力实测值表

测点号	新开河桥应力实测值(MPa)												
	8:50	9:00	9:02	9:04	9:06	9:08	9:10	9:12	9:14	9:16	9:18	9:20	9:22
1	—	—	—	—	—	—	—	—	—	—	—	—	—
2	—	—	—	—	—	—	—	—	—	—	—	—	—
3	7.8	8	7.6	8	5.4	2.6	2	5.2	8	7.8	8	7.4	8.4
4	—	—	—	—	—	—	—	—	—	—	—	—	—
5	−43	−41.6	−42.2	−41.2	−39.4	−33	−30.4	−34.6	−40.8	−39.8	−40.4	−39.2	−39.4
6	9.2	9.2	9.4	9.4	9	3.8	−15.4	−21.2	−6	9	9.2	9	9
7	8.4	8.6	8.6	9.2	8	7.6	−4.4	−15.8	−18.8	−1.8	3.4	0.8	3
8	−2.2	−2.4	−2.8	−2.8	−2.2	−4.4	−17.2	−35.2	−34.8	−8.6	−2.4	−3.2	−3.2
9	−41.8	−40.8	−39.6	−40.2	−41.8	−37.6	−20.4	4.8	9.8	−28.4	−37	−36.6	−34.6
10	−0.4	1.2	2	2	0	−2	−19.4	−40.8	−44.6	−13	−6.4	−4.4	−3.4
11	—	—	—	—	—	—	—	—	—	—	—	—	—
12	−12.4	−12	−11.2	−11.2	−12	−11.4	−21.8	−46.2	−69	−32.6	−9.4	−9.8	−9.6
13	—	—	—	—	—	—	—	—	—	—	—	—	
14	−11.2	−11.4	−12	−11.4	−11.4	−11.6	−13.2	−19.2	−27	−16.6	−14.2	−13.2	−14
15	18.2	17.8	17.4	17.8	18.2	19	19.4	15	−4.2	−4.8	11.8	14.6	14
16	−4.4	−4.4	−4	−4.2	−4.4	−3.2	−4.4	−14.2	−51	−44	−5	−2.8	−3.4
17	−26.2	−26.4	−26.8	−26.6	−26.8	−25.6	−26.8	−34.2	−63.6	−60.4	−30.6	−30	−30.2
18	14	13.8	13.2	13.6	14.2	15.2	13.8	1.6	−46	−39.4	4.2	10.4	9.8
19	3.2	3.2	4	3.6	3.2	4.2	5.8	4.4	−19.4	−31.4	−6	6.2	5.4
20	−11.6	−11.4	−10.4	−10.6	−12	−10.2	−10.6	−12.4	−46	−63.8	−29.6	−14.2	−13.2
21	−22	−22.8	−22.2	−22	−22.4	−22	−20.4	−22.4	−48	−60	−34.6	−24.6	−25.6
22	13.2	13.2	13.6	13.8	13.4	14.4	14.4	12.2	−20.8	−49.6	−7	5.8	5.8
23	−2.8	−3	−3.2	−3	−3.2	−2.8	−3	−3	−5.4	−14.6	−10.4	−4	−3.6
24	3.4	3.2	3	3	3.4	3	3	2.6	8.6	26	19.4	6.8	6
25	−10.6	−11	−11	−11.2	−10.8	−11	−9.8	−9.6	−19.4	−40	−30.6	−11.2	−10.8
26	30.8	31.2	31.6	31.4	31.2	31.6	32.2	33	24	−6.2	2.6	26	27.4

表 9-8　运第二片梁的应力实测值表

测点号	新开河桥应力实测值(MPa)											
	16:00	16:10	16:20	16:24	16:26	16:28	16:30	16:32	16:34	16:36	16:38	16:40
1	—	—	—	—	—	—	—	—	—	—	—	—
2	—	—	—	—	—	—	—	—	—	—	—	—
3	10.8	11	11.8	11.6	11.4	7.2	6.4	12.2	12	12.2	12.2	12.2

续上表

测点号	新开河桥应力实测值(MPa)											
	16:00	16:10	16:20	16:24	16:26	16:28	16:30	16:32	16:34	16:36	16:38	16:40
4	—	—	—	—	—	—	—	—	—	—	—	—
5	4.8	6.6	7.8	9	9.2	14.8	20.2	9.6	9.2	9.8	10	9.4
6	11.2	11.2	10.6	10.8	10.8	9.2	−12.2	−2.4	11	10.6	10.4	10.6
7	−0.8	−2	−0.4	−2.4	−2.6	−2.2	−10.8	−23.8	−1.4	−2.4	−3.2	−3
8	−5.6	−5.2	−4.4	−4.4	−4.4	−4.4	−17.2	−33.6	−2.4	−1.8	−1.8	−2.2
9	−21.2	−22.2	−24.8	−25.2	−25	−25.6	−4.4	17.4	−25	−25.6	−25.6	−23.6
10	3	−1.4	−3	−2.4	−2.2	−3.8	−22.6	−39.4	−0.2	−1.6	−2.6	−2.4
11	—	—	—	—	—	—	—	—	—	—	—	—
12	−10.2	−10.4	−11	−10.8	−10.8	−10.4	−17.8	−73.6	−10.8	−12.2	−11.8	−11
13	—	—	—	—	—	—	—	—	—	—	—	—
14	−13.4	−14.2	−14.4	−14.2	−14.4	−14.4	−16.4	−27.2	−15	−14.8	−15	−15.6
15	15.4	16	16.4	16.4	16.4	17	16.8	−3.8	17.6	16.8	16.8	16.2
16	−4.8	−5	−4.8	−4.4	−4.4	−4	−3.8	−50.6	−2.2	−3.8	−3.6	−3
17	−30.6	−31.2	−31.4	−32	−31.8	−31.6	−31.4	−66.4	−31	−32	−32	−32.4
18	12.6	12.8	13.4	13.2	13.2	16	15	−41.2	15.6	14.6	14.6	14
19	5.4	5	4.4	5	5	4.8	5.6	−18.8	4.4	5.2	5.4	5
20	−16.8	−16.4	−17	−17.8	−18.2	−17.6	−16	−48.8	−17.6	−17.8	−17.6	−16
21	−21.6	−21.6	−22	−22	−22	−22.2	−22	−46.8	−24.2	−23.2	−23.2	−23.6
22	0	0.8	0.8	1.4	1.4	1.6	2.6	−30.6	0	0.4	0.4	1.6
23	−3.8	−4.2	−4.2	−4.4	−4.4	−4.4	−4.2	−7.2	−6.4	−4.6	−4.8	−5.2
24	6.6	6.8	6.6	6.8	6.8	6.6	6	11.8	10	7	7.2	6.6
25	−9	−9.4	−9.8	−9.4	−9.6	−9.6	−9.6	−18.6	−16.2	−10.6	−10.4	−11
26	19.8	21	21.8	22	22.2	22.6	23.4	14	16.2	22.6	22.8	23.4

表 9-9　运第三片梁的应力实测值表

测点号	新开河桥应力实测值(MPa)											
	16:38	16:39	16:40	16:41	16:42	16:43	16:44	16:45	16:46	16:47	16:48	16:49
1	—	—	—	—	—	—	—	—	—	—	—	—
2	—	—	—	—	—	—	—	—	—	—	—	—
3	22	21.4	17.6	16.8	16.6	18	20.4	22	22.6	22.6	22	22
4	—	—	—	—	—	—	—	—	—	—	—	—
5	35	36.2	42	44.6	46.8	46.2	42.2	36.2	35.4	35	35.8	35.6
6	9.2	8.6	6.8	2	−9.4	−16.8	−19.6	−6	5.8	9.2	9.8	10.4
7	−6.4	−5	−7	−7.2	−13.6	−21	−27.8	−30.2	−19	−10	−8	−4.4
8	−3.6	−2.8	−3.6	−6	−13	−22.4	−34.8	−35.6	−20.6	−9.4	−4.2	−3

续上表

测点号	新开河桥应力实测值(MPa)											
	16:38	16:39	16:40	16:41	16:42	16:43	16:44	16:45	16:46	16:47	16:48	16:49
9	−20.8	−22.6	−22.6	−17.8	−6.2	10.4	23	21.2	0.4	−14	−19.8	−22
10	0	0.4	−2.2	−5.4	−15.8	−29	−42.8	−40	−24.2	−8.4	−3.4	1.4
11	—	—	—	—	—	—	—	—	—	—	—	—
12	−13.8	−14	−14.2	−14	−18.4	−28.8	−50	−80	−65.8	−41.2	−26	−15.4
13	—	—	—	—	—	—	—	—	—	—	—	—
14	−19.4	−19	−18.8	−19.6	−20.6	−23.4	−27.8	−31.6	−27.4	−22.6	−20.2	−17.6
15	18.6	18.8	19.8	19.8	19.8	19	14.6	1.6	−0.2	1.8	7.8	15
16	4	4	4.2	4.6	4.4	2.2	−6.2	−39.6	−45.4	−35.8	−22.2	−5.6
17	−34.4	−34	−33.8	−33.4	−34	−35.8	−43.2	−69.2	−71.8	−65.2	−55.8	−42.2
18	17.8	18.6	19.4	19.6	18.8	14.6	3.8	−37.2	−42	−32	−17.4	7.6
19	0.8	0.2	1.6	1.4	2.2	2.2	0	−19.4	−32	−34.6	−31	−17.8
20	−18.8	−20	−20.2	−18.8	−17.8	−18.2	−21.8	−47.8	−67.2	−68.8	−62.2	−39.4
21	−26	−26.2	−25.2	−25.8	−24.6	−24.8	−28	−47.8	−62	−63.2	−57	−44.6
22	−7	−7.4	−7.4	−6.2	−5.8	−6.4	−8.6	−35.6	−60.2	−63	−55.8	−32.6
23	−11.6	−11.2	−11.2	−11.2	−11.4	−11.2	−11.2	−13.8	−18.8	−22	−23.2	−22
24	8.8	8.8	9.4	8.6	8.6	8.6	8.6	13.8	23	30	32.2	25
25	−13.4	−13.2	−13.2	−13.4	−13.2	−12.8	−12.6	−20.2	−35	−44	−45.4	−39
26	35.2	35.2	35	36	36	36.4	36.6	28.2	12.2	1.6	0	6.8

从结果中可以看出，在运梁过程中各测点应力变化符合实际情况，基本呈现出运梁车到达哪个位置，哪个位置就出现它自身的最大压应力值，运梁车离开该位置后，压力值又相应减少。在监控过程中，所有钢柱的最大压应力值出现在 17 号测点处，及跨中位置，最大值为 71.8 MPa，远远小于结构的允许应力值，因此结构是安全的。

总体上在钢梁架设、沙箱预压、运梁过程三个阶段，通过计算分析和实验测试监控，确保了施工过程的安全可靠和科学数据为依据。

钢管支架和钢梁的应力和变形都在规范允许范围之内。实验测试和计算数据基本符合良好，保证了过架桥机和运梁的安全可靠施工。

9.4 施工阶段各构件理论计算与实测值的对比分析

9.4.1 系梁、纵梁与横梁

系梁、纵梁与横梁的各截面应力理论值与实测值对比如图 9-17～图 9-31 所示。

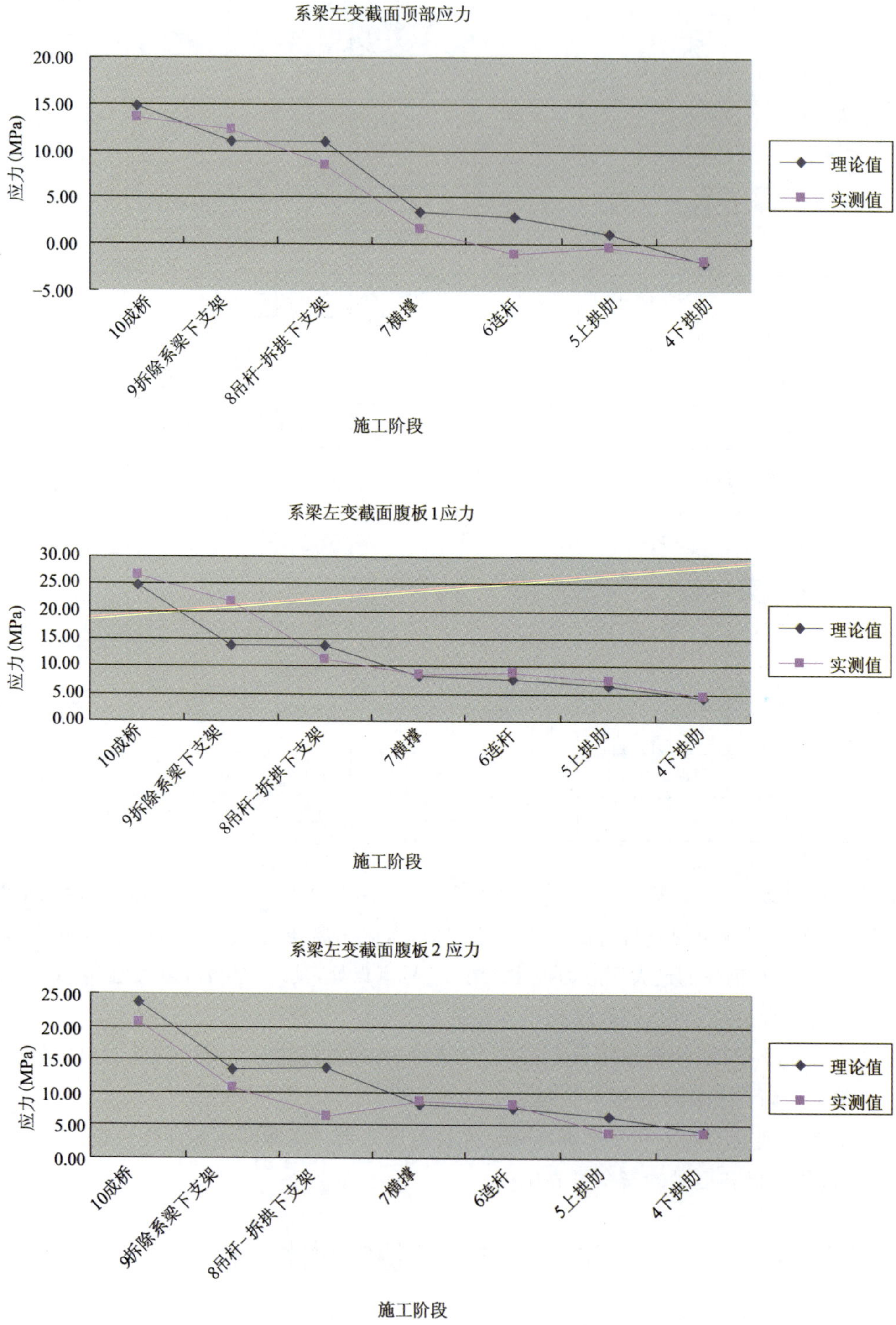

图 9-17　系梁左变截面应力理论值与实测值对比图

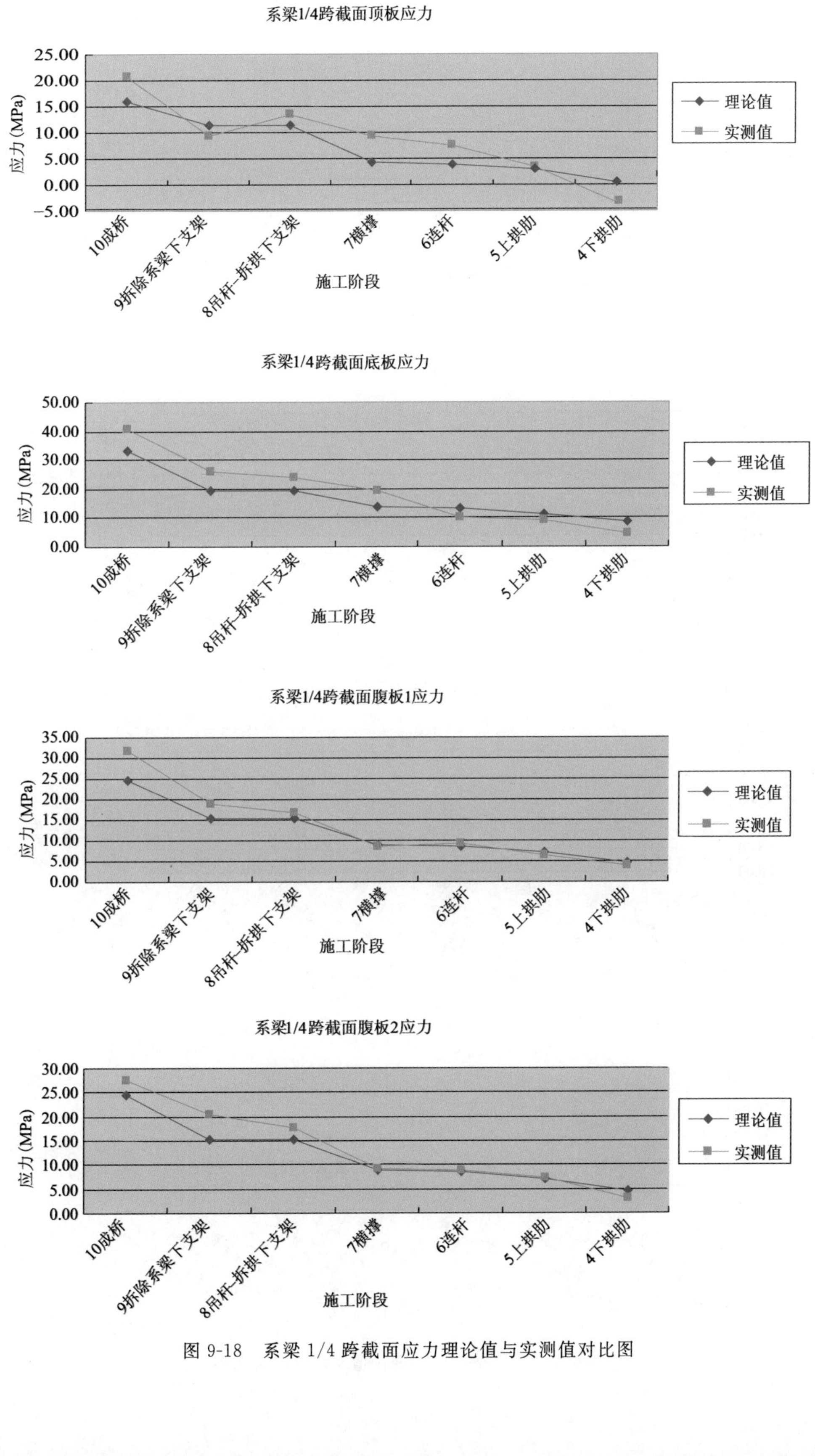

图 9-18　系梁 1/4 跨截面应力理论值与实测值对比图

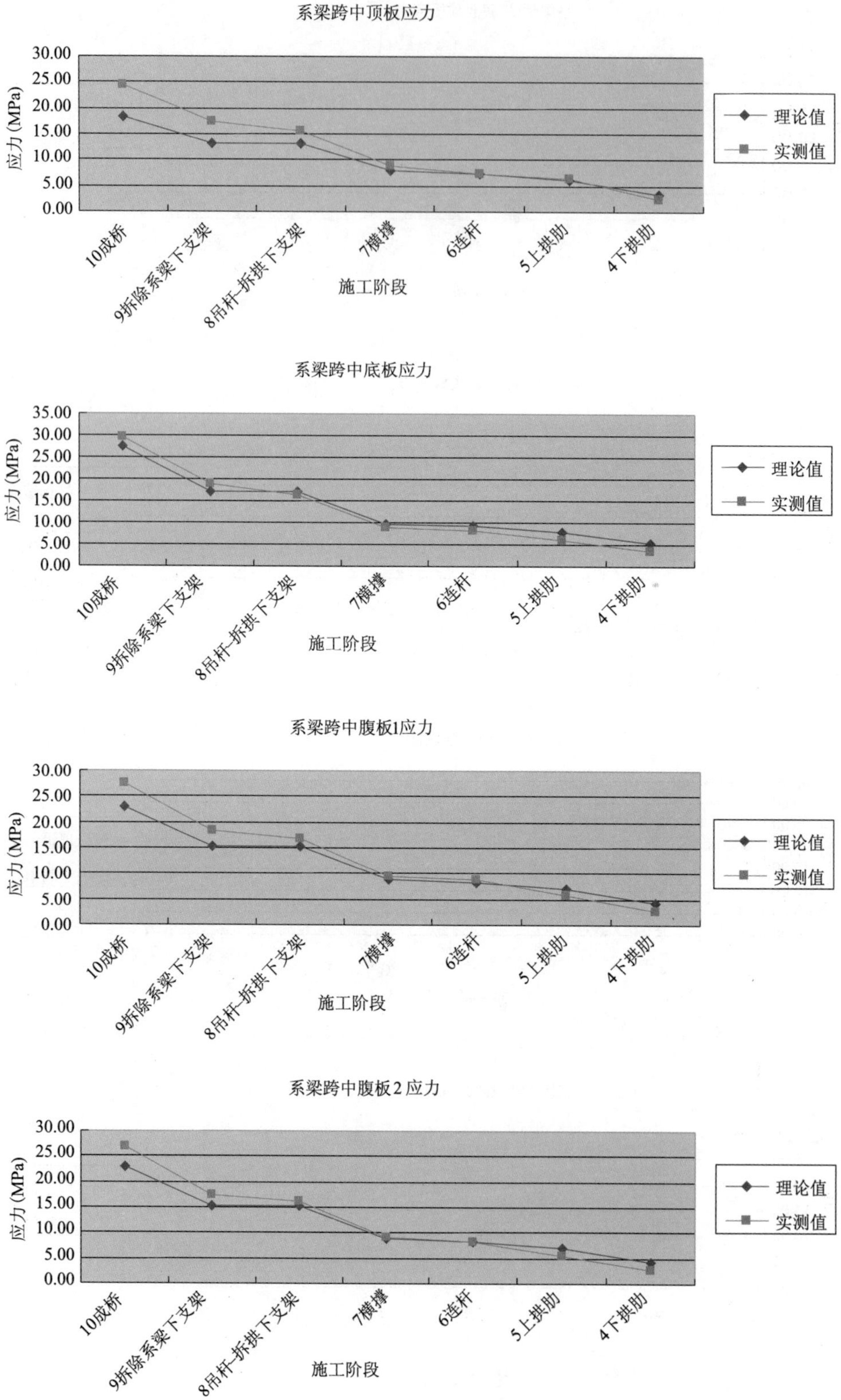

图 9-19 系梁跨中应力理论值与实测值对比图

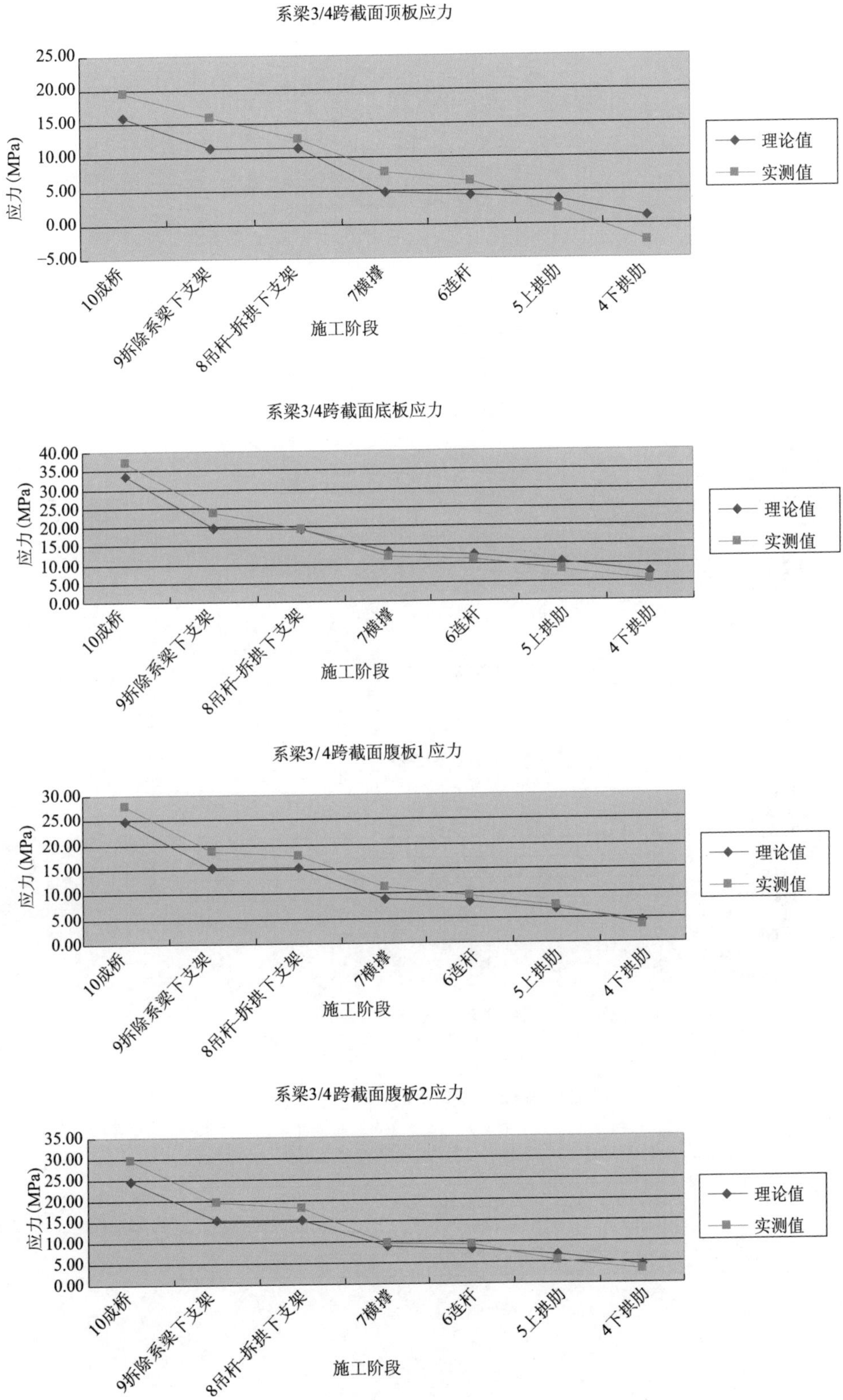

图 9-20 系梁 3/4 跨截面应力理论值与实测值对比图

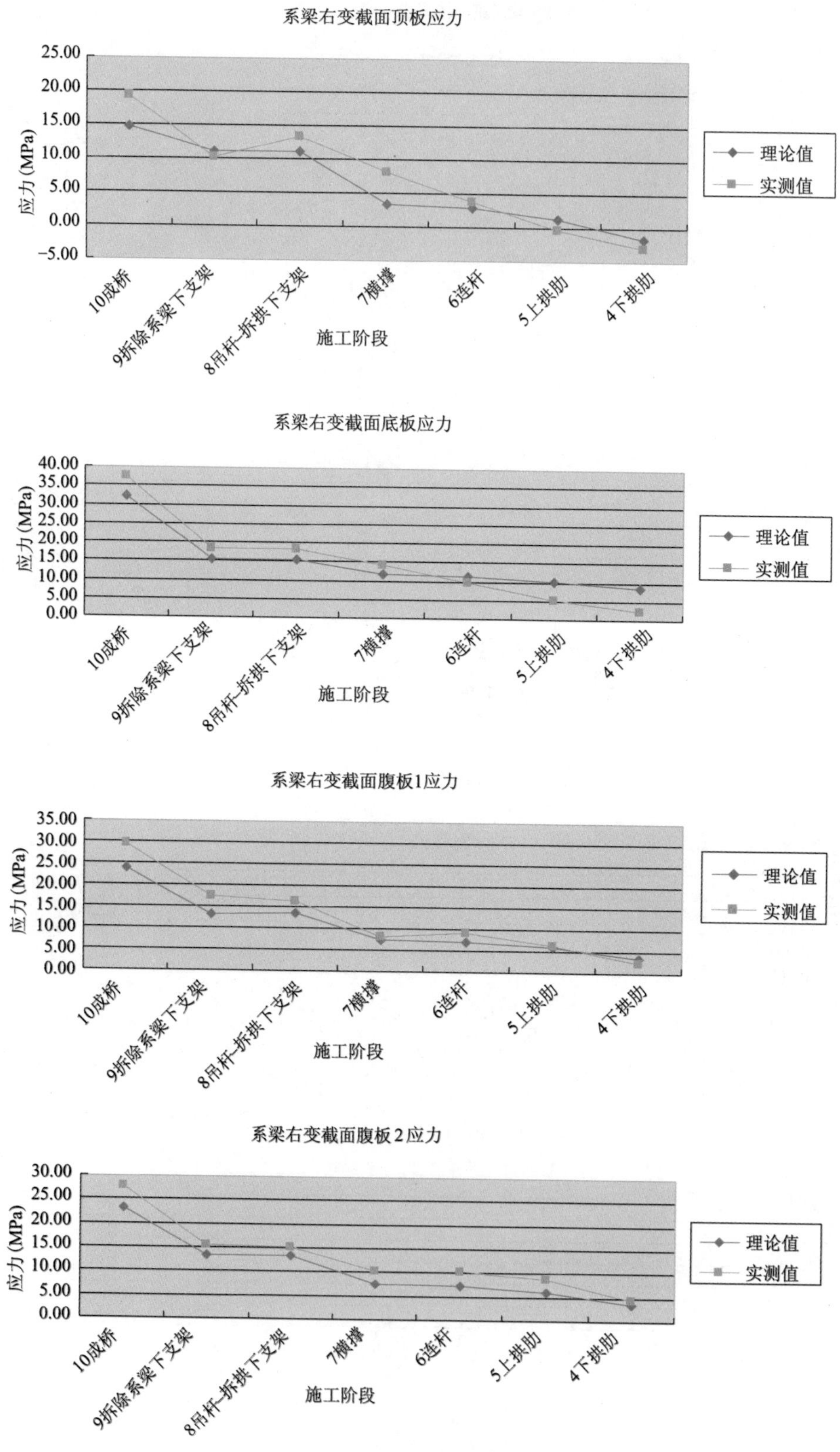

图 9-21　系梁右变截面应力理论值与实测值对比图

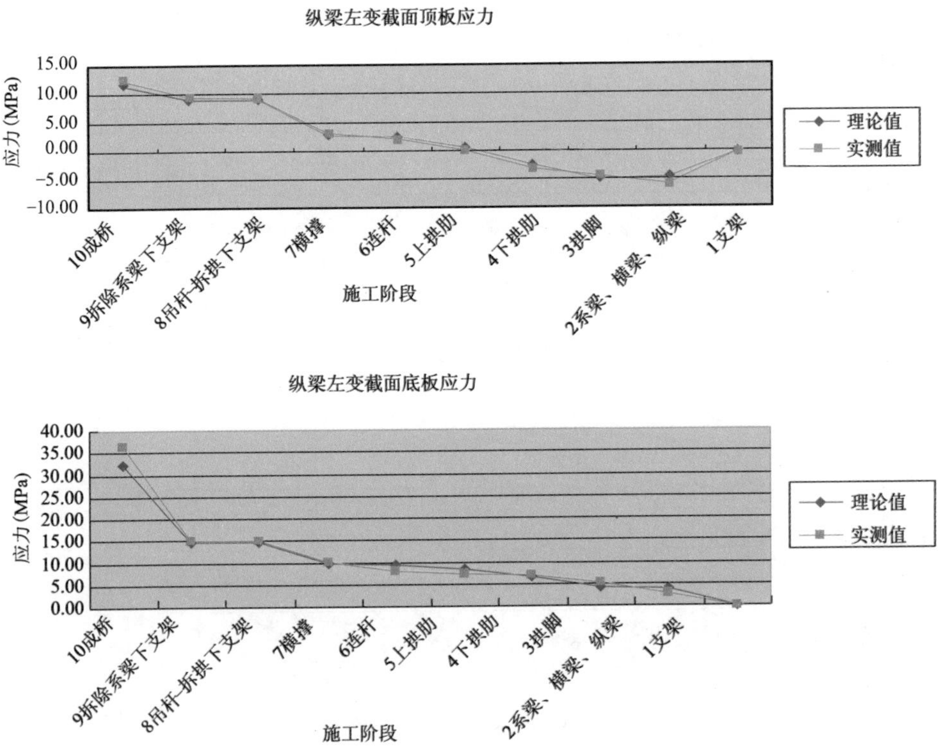

图 9-22 纵梁左变截面应力理论值与实测值对比图

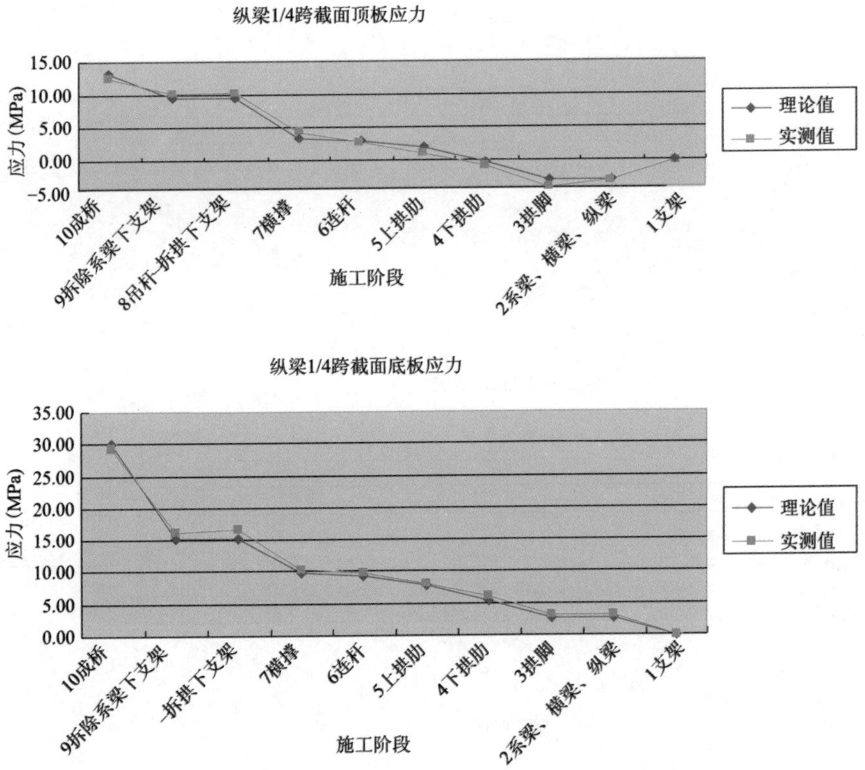

图 9-23 纵梁 1/4 跨截面应力理论值与实测值对比图

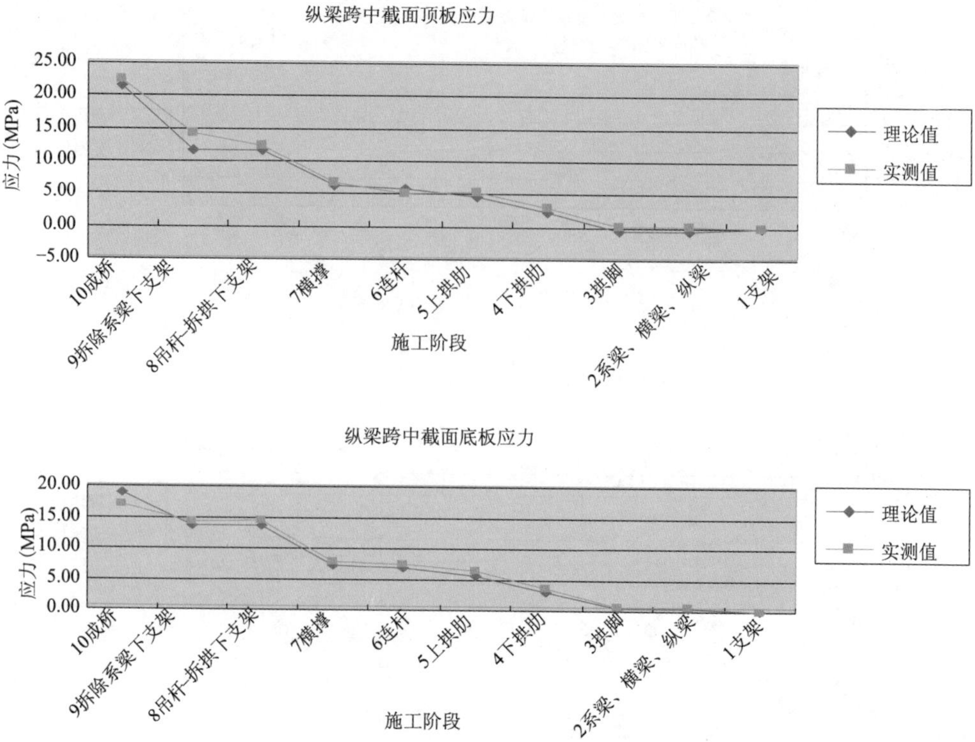

图 9-24　纵梁跨中截面应力理论值与实测值对比图

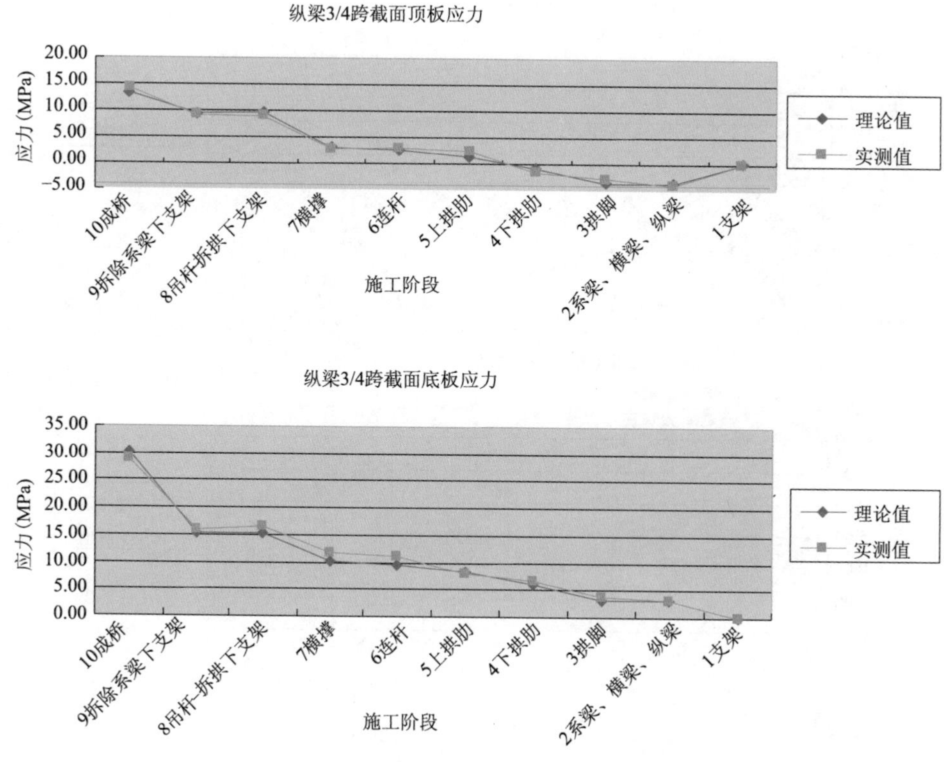

图 9-25　纵梁 3/4 跨截面应力理论值与实测值对比图

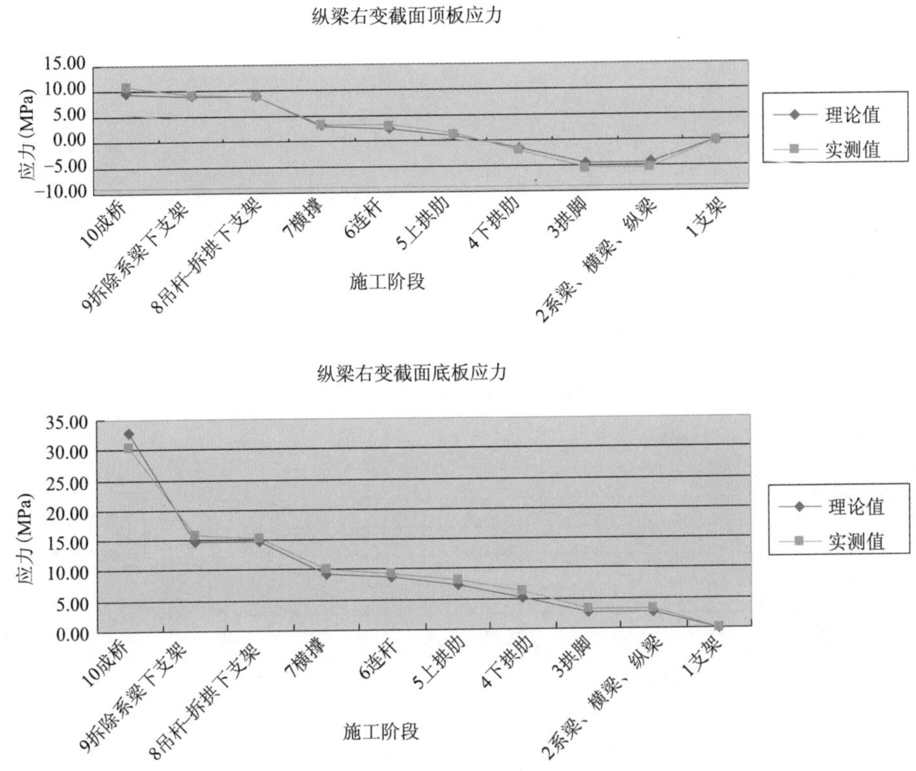

图 9-26 纵梁右变截面应力理论值与实测值对比图

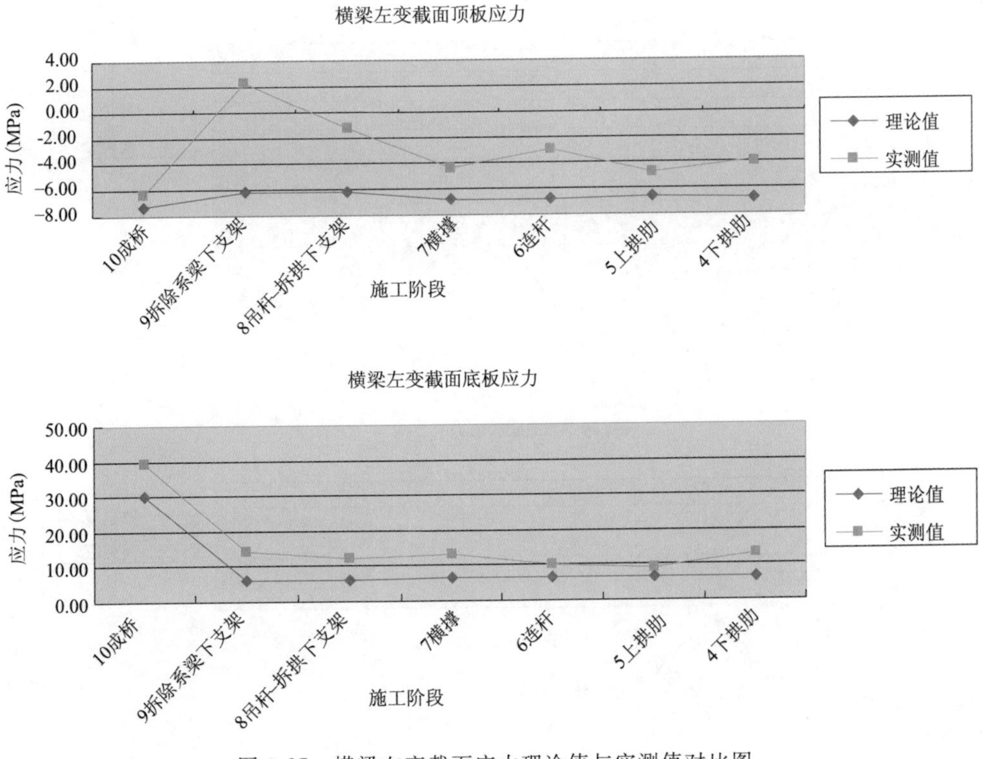

图 9-27 横梁左变截面应力理论值与实测值对比图

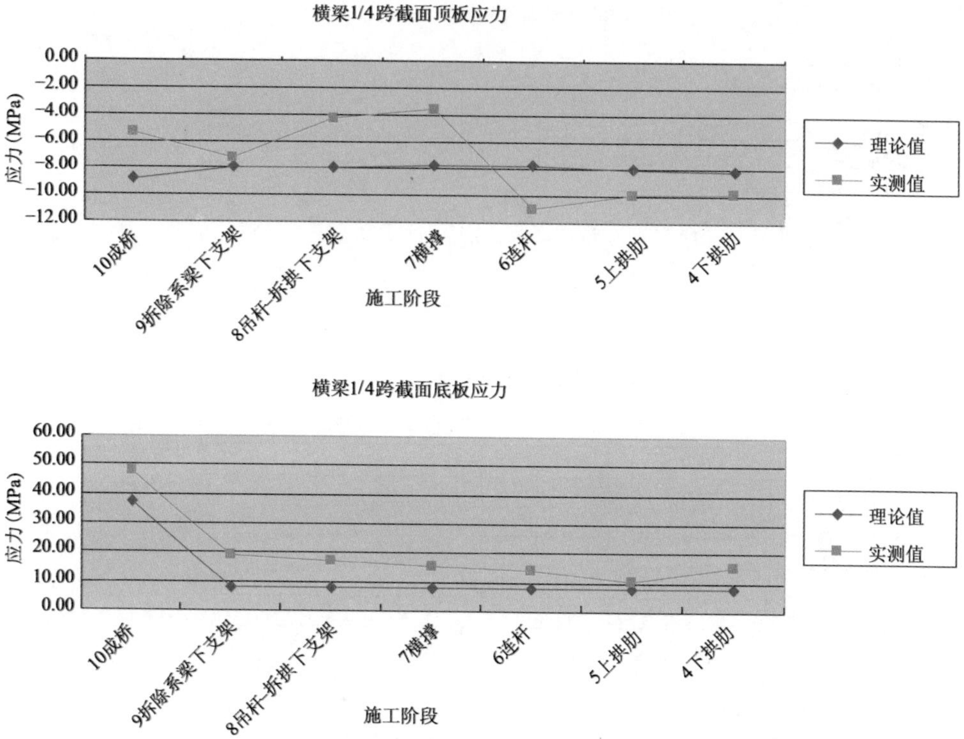

图 9-28　横梁 1/4 跨截面应力理论值与实测值对比图

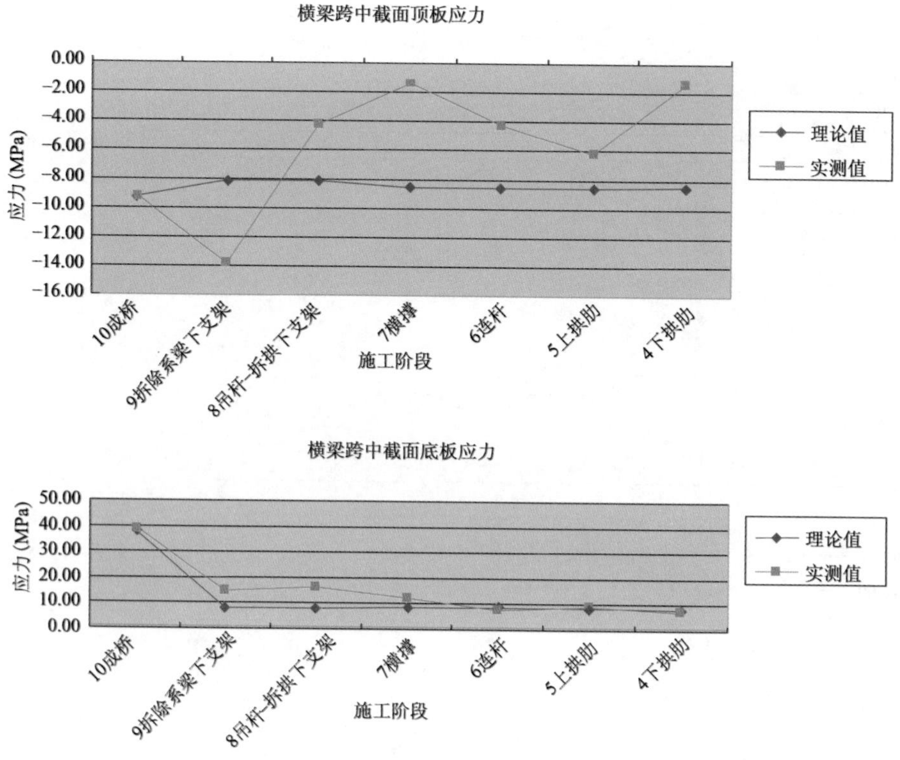

图 9-29　横梁跨中截面应力理论值与实测值对比图

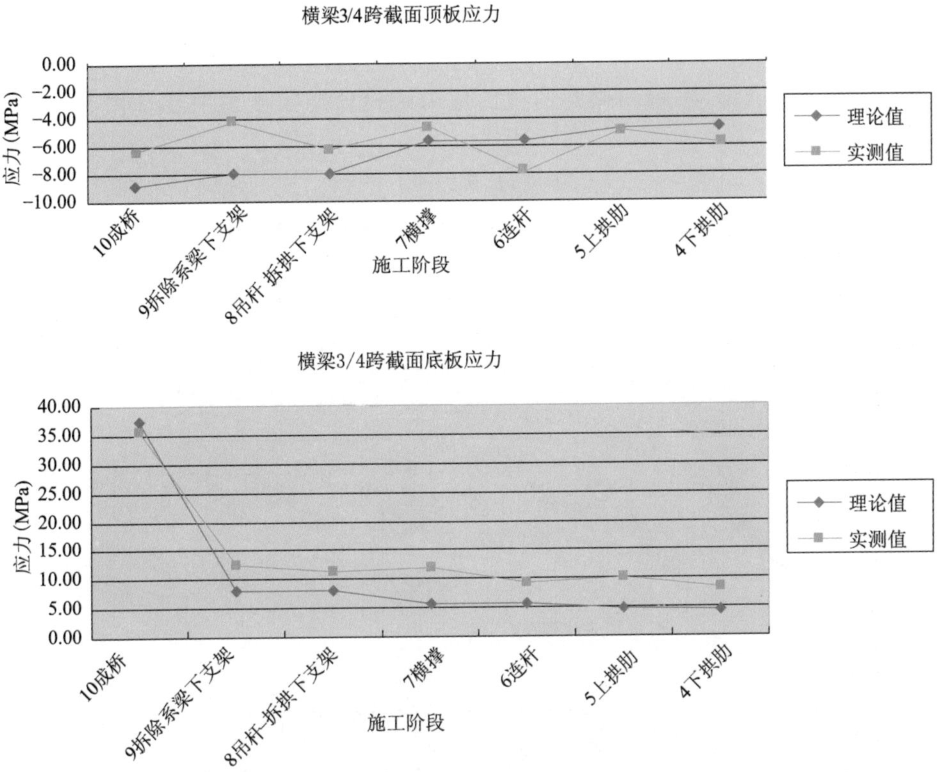

图 9-30 横梁 3/4 跨截面应力理论值与实测值对比图

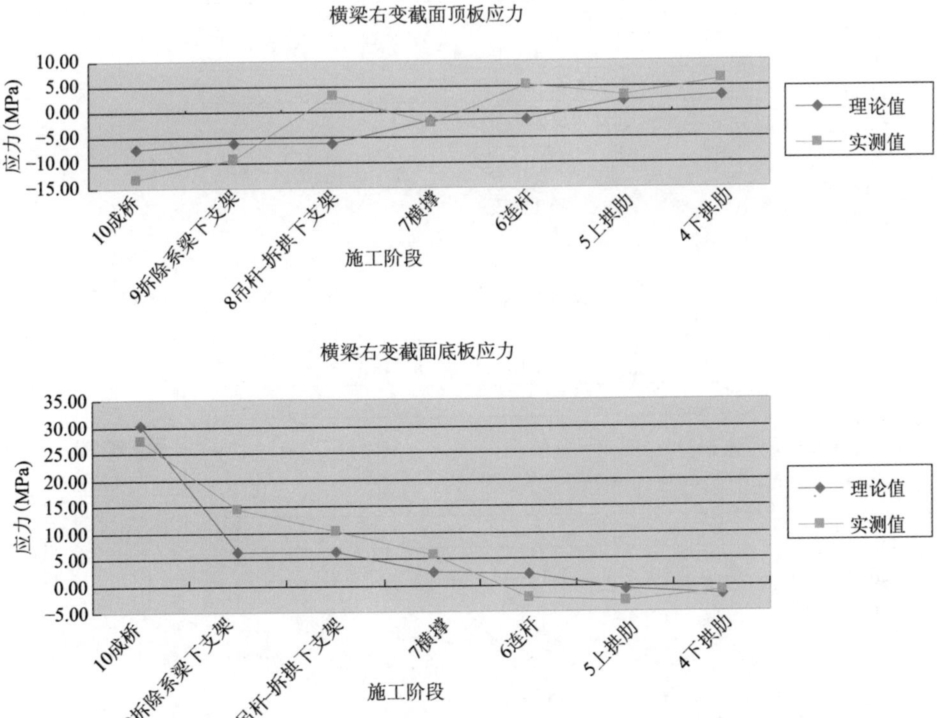

图 9-31 横梁右变截面应力理论值与实测值对比图

9.4.2 拱　　肋

钢箱叠合拱桥的拱脚、拱腹和拱肋的截面应力理论值与实测值对比如图 9-32～图 9-39 所示。

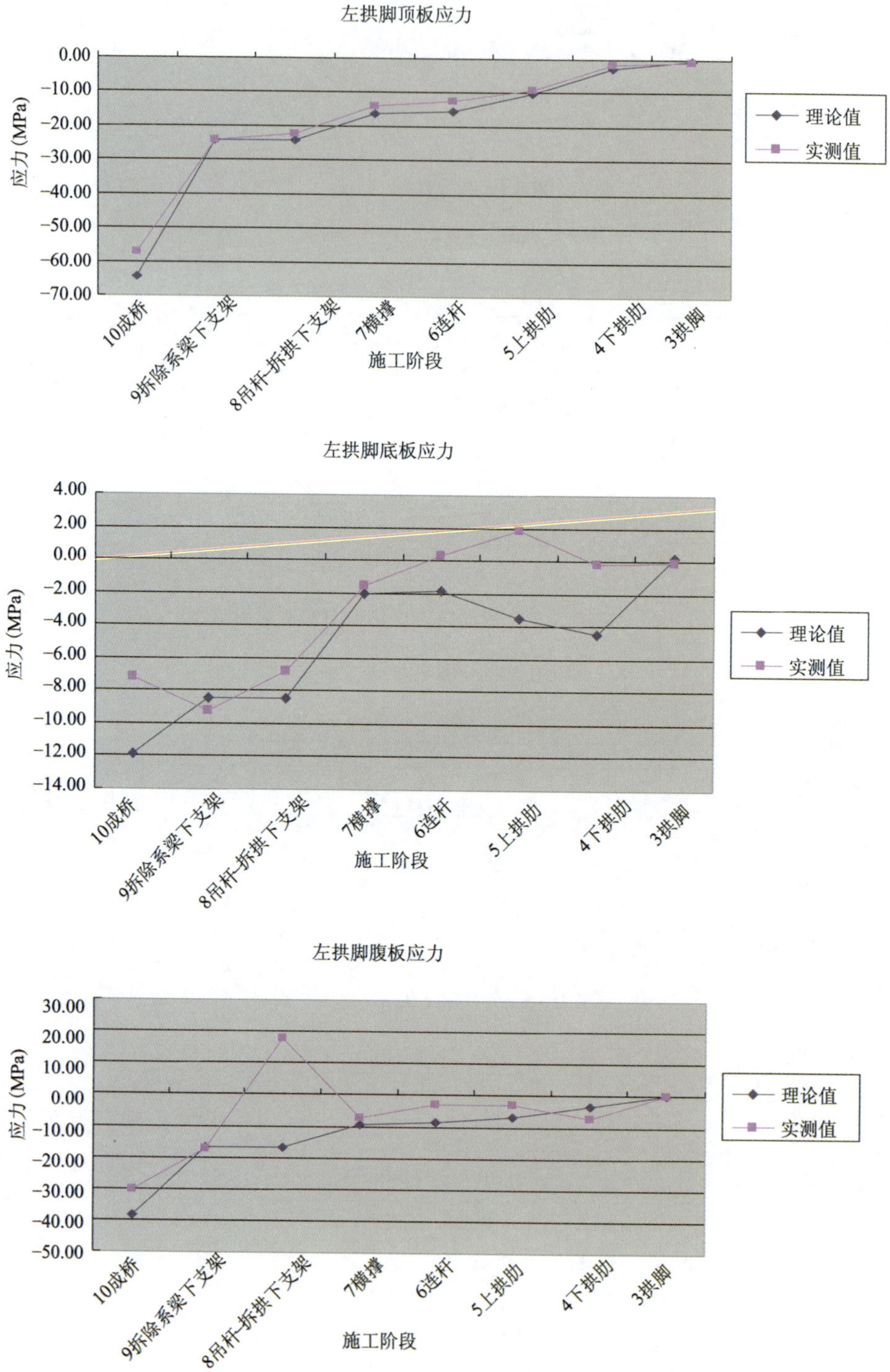

图 9-32　左拱脚截面应力理论值与实测值对比图

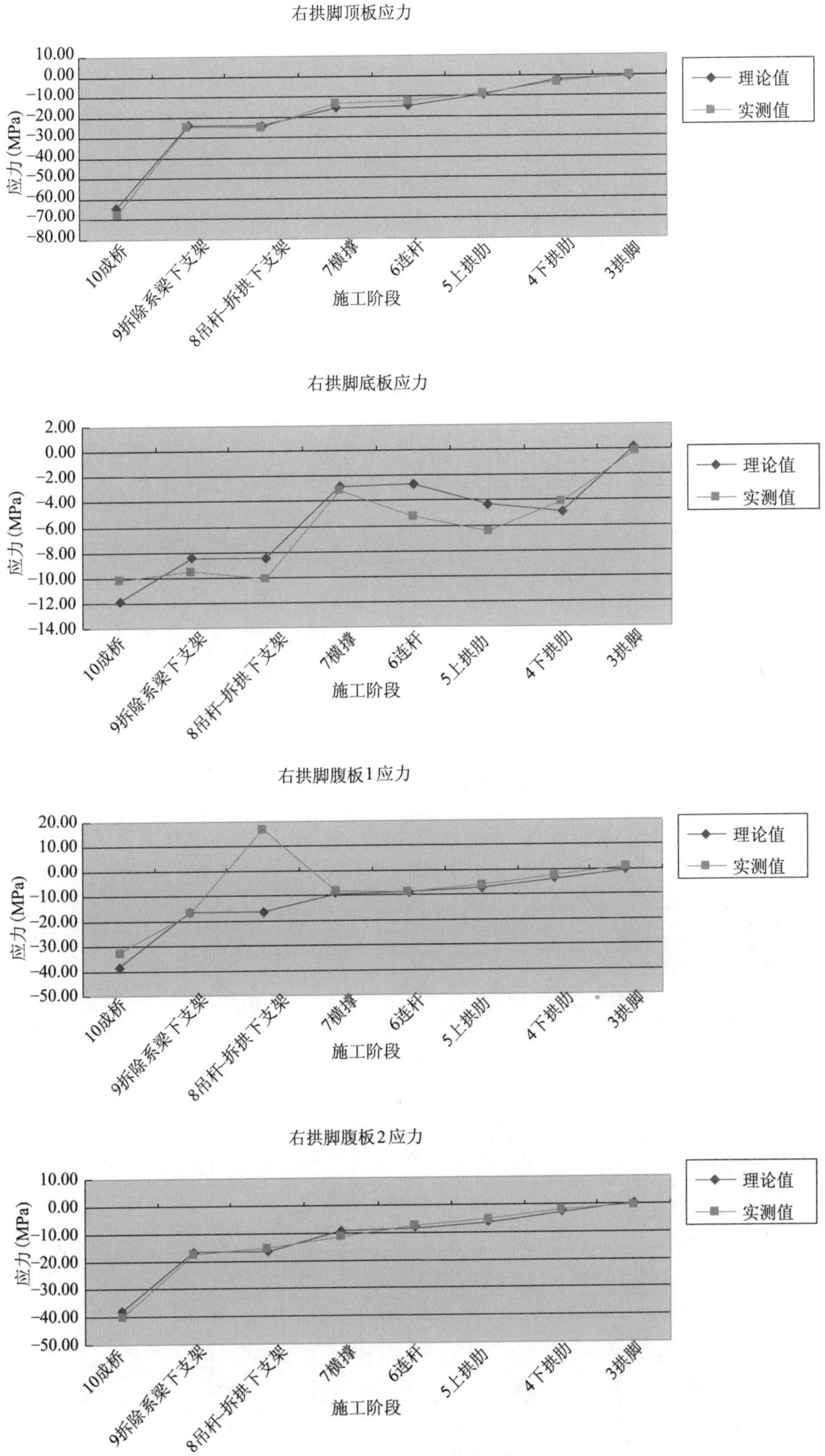

图 9-33 右拱脚截面应力理论值与实测值对比图

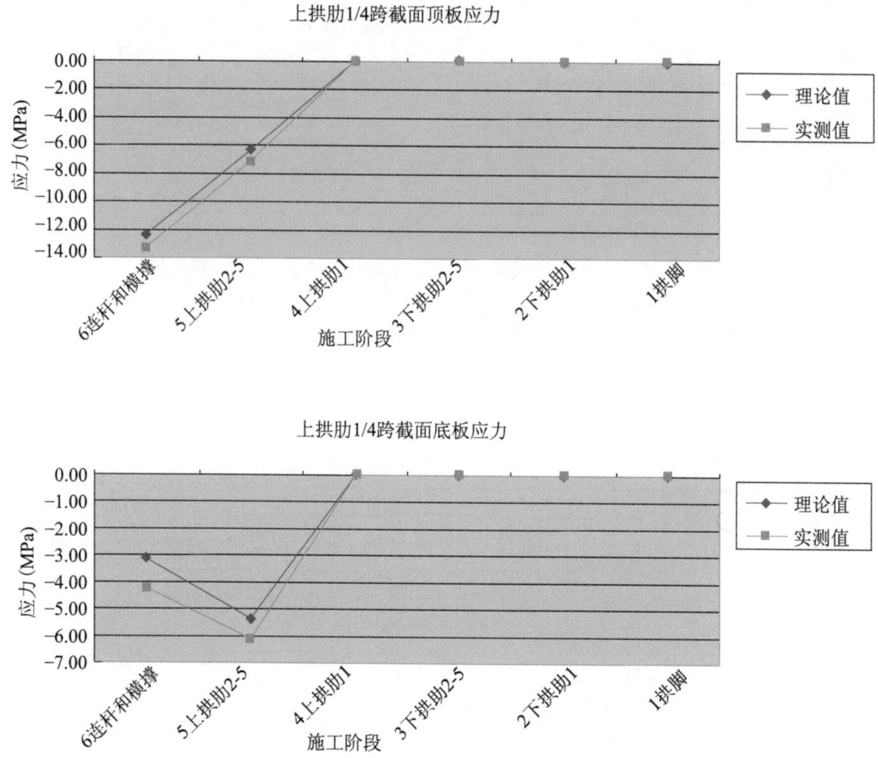

图 9-34　上拱肋 1/4 跨截面应力理论值与实测值对比图

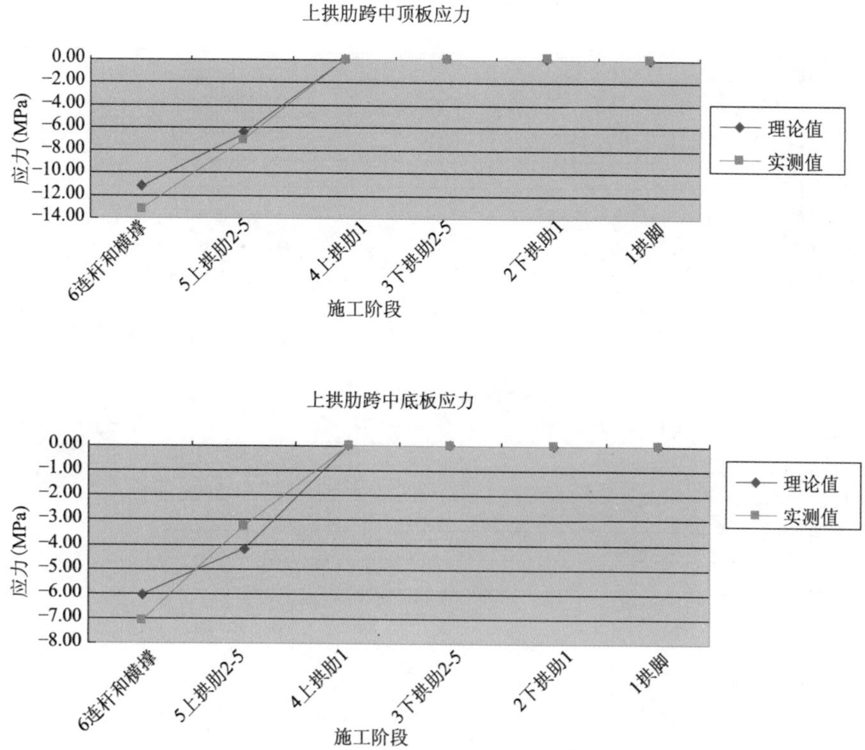

图 9-35　上拱肋跨中应力理论值与实测值对比图

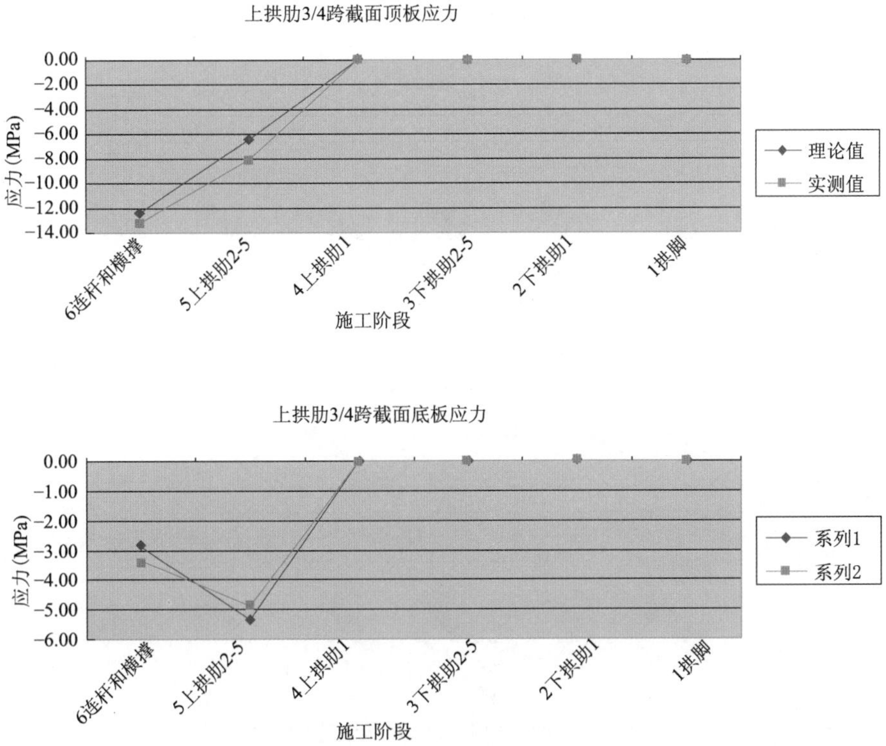

图 9-36 上拱肋 3/4 跨截面应力理论值与实测值对比图

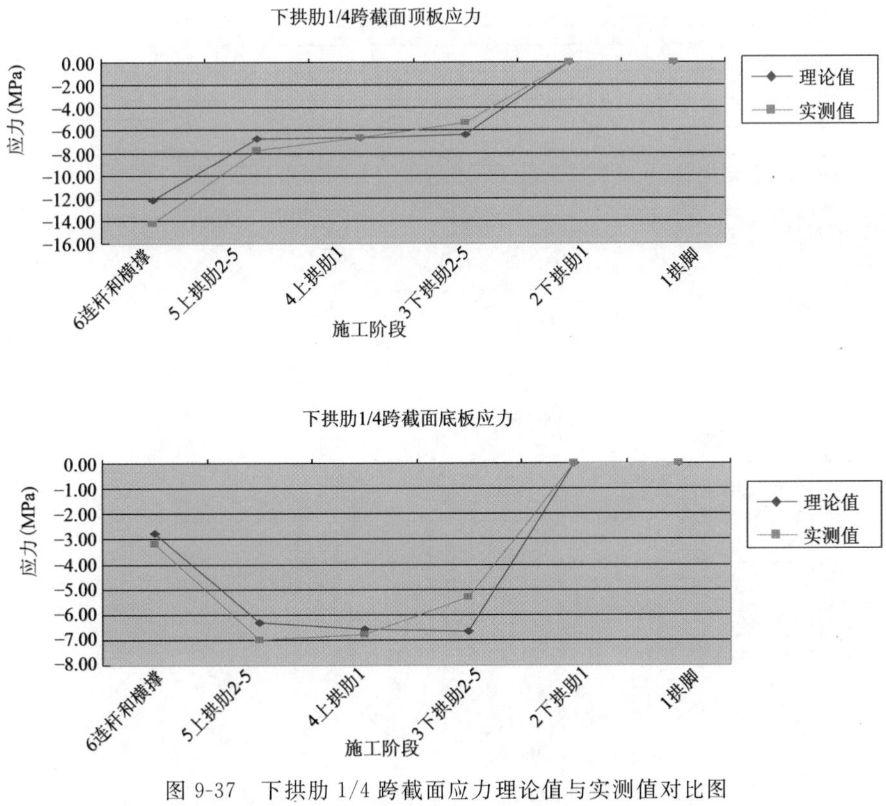

图 9-37 下拱肋 1/4 跨截面应力理论值与实测值对比图

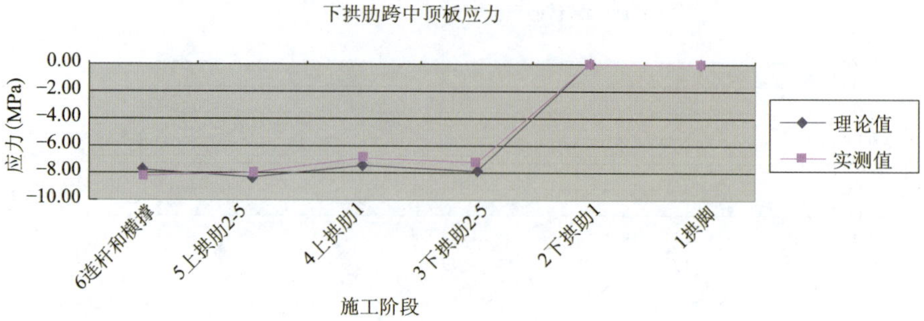

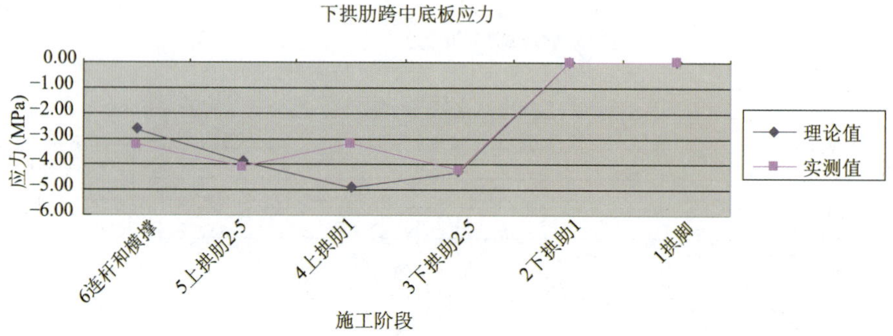

图 9-38　下拱肋跨中应力理论值与实测值对比图

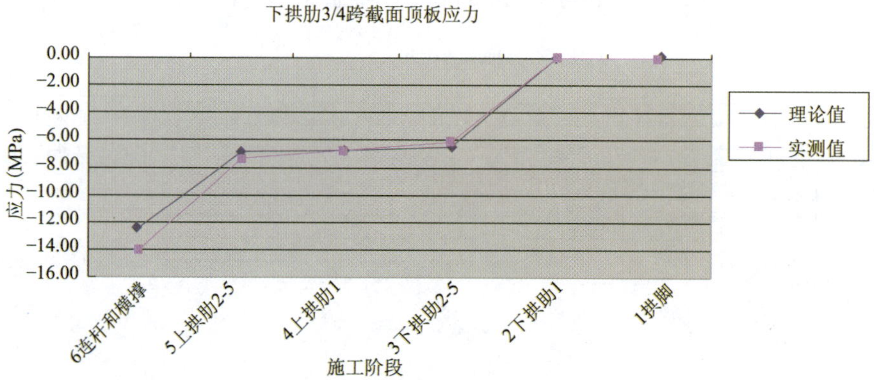

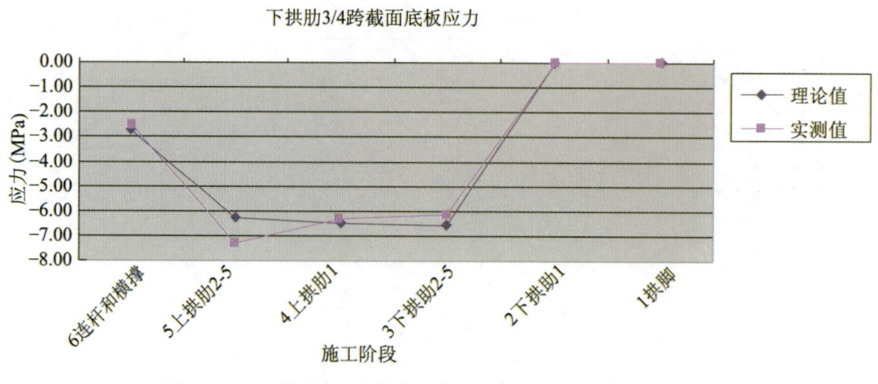

图 9-39　下拱肋 3/4 跨截面应力理论值与实测值对比图

9.4.3 吊 杆

吊杆应力实测值与理论值如表 9-10、图 9-40 和图 9-41 所示。

表 9-10 吊杆应力实测值与理论值

编号	拆除支架后			浇筑桥面板混凝土		
	理论值	实测应力	误差(%)	理论值	实测应力	误差(%)
N1	49.83	43.85	−12.01	61.12	58.16	−4.84
N2	70.92	67.26	−5.15	96.77	102.89	6.33
N3	75.88	74.07	−2.39	105.56	104.48	−1.02
N4	75.64	83.03	9.77	104.95	109.99	4.80
N5	76.43	70.52	−7.73	103.77	99.87	−3.76
N6	75.63	71.60	−5.33	103.29	99.05	−4.10
N7	75.23	62.99	−16.27	103.14	105.96	2.73
N8	75.91	74.86	−1.38	103.13	101.71	−1.38
N9	75.23	79.01	5.03	103.14	108.25	4.96
N10	75.63	81.17	7.32	103.29	101.52	−1.72
N11	76.43	74.15	−2.99	103.77	99.91	−3.72
N12	75.64	74.75	−1.1	104.95	106.95	1.91
N13	75.88	82.82	9.15	105.56	109.31	3.55
N14	70.91	67.97	−4.15	96.77	93.39	−3.49
N15	49.83	63.49	27.42	61.12	59.29	−2.99
S1	49.83	52.18	4.72	61.12	59.05	−3.39
S2	70.92	73.25	3.28	96.77	104.21	7.69
S3	75.88	87.79	15.69	105.56	107.66	1.99
S4	75.64	88.56	17.08	104.95	109.90	4.72
S5	76.43	83.38	9.09	103.77	100.46	−3.19
S6	75.63	72.42	−4.24	103.29	99.52	−3.65
S7	75.23	83.62	11.16	103.14	108.24	4.95
S8	75.91	86.95	14.55	103.13	99.30	−3.71
S9	75.23	77.88	3.53	103.14	108.42	5.12
S10	75.63	71.09	−6.00	103.29	99.02	−4.14
S11	76.43	71.67	−6.22	103.77	98.51	−5.07
S12	75.64	89.13	17.83	104.95	107.64	2.56
S13	75.88	70.46	−7.14	105.56	108.47	2.76
S14	70.91	67.35	−5.02	96.77	94.82	−2.02
S15	49.83	59.00	18.40	61.12	62.15	1.69

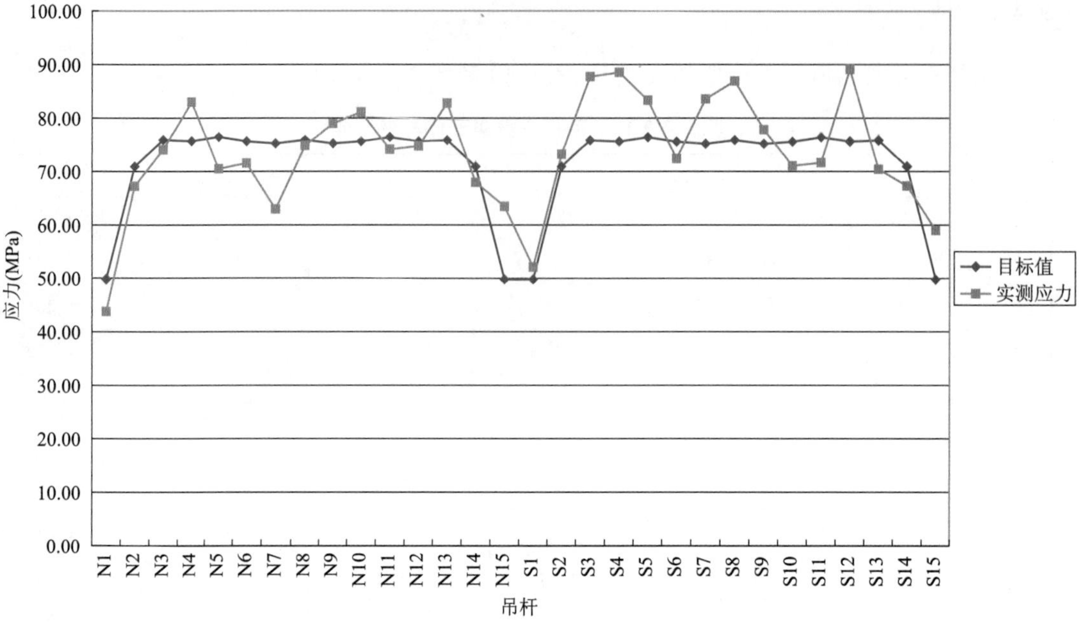

图 9-40　拆除支架后吊杆应力理论值与实测值对比

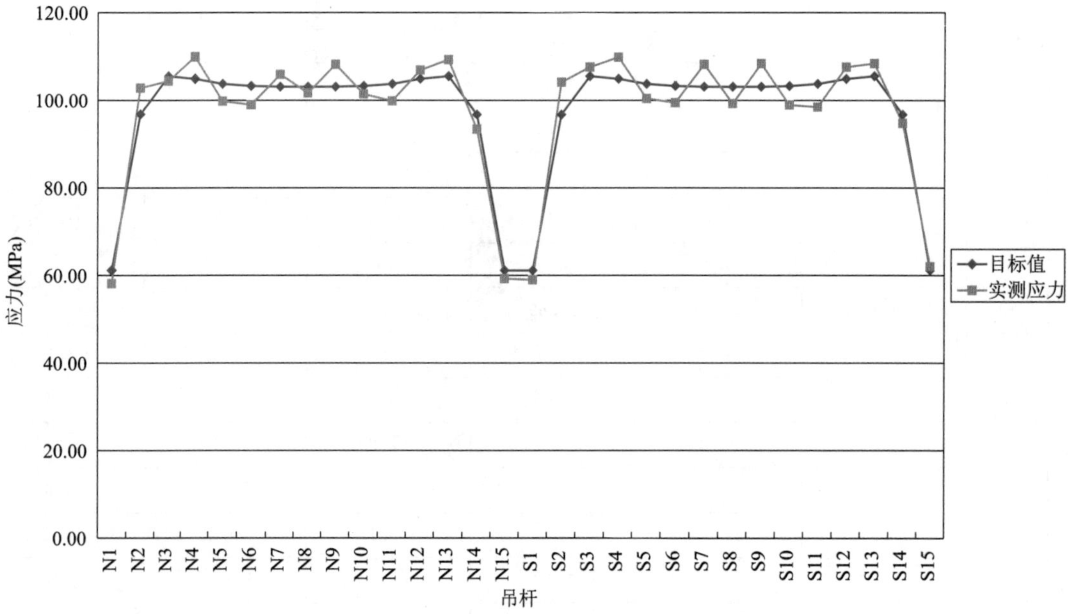

图 9-41　浇筑桥面板混凝土后吊杆应力理论值与实测值对比

经分析，可见吊杆应力监控的实测值与理论值基本符合。

10　新型钢箱组合结构拱桥的病害及损伤分析

10.1　概　　述

钢箱组合拱桥的病害主要有:钢结构的表面腐蚀、结构的局部疲劳损伤、短吊杆的刚度大分配的力大易损伤、高速列车的振动冲击等引起的损伤。混凝土的受冻耐寒、碱骨料反应、收缩徐变等引起的损伤等。

钢箱结构的防腐与一般钢桥防腐是相同的。防腐涂料应当根据桥址处的环境情况而定,我国幅员辽阔,沿海与内陆、南方与北方条件各不相同,而钢桥属暴露在野外环境中的钢结构,其表面与周围介质(水汽、盐分等)极易发生化学及电化学作用,当涂层性能较差时,便会破坏涂层使钢铁产生锈蚀。中国钢桥防腐蚀涂装经历了两个发展阶段,新中国成立至 20 世纪 60 年代初期,钢桥涂料为粒状颜料阶段,即涂料内含粒状颜料。由于是粒状颜料易导致生锈,使大修维修周期缩短,造成很大浪费。20 世纪 60 年代后期至今,钢桥涂料为片状颜料阶段,即涂料内含片状颜料。再加上树脂质量和施工质量提高,使涂料涂层的整体耐候性耐久性都有很大提高,钢桥涂层大修周期延长到 10～15 年或更长。而新出现的氟碳涂料,即氟树脂为主要膜物质的涂料,又称氟碳漆、氟碳涂料、氟树脂涂料等,在钢桥中的应用,对改善桥梁的耐久性与景观 ,美化环境起着非常有效的作用。所以,氟碳涂料在钢桥中将会得到越来越广泛的应用。

现有的钢桥养护要高度重视防腐问题。根据铁路部门 1994 年统计资料现有钢桥涂装失效 2 673 孔/57 088 t,失效率占钢梁总数的 9.8%,其中整孔失效的钢梁达 280 孔/44 206 t。可见钢桥防腐的研究与发展已非常迫切。可以预见,随着今后城市桥梁、公路桥梁、铁路桥梁中的钢桥数量的比重将有较大幅度的提高,而钢桥的修建与使用必须重视钢结构的防腐损伤问题。

10.2　新型钢箱组合结构拱桥的腐蚀损伤分析

10.2.1　新型钢箱组合结构拱桥的腐蚀损伤环境分类

腐蚀损伤一般按腐蚀环境分类,可分为四类,即大气腐蚀、水腐蚀、土壤腐蚀以及化学介质腐蚀。大气腐蚀还可以再细分为:工业大气、海洋大气、农村大气三类;其影响因素主要为湿度、工业污染、盐分含量等。水腐蚀多为自然界中存在的水,如海水、江河水、雨水、地下水等。这些水大部分为近中性介质,其腐蚀过程的去极化剂主要是溶解氧,某些受污染的水之中可能会存在氢去极化现象。土壤腐蚀,一般为电化学腐蚀,其主要影响因素是水份、pH 值、含盐量、含氧量、透水性和透气性等以及杂散电流与细菌活动情况等。一般常用土壤腐蚀电阻率作为腐蚀性的指标,电阻率越小,腐蚀性越大。化学介质腐蚀包括酸、碱、盐、氧化剂、非电解质和熔体等腐蚀介质。因品种繁多、条件复杂，也使得这类腐蚀成为最复杂、最难控制的腐蚀问题。

从钢桥结构的腐蚀损伤环境上看，主要是大气环境腐蚀和水腐蚀。水腐蚀有酸雨腐蚀、污染水腐蚀、海洋水腐蚀等。海洋环境条件及腐蚀行为如表 10-1 所示。

表 10-1　海洋环境条件及腐蚀行为一览表

海洋环境区分	环境条件	材料的腐蚀行为
海洋环境	由风带来的细小海盐颗粒。影响腐蚀性的因素是距离海面的高度、风速、风向、降露周期、雨量、温度、太阳照射、尘埃、季节和污染等	阴面可能比阳面损坏得更快。雨水能把顶面的盐冲掉。珊瑚粉尘与盐一起也可能对钢铁设备有特殊的腐蚀性，离开海岸腐蚀迅速减弱
浪花飞溅区	潮湿供氧充分的表面，无海生物污损	许多像钢这样的金属在此区的侵蚀最严重。保护涂层比在其他区域更易损坏
潮差区	随潮水涨落而干湿交替，通常有充足的氧气	在整体钢桩的情况下，位于潮差区的钢可充当阴极（充分充气），并可因处于潮差区以下钢的腐蚀而得到一定程度的保护。在潮差区，单独的钢样板有较严重的腐蚀性

10.2.2　新型钢箱组合结构拱桥的腐蚀损伤分析

1）金属腐蚀断裂的机理

金属腐蚀断裂的机理主要有以下三种：

（1）化学腐蚀

金属的化学腐蚀指的是金属的直接氧化。这里“氧化”的含意是指广义的，它的反应物是金属氧化物、也可以是硫化物、卤化物、氢氧化物或其他化合物。化学腐蚀时，氧化的金属和介质中还原的物质之间电子得失是直接进行的。腐蚀产物膜的破裂、逸散和流失、使金属面不断暴露在氧化介质中，腐蚀的过程继续发生。氧化介质是空气，其主要腐蚀成分是氧，温度升高使氧化加速。

（2）电化学腐蚀

电化学腐蚀指的是金属在电解质中的腐蚀过程，金属的氧化和介质中物质的还原过程通过离子的运动在不同部位相对独立进行，电子的传递是间接的。在大气条件下，电化学腐蚀包括了发生腐蚀的阳极过程和阴极过程。随着大气中金属表面电解溶液层变薄，该阴极过程更易进行，相反阳极过程较为困难。电化学腐蚀是依赖电解液形成，故又称“湿腐蚀”。

（3）应力腐蚀

应力腐蚀开裂是指金属在拉应力和特定的环境介质作用下，经过一段时间，所产生的低应力脆断现象。应力腐蚀开裂由于其不可预测性，造成的危害极大。资料记载，应力腐蚀开裂在历史上已在石油、化工、海洋等工业领域内造成了巨大的损失。应力、环境介质和金属材料三者是产生应力腐蚀开裂的必要条件。金属在应力和腐蚀介质共同作用下腐蚀将加速，在腐蚀过程中，应力的作用在于使金属变形或裂纹扩展，使钝化膜或腐蚀产物层不断破坏，从而促进局部腐蚀不断发生。

应力腐蚀及断裂有以下特征：有拉应力存在，拉应力越大腐蚀越快；对于某种金属腐蚀介质是特定的；腐蚀速度远大于无应力状态，断口为脆性断裂型。应力腐蚀断裂也可能发生氢脆断裂，它是一种氢致损伤和开裂，是氢引起的塑性降低、开裂。氢的来源一是制造工艺过程吸收的氢，如焊接、酸洗、电镀等；二是使用环境是致氢环境，在使用时吸收的氢，阴极过程析出的氢对氢脆断裂起决定性作用。降低拉应力可降低应力腐蚀的敏感性，应力强度越高，局部富集氢的程度越大。

金属构件在重复的交变应力与腐蚀介质共同作用下的断裂称腐蚀疲劳断裂。腐蚀疲劳可以认为是应力腐蚀的一个特例。在腐蚀疲劳断裂中反复应力和腐蚀相互促进,加速裂纹的扩展。随着含碳量和强度的增高,腐蚀开裂的敏感性也越大。

2)金属腐蚀的影响因素

影响腐蚀的环境因素主要有:湿度、温度和大气污染物质含量。金属表面水膜的存在易于形成电化学腐蚀的电解液,湿度大、结露和雨雪都会导致形成金属表面水膜的作用。在湿度一定时金属随气温升高腐蚀加剧,温度的剧烈变化会使钝化膜或腐蚀产物层不断遭到破坏,加速金属的腐蚀。大气污染物质包括 SO_2、SO_4、H_2S、NO、NO_2、NH_3、NHO_3、CO、CO_2 等大气中的气体和固体颗粒物质。其中以燃烧的废气 SO_2 和海洋大气中的 NaCl 工业颗粒腐蚀性最强,因此地处海边的工业区的大气对金属的腐蚀最为严重。

10.3 新型钢箱组合结构拱桥的吊杆损伤分析

吊杆是下承式拱桥的重要组成构件,其病害的累积与破坏的发生是拱桥事故的主要诱因。当吊杆损伤严重时,会引发坍塌事故。1967 年 12 月 15 日,美国俄亥俄州的 Sliver 桥因吊杆断裂发生桥面坍塌。2001 年 11 月 7 日,四川省宜宾南门大桥因短吊杆锈蚀严重引起断裂造成桥面两端同时垮塌。2007 年 5 月 13 日,江苏省常州市运村大桥因超载车通过引起吊杆失效致使西幅桥梁主桥整体垮塌。2011 年 4 月 12 日,新疆孔雀河大桥主跨第二根吊杆断裂造成桥梁坍塌。2011 年 7 月 14 日,福建省武夷山市公馆大桥因长期超载致引起的吊杆断裂导致北端突然发生垮塌事故。2012 年 12 月 10 日,四川省攀枝花市倮果金沙江大桥一根吊杆突然脱落,导致桥面出现“V”字形塌陷。吊杆损伤导致力学性能下降,使用寿命与耐久性下降,须提前对其进行维护和更换。合肥市寿春路桥在运营 14 年后吊杆全部更换。太原市漪汾桥在运行 11 年后,吊杆全部更换。

依据吊杆损伤的特征,可将吊杆损伤分为裂缝、锈蚀、破损、老化、松脱等,其对应的物理特性变化特点如表 10-2 所示。

表 10-2 吊杆损伤分类与特点

损伤类型	表现形态	几何尺寸	物理参数	截面刚度	质量
裂缝	构件开裂	—	减小	减小	不变或减小
锈蚀	构件表层生锈腐蚀	减小	不变	减小	减小
破损	机械性破坏引起	减小	不变	减小	减小
老化	材料老化、蠕变	增加	减小	减小	不变
松脱	锚具松脱、连接松动	不变	不变	减小	不变

10.3.1 吊杆损伤对结构静力性能的影响分析

1)考虑吊杆损伤的结构刚度矩阵

钢箱叠合拱桥主要由桥面系、上拱肋、下拱肋及吊杆与连接杆组成,因此其刚度方程可表达为:

$$\{F\}=[K]\{X\} \tag{10-1}$$

式中　$\{F\}$——荷载矩阵；

$\{X\}$——位移矩阵；

$[K]$——全桥的结构刚度矩阵，可由式(10-2)求得。

$$[K]=[K_D]+[K_S]+[K_{RU}]+[K_{RD}] \tag{10-2}$$

式中　$[K_D]$——桥面系刚度矩阵；

$[K_{RU}]$——上拱肋刚度矩阵；

$[K_{RD}]$——下拱肋刚度矩阵；

$[K_S]$——吊杆刚度矩阵。

由于吊杆只承受拉力，故在有限元分析中把吊杆模拟为空间杆单元，其刚度矩阵可表达为：

$$[K_S]_0=\frac{EA}{L}\begin{bmatrix}1 & 0 & -1 & 0\\0 & 0 & 0 & 0\\-1 & 0 & 1 & 0\\0 & 0 & 0 & 0\end{bmatrix} \tag{10-3}$$

式中　$[K_S]_0$——吊杆无损伤刚度矩阵；

E——吊杆材料弹性模量；

A——吊杆截面面积；

L——吊杆长度。

吊杆损伤的形态描述可表现为：一是吊杆横截面面积的减少，如锈蚀、裂缝等；二是吊杆长度的增加，如锚具松弛、吊杆不可恢复变形等。

考虑横截面面积减少的吊杆损伤情况，吊杆的刚度矩阵可表达为：

$$[K_S]_1=[K_S]_0(1-\varepsilon) \tag{10-4}$$

式中　$[K_S]_1$——考虑截面面积损失的吊杆刚度矩阵；

ε——吊杆截面损失率$(0\leqslant\varepsilon\leqslant 1)$。

同样的，假定吊杆长度的增加率为$\delta(0\leqslant\delta\ll 1)$，则吊杆的实际长度为$L(1+\delta)$。通常$\delta$是一个微小量，根据泰勒展开定律可知：

$$(1+\delta)^{-1}=1-\delta+\delta^2+\cdots$$

忽略二阶及以上微小量，可知

$$(1+\delta)^{-1}=1-\delta$$

故考虑吊杆损伤的吊杆刚度矩阵可表达为：

$$[K_S]_2=[K_S]_1(1-\delta)=[K_S]_0(1-\varepsilon)(1-\delta) \tag{10-5}$$

2)吊杆损伤对吊杆内力和位移的影响

当拱桥有 n 根吊杆发生损伤时，拱桥结构全桥的结构刚度矩阵可以表达为式(10-6)。

$$\begin{aligned}[K]&=[K_D]+[K_R]+\left([K_S]-\sum_{i=1}^{n}\varepsilon_i[\hat{K}_{Si}]\right)\\&=[K]_0-\sum_{i=1}^{n}\varepsilon_i[\hat{K}_{Si}]=[K]_0-[\Delta K]\end{aligned} \tag{10-6}$$

式中　$[K]_0$——吊杆无损伤刚度矩阵；

$\varepsilon_i[\hat{K}_{Si}]$——第 i 根吊杆发生损伤时引起的刚度矩阵的损伤；

$\sum$——有限元刚度矩阵的叠加。

同样的，考虑吊杆损伤的结构的位移矩阵可以表示为式(10-7)。

$$\{X\}=\{X\}_0+\sum_{i=1}^{n}\varepsilon_i[\hat{X}_{Si}]=\{X\}_0+\{\Delta X\} \tag{10-7}$$

式中　$\{X\}_0$——吊杆无损伤位移矩阵；

$\varepsilon_i[\hat{X}_{Si}]$——第 i 根吊杆发生损伤时引起的位移矩阵。

将式(10-6)、式(10-7)代入到式(10-1)，忽略微量 ε_i 的高阶项，可得到考虑吊杆损伤对的整个结构的静力平衡方程，如式(10-8)所示。

$$\{F\}=[K]_0\{X\}_0+\sum_{i=1}^{n}\varepsilon_i[K]_0[\hat{X}_{Si}]-\sum_{i=1}^{n}\varepsilon_i[\hat{K}_{Si}]\{X\}_0 \tag{10-8}$$

基于摄动理论，可知：

$$\{F\}=[K]_0\{X\}_0 \tag{10-9}$$

$$\{X\}_0=[K]_0^{-1}\{F\} \tag{10-10}$$

将式(10-9)、式(10-10)代入到式(10-8)，可得

$$[\hat{X}_{Si}]=[K]_0^{-1}[\hat{K}_{Si}][K]_0^{-1}\{F\} \tag{10-11}$$

将式(10-11)代入到式(10-7)，吊杆损伤对于结构位移的影响可表达为：

$$\{\Delta X\}=\sum_{i=1}^{n}\varepsilon_i[K]_0^{-1}[\hat{K}_{Si}][K]_0^{-1}\{F\} \tag{10-12}$$

吊杆内力可通过式(10-13)求解，即：

$$\{T_S\}=[K_S]\{X_S\}=\left([K]_0-\sum_{i=1}^{n}\varepsilon_i[\hat{K}_{Si}]\right)\left(\{X\}_0+\sum_{i=1}^{n}\varepsilon_i[\hat{X}_{Si}]\right) \tag{10-13}$$

吊杆无损伤状态时的内力可表达为：

$$\{T_S\}_0=[K_S]_0\{X_S\}_0 \tag{10-14}$$

将式(10-14)减去式(10-13)，并忽略微小量的高阶项，可以得到吊杆损伤与吊杆内力的关系：

$$\begin{aligned}\{\Delta T\}=\{T_S\}-\{T_S\}_0&=[K]_0\sum_{i=1}^{n}\varepsilon_i[\hat{X}_{Si}]-\sum_{i=1}^{n}\varepsilon_i[\hat{K}_{Si}]\{X\}_0\\&=[K]_0\{\Delta X\}-[\Delta K]\{X\}_0\end{aligned} \tag{10-15}$$

3)吊杆损伤对结构静力性能的影响分析

为了研究吊杆损伤对钢箱叠合拱桥静力特性的影响，以新开河桥为例，对吊杆和连接杆进行编号，如图 10-1 所示。近侧吊杆编号依次为 R1～R15，连接杆编号依次为 CR1～CR33，远侧吊杆编号依次为 L1～L15，连接杆编号依次为 CL1～CL33。

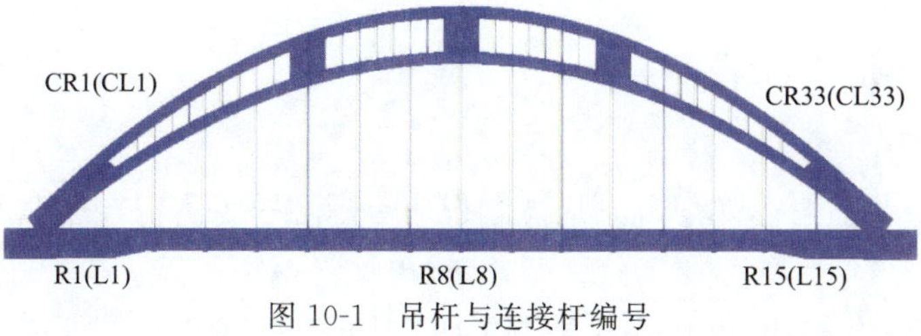

图 10-1　吊杆与连接杆编号

工况 1:单侧短吊杆(R1)损伤 5%。此工况下吊杆内力与吊杆下端节点竖向位移的变化率分别如图 10-2 与图 10-3 所示。

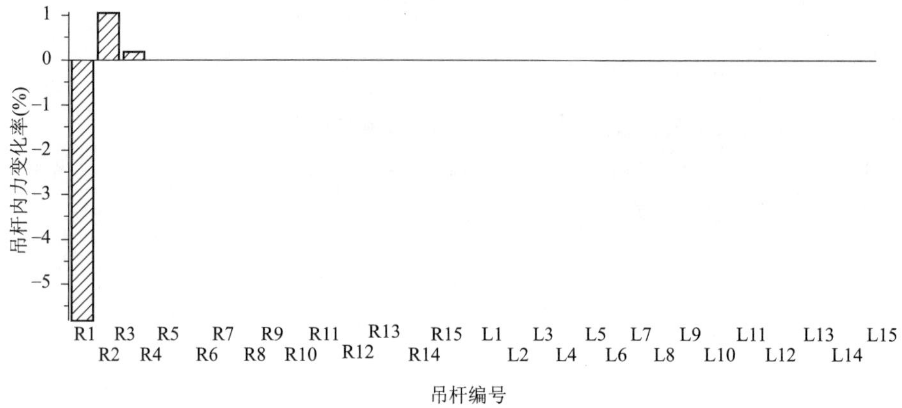

图 10-2　吊杆 R1 损伤 5%时吊杆内力变化率

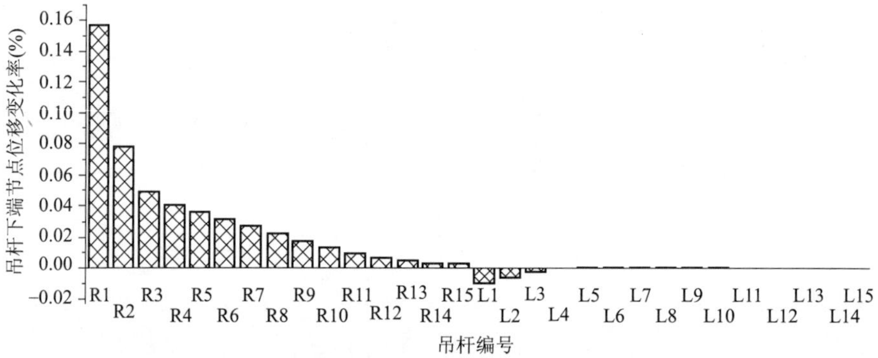

图 10-3　吊杆 R1 损伤 5%时吊杆下端节点竖向位移变化率

由图 10-2 可知,当端部短吊杆 R1 发生 5%损伤时,吊杆 R1 内力明显下降,同侧相邻吊杆 R2、R3 内力增加,增加比例小于吊杆 R1 内力下降比例,且随着与吊杆 R1 距离的增大,吊杆内力增加比例减小。异侧吊杆内力几乎无变化。

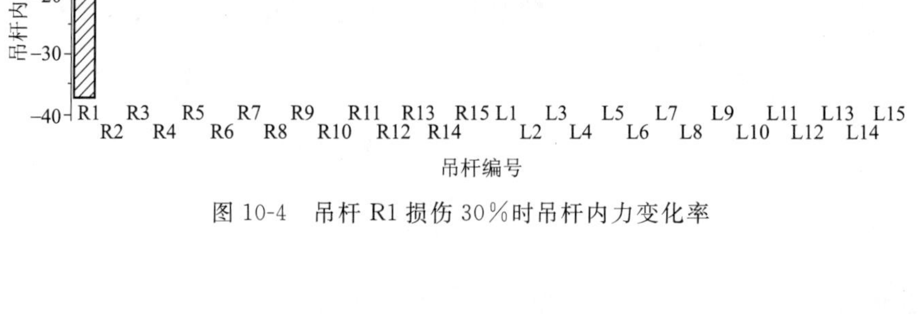

图 10-4　吊杆 R1 损伤 30%时吊杆内力变化率

由图 10-3 可知，当端部短吊杆 R1 发生 5%损伤时，同侧吊杆下端节点竖向位移增大，其变化率小于吊杆损伤程度，且竖向位移变化率随着与吊杆 R1 距离的增大而减小。与损伤吊杆 R1 同一端的异侧吊杆下端节点竖向位移稍有减少，影响范围较小。

工况 2：单侧短吊杆(R1)损伤 30%。此工况下吊杆内力与吊杆下端节点竖向位移的变化率分别如图 10-4 与图 10-5 所示。

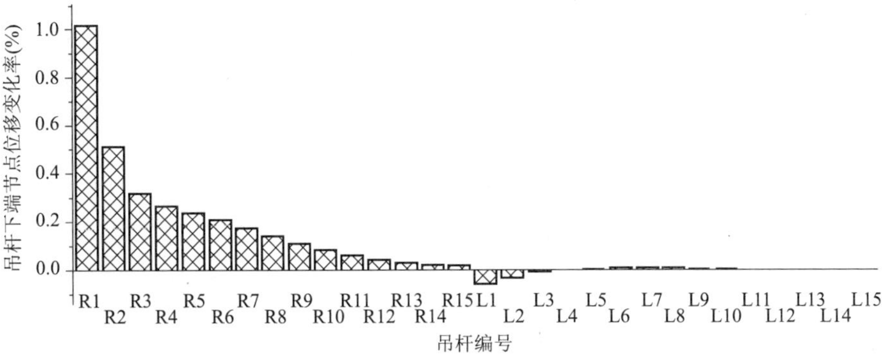

图 10-5　吊杆 R1 损伤 30%时吊杆下端节点竖向位移变化率

对比图 10-4 与图 10-2 可知，当短吊杆损伤程度增大时，因损伤引起的内力发生明显变化的吊杆范围没有改变，且遵循随着与吊杆 R1 距离的增大，吊杆内力增加比例减小的规律。

对比图 10-5 与图 10-3 可知，当短吊杆损伤程度增大时，吊杆下端节点竖向位移与工况一的变化规律是一致的，只是变化率增加。

工况 3：单侧长吊杆(R8)损伤 30%。此工况下吊杆内力与吊杆下端节点竖向位移的变化率分别如图 10-6 与图 10-7 所示。

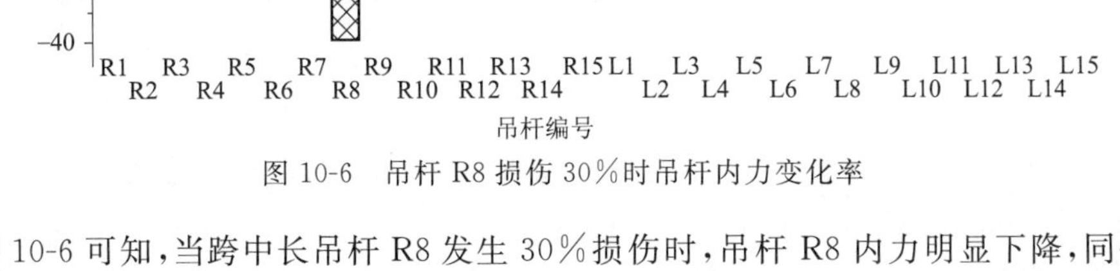

图 10-6　吊杆 R8 损伤 30%时吊杆内力变化率

由图 10-6 可知，当跨中长吊杆 R8 发生 30%损伤时，吊杆 R8 内力明显下降，同侧相邻吊杆内力增加，且随着与吊杆 R8 距离的增大，吊杆内力增加比例减小。异侧吊杆内力几乎无变化。

由图 10-7 可知，当跨中长吊杆 R8 发生 30%损伤时，同侧吊杆下端节点竖向位移增大，其变化率小于吊杆损伤程度，且竖向位移变化率随着与吊杆 R8 距离的增大而减小。异侧吊杆下端节点竖向位移变化较小。

工况 4：同侧短吊杆、长吊杆(R1、R8)均损伤 30%。此工况下吊杆内力与吊杆下端节点竖

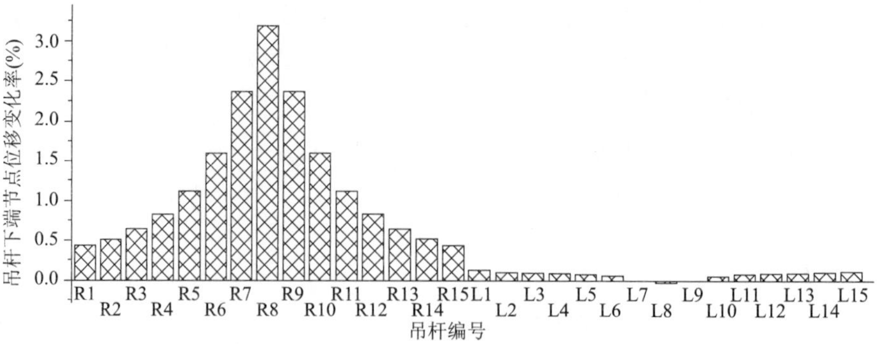

图 10-7　吊杆 R8 损伤 30%时吊杆下端节点竖向位移变化率

向位移的变化率分别如图 10-8 与图 10-9 所示。

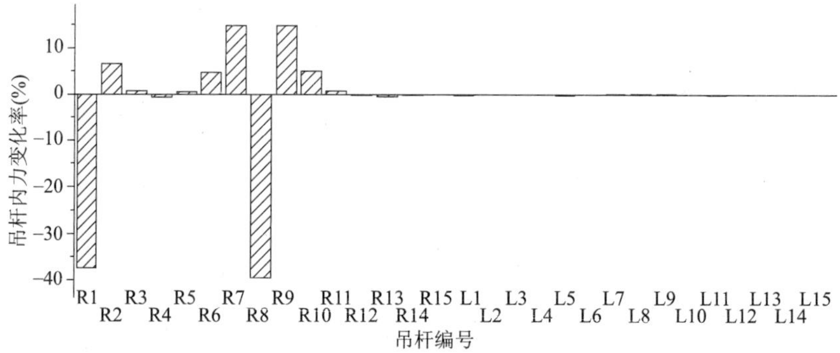

图 10-8　吊杆 R1、R8 损伤 30%时吊杆内力变化率

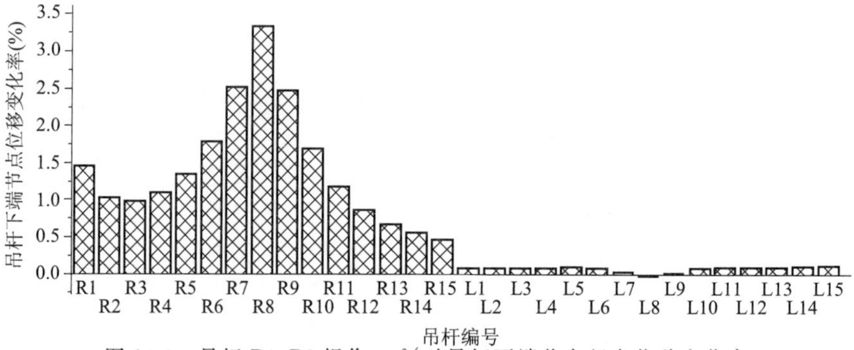

图 10-9　吊杆 R1、R8 损伤 30%时吊杆下端节点竖向位移变化率

由图 10-8 可知，当同侧端部短吊杆 R1 与跨中长吊杆 R8 同时发生 30%损伤时，主要影响的还是与损伤吊杆相邻的吊杆内力。异侧吊杆内力几乎无变化。对比图 10-8 与图 10-4、图 10-6 可以看出，多根吊杆发生损伤时内力的变化相当于单根吊杆损伤时内力变化的叠加，影响范围亦是如此。

对比图 10-9 与图 10-5、图 10-7 可知，当同侧端部短吊杆 R1 与跨中长吊杆 R8 同时发生 30%损伤时，同侧吊杆下端节点竖向位移变化率相当于单根吊杆损伤时变化率的叠加。异侧吊杆下端节点竖向位移变化较小。

工况 5：异侧短吊杆、长吊杆（R1、L8）均损伤 30%。此工况下吊杆内力与吊杆下端节点竖向位移的变化率分别如图 10-10 与图 10-11 所示。

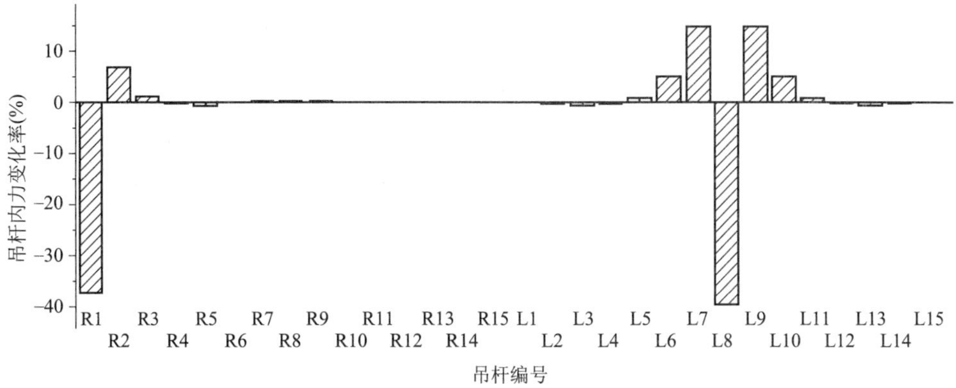

图 10-10 吊杆 R1、L8 损伤 30%时吊杆内力变化率

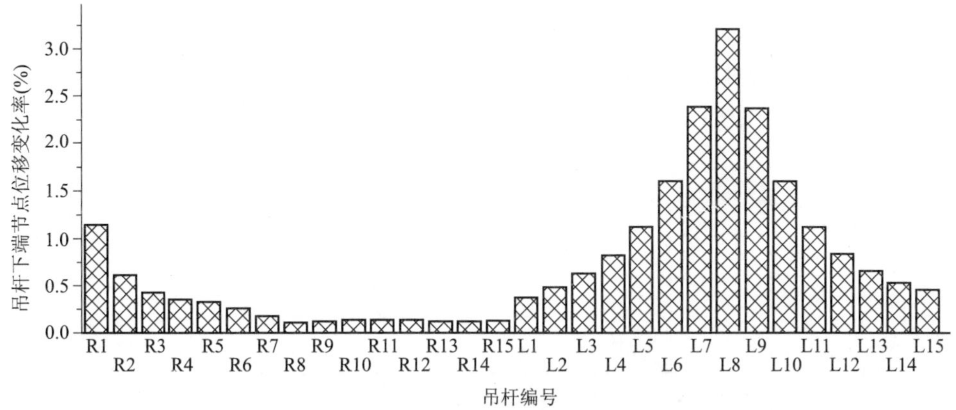

图 10-11 吊杆 R1、L8 损伤 30%时吊杆下端节点竖向位移变化率

对比图 10-10 与图 10-4、图 10-6 可以看出，当异侧端部短吊杆 R1 与跨中长吊杆 L8 同时发生 30%损伤时，内力的变化相当于异侧单根吊杆损伤时内力变化的叠加，影响范围亦是如此。

对比图 10-11 与图 10-5、图 10-7 可知，当异侧端部短吊杆 R1 与跨中长吊杆 L8 同时发生 30%损伤时，吊杆下端节点竖向位移变化率相当于异侧单根吊杆损伤时变化率的叠加。

工况 6：单侧短连接杆(CR1)损伤 30%。此工况下吊杆内力与吊杆下端节点竖向位移的变化率分别如图 10-12 与图 10-13 所示。

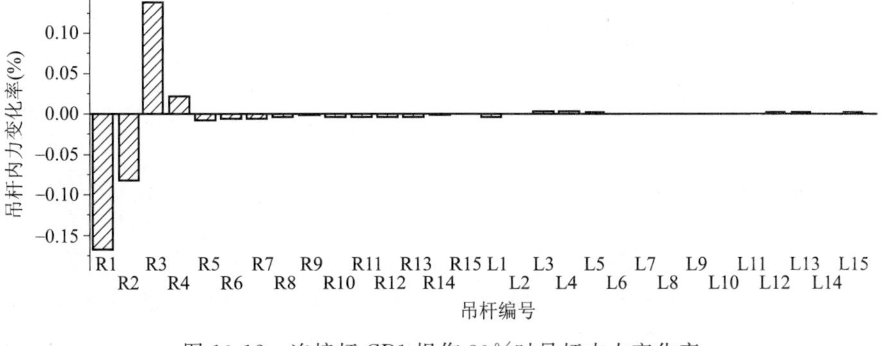

图 10-12 连接杆 CR1 损伤 30%时吊杆内力变化率

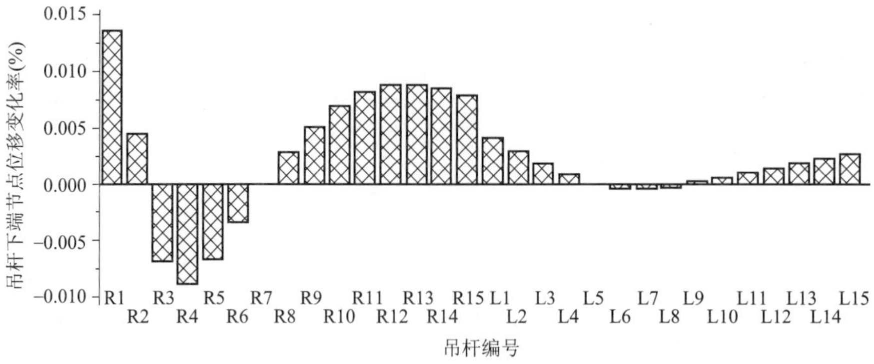

图 10-13 连接杆 CR1 损伤 30%时吊杆下端节点竖向位移变化率

由图 10-12 可知，当端部短连接杆 CR1 发生 30%损伤时，与此相邻的同侧吊杆 R1、R2 内力明显下降，吊杆 R4、R5 内力增加。异侧吊杆内力几乎无变化。

由图 10-13 可知，端部短连接杆 CR1 发生 30%损伤时，吊杆下端节点竖向位移变化很小。

工况 7：单侧短连接杆(CR17)损伤 30%。

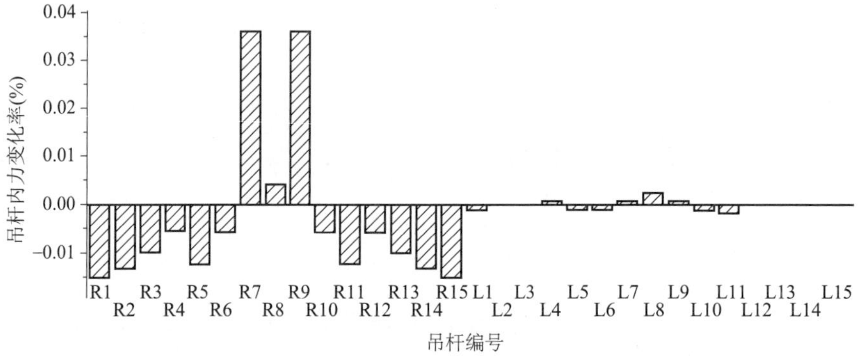

图 10-14 连接杆 CR17 损伤 30%时吊杆内力变化率

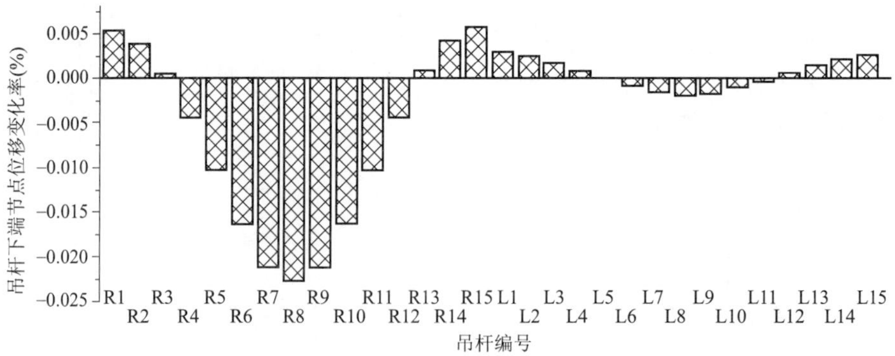

图 10-15 连接杆 CR17 损伤 30%时吊杆下端节点竖向位移变化率

由图 10-14 可知，当跨中长连接杆 CR17 发生 30%损伤时，与此贯通的同侧吊杆 R8 内力及相邻吊杆 R7、R9 内力增加，其余同侧吊杆内力下降。异侧吊杆内力几乎无变化。由图 10-15可知，当跨中长连接杆 CR17 发生 30%损伤时，吊杆下端节点竖向位移几乎无变化。

10.3.2 吊杆损伤对结构动力性能的影响分析

结构无阻尼自由振动状态下，其振型形状与固有周期的特征方程如式(10-16)所示。当吊杆或者连接杆发生损伤时，结构的刚度矩阵发生改变，将会引起结构振型特征值的变化，即结构固有频率发生变化。

$$[K]\{\Phi_n\}=\omega_n{}^2[M]\{\Phi_n\} \tag{10-16}$$

式中 $[K]$——结构的刚度矩阵；

$[M]$——结构的质量矩阵；

$\omega_n{}^2$——结构第 n 阶振型的特征值；

$\{\Phi_n\}$——结构第 n 阶振型的振型形状。

为了研究吊杆或者连接杆损伤对于钢箱叠合拱桥动力特性的影响，根据结构的构造特点，分别计算桥梁吊杆无损伤状态与 8 种损伤工况下的自振特性进行对比分析，计算工况如下。

工况 1：所有吊杆截面损伤 30%。

工况 2：所有吊杆截面损伤 50%。

工况 3：所有连接杆截面损伤 30%。

工况 4：所有连接杆截面损伤 50%。

工况 5：端部短吊杆 R1 截面损伤 50%。

工况 6：跨中长吊杆 R8 截面损伤 50%。

工况 7：端部短连接杆 CR1 截面损伤 50%。

工况 8：跨中长连接杆 CR18 截面损伤 50%。

钢箱叠合拱桥在上述 8 种吊杆损伤下自振频率相对于无损状态下自振频率的变化率如表 10-3 所示。

表 10-3 各损伤工况下钢箱叠合拱桥自振频率的相对变化率(‰)

振阶	振型特征	工况 1	工况 2	工况 3	工况 4	工况 5	工况 6	工况 7	工况 8
1	横弯	−0.679	−1.167	−0.210	−0.357	−0.018	−0.050	0.000	−0.008
2	竖弯	−0.456	−0.933	−0.029	−0.049	−0.009	−0.001	−0.001	−0.001
3	竖弯	−1.866	−3.724	−1.166	−2.563	−0.025	−0.003	−0.001	0.000
4	横弯	−30.490	−68.676	−0.953	−2.061	−0.349	−2.587	−0.001	−0.005
5	横弯	−2.268	−5.547	−0.091	−0.180	−0.006	−0.136	−0.002	−0.001
6	竖弯	−0.303	−0.619	−0.053	−0.093	−0.012	−0.060	0.000	−0.002
7	竖弯	−2.598	−5.749	−0.451	−0.849	−0.053	−0.070	−0.018	−0.001
8	横弯	−9.383	−19.004	−0.996	−2.152	−0.001	−0.310	−0.011	−0.001
9	横弯	−17.245	−38.573	−0.716	−1.512	−0.404	−0.982	−0.007	−0.008
10	扭转	−0.064	−0.107	−0.080	−0.135	−0.012	0.000	−0.001	0.000

由表 10-3 可知，当吊杆或连接杆损伤发生在整体或局部时，钢箱叠合拱桥结构整体刚度降低，自振频率降低，但因吊杆或连接杆刚度相对于结构整体刚度较小，故吊杆或连接杆损伤对结构自振频率的影响都较小。

吊杆或连接杆整体损伤比吊杆或连接杆局部损伤对钢箱叠合拱桥结构自振频率的影

响大。

同等损伤程度下,吊杆整体或局部损伤比连接杆整体或局部损伤对钢箱叠合拱桥结构自振频率的影响大。

同等损伤程度下,跨中长吊杆或长连接杆损伤比端部短吊杆或短连接杆损伤对钢箱叠合拱桥结构自振频率的影响大。

因铁路桥梁的设计注重竖向刚度的要求,故吊杆或连接杆损伤对结构竖向与扭转振动模态的影响较小。

10.3.3 吊杆损伤对结构稳定性能的影响分析

考虑和本章 10.3.2 中相同的吊杆或连接杆损伤工况,分别计算桥梁吊杆无损伤状态与 8 种损伤工况下的稳定系数进行对比分析,钢箱叠合拱桥在上述 8 种吊杆损伤下稳定系数及相对于无损状态下稳定系数的变化率如表 10-4 所示。

表 10-4 各损伤工况下钢箱叠合拱桥稳定系数及相对变化率

工况	工况 1	工况 2	工况 3	工况 4	工况 5	工况 6	工况 7	工况 8
稳定系数	14.395	14.401	14.417	14.418	14.396	14.442	14.415	14.416
变化率(%)	−0.021	−0.014	0.001	0.002	−0.020	0.026	0.000	0.000

10.4 新型钢箱组合结构拱桥的桥面结构及力学性能分析

新型钢箱组合结构拱桥的桥面损伤分析,可以分为公路和城市桥梁的桥面铺装与铁路桥的桥面铺装两种类型。

10.4.1 铁路桥的桥面结构及受力性能分析

铁路桥的桥面铺装损伤主要是预防开裂和渗水到桥梁主体受力结构上,以免影响铁路桥梁的正常运营和耐久性以及缩短其使用寿命。桥面和桥上线路直接承受列车荷载,桥面状态的好坏直接关系到行车安全和桥梁的使用年限。铁路桥面结构与铺装的作用为:减弱列车对桥梁的冲击、缓和列车的振动、防止轨枕移位,保证钢轨的正确位置、将车轮的集中荷载均匀分布到梁顶面、保证万一列车脱轨时能沿护轨滑行,不致在桥上倾覆。

1)铁路桥的桥面铺装分类

铁路桥的桥面铺装分为以下四类:

(1)铺设道砟的桥面称为道砟桥面或有砟轨道,桥上轨枕及周围设置有道砟层,并在道床两侧设置挡砟墙。普通铁路圬工桥多采用这种桥面。道砟桥面的优点为:梁上道砟具有弹性,能最大限度地保证桥上线路和路基上线路的一致性,机械化养护维修技术成熟,位于曲线或坡道上的桥梁,对调整超高和坡度及校正线路中心线和桥梁中心线的偏移比较简单。道砟桥面的缺点:桥面重量大,一般为明桥面的 2～3 倍,桥梁结构断面较其他类型桥面大,会降低梁的自振频率。

(2)明桥面。铁路钢桥桥面一般不铺道砟,而将轨枕直接铺在纵梁上,称为明桥面。明桥面可以降低恒载,但是噪音会相应增加,桥下容易污染。在城市市区、近郊及人口密集的地区,对噪声限制较严格时，不宜采用明桥面。同时，明桥面的道床对梁体的徐变变形、下部结构的施工后沉降要求比较严格。明桥面主要由轨枕、钢轨、护轨、枕木、护木、步行板以及人行道等组成。

(3)无砟轨道桥面。无砟轨道是以钢筋混凝土道床取代散粒体道砟道床的整体式轨道结构。高速铁路桥梁多采用无砟轨道桥面结构。无砟轨道主要由钢轨、扣件系统、轨道板、CA砂浆垫层、混凝土底座、凸型挡台等部分组成。预制轨道板通过水泥沥青砂浆调整层铺设在现场浇注的钢筋混凝土底座上，并由凸形挡台限位。

(4)铁路钢桥的正交异性板整体桥面。钢桥采用正交异性钢桥面板形式，以往较多出现在大跨度公路桥梁箱形截面的桥面板结构上。铁路桥梁近年来在高速铁路建设中由于高速列车运营平稳性要求，则多在原来强大的纵横梁明桥面体系基础上，将上翼缘板连成整体，分别在纵横梁之间增加纵向和横向加劲肋，使桥面形成正交异性板。正交异性板钢桥面系大多采用有砟道床，则桥面成为钢正交异性板整体桥面结构。该类桥面结构具有质量小、整体性好的优点，其上铺设混凝土道砟槽板可很好地解决钢桥减震、抗噪和防腐问题；但是结构受力状态比较复杂。钢的正交异性板有砟桥面系按其钢桥面板的支承方式可分为：由纵梁、横梁、横肋(横隔板)支承的钢桥面板体系；由纵、横梁支承的正交异性钢桥面板系；下弦杆和钢桥面板结合的低高度桥面系。我国南京大胜关长江大桥、武汉天兴洲公铁两用长江大桥等均采用了钢正交异性板桥面结构形式。

2)铁路桥梁防水及排水系统

铁路桥面较窄，一般在道砟槽板顶部铺设厚度变化的水泥砂浆垫层，形成排水横坡，其上再铺设防水层和保护层。铁路桥梁的纵坡一般较小。若纵坡大于10‰，就应采取构造措施。若是明桥面，则需加防爬器，防止钢轨爬行。铁路桥梁常用的防水层由两层石棉沥青中夹沥浸制麻布，其上再铺一层沥青混凝土保护层构成。

高速铁路桥梁排水系统由桥面排水坡、桥面排水管、集水篦子、管盖及泄水管构成。根据桥面轨道形式的不同，排水方式也不同。有砟轨道梁桥面的排水系统采用两列排水的方式，桥面横向设置2%的人字坡，挡砟墙外侧设反坡，桥面泄水管设置于挡砟墙内侧。无砟轨道梁桥面的排水系统采用排水方式有如下几种：三列排水方式、双列排水方式、单列排水方式，其形式主要取决于轨道板的形式。在排水材料的选择上，应考虑材料使用寿命、耐火及耐水性，同时便于施工，可采用的材料有：E-PVC、UPVC或PVC等。

3)铁路桥面附属装置

铁路桥的附属结构还包括人行道遮板及栏杆、电缆槽等。人行道遮板是连接栏杆和梁的主要部件，同时遮板将轨道梁悬臂端包裹，起到保护和防水的作用。栏杆分为混凝土栏杆和钢栏杆两大类。为了满足通信、信号以及电力专业的需要，在挡砟墙(防撞墙)外侧设置信号槽、通信槽和电力电缆槽(统称为电缆槽)。电缆槽盖板采用活性粉末混凝土(RPC)预制而成，RPC具有良好的物理、力学性能：其立方体抗压强度不小于130 MPa、抗折强度不小于18 MPa、弹性模量不小于48 GPa、氯离子渗透量小于40 Coul，从而可以减小盖板的厚度、降低自重并延长使用寿命。

10.4.2 公路和城市桥梁的桥面结构铺装及受力性能分析

公路和城市桥梁的桥面铺装损伤要比铁路桥面铺装来得更复杂一些，研究与应用的问题也更多一些。

公路和城市桥梁的桥面构造包括桥面铺装、排水及防水系统、人行道(或安全带)、路缘石、安全护栏和伸缩装置等。

1)公路和城市桥梁的桥面的纵横坡与防排水

桥面应设置纵、横坡,其主要作用是利于雨水迅速排除,防止或减少雨水对铺装层的渗透,从而保护桥面板,延长桥梁的使用寿命。桥面设置纵坡还可以使建筑在平原地区的桥梁,在满足桥下通航净空要求的前提下,降低墩台标高,减少桥头引道土方量,从而节省工程费用。桥面的纵坡,一般都做成双向纵坡,并在桥中心设置竖曲线。桥面纵坡一般以不超过 4% 为宜。公路桥面的横坡,一般取为 1.5%~3%。桥面横坡通常有三种设置形式:第一种为节省铺装材料并减轻桥面恒载重力,可以将横坡直接设在墩台顶部,或通过调整支承垫石高度来形成横坡,而使桥梁上部结构形成双向倾斜,此时,铺装层在整个桥宽上做成等厚;第二种为将横坡直接设在行车道板上,先铺设一层厚度变化的混凝土三角形垫层,形成双向倾斜,再铺设等厚的混凝土铺装层;第三种为将行车道板做成倾斜面而形成横坡,但会增加主梁构造的复杂性。

公路和城市桥梁的桥面防水层,设置在桥梁行车道板的顶面,三角垫层之上,它将渗透过桥面铺装层或铁路床的雨水汇集到排水设备(泄水管)排出。防水层应不透水,具有较高的强度、弹性和韧性,能够耐高温、低温,抗腐蚀和老化,与沥青混凝土和水泥混凝土的亲和性好,施工安全、简便、快速等特点。桥面防水层主要有三种类型:沥青涂胶下封层,即洒布薄层沥青或改性沥青,其上撒布一层砂,经碾压形成;高分子聚合物涂胶,例如聚氨酯胶泥、环氧树脂、阳离子乳化沥青、氯丁胶乳等;铺装沥青或改性沥青防水卷材,以及浸渍沥青的无纺土工布等。为了迅速排除桥面积水,防止雨水积滞于桥面并渗入梁体而影响桥梁的耐久性,在桥梁设计时要有一套完整的排水系统,除了在桥面上设置纵、横坡排水外,还需要设置一定数量的泄水管。

2)公路和城市桥梁的桥面铺装的力学性能与损伤分析

公路桥面铺装,是与车轮直接作用的部分。桥面铺装的功用主要表现在三个方面:一是防止轮胎或者履带直接磨耗行车道板;二是保护主梁免受雨水侵蚀;三是对车辆轮重等集中荷载起到一定的分布作用,使主梁受力均匀。因此,桥面铺装材料应具有一定的强度、抗裂性和耐磨性,并具有一定的刚度。桥面铺装一般不参与受力计算,如果施工中能保证铺装层与桥面板的紧密结合,则桥面铺装的混凝土也可与桥面板共同参与受力。桥面铺装有多种形式,如水泥混凝土(包括钢纤维混凝土)、沥青混凝土及沥青表面处置等。

桥面铺装层能使桥面板免遭车轮或履带直接磨耗,同时能够良好的分散车轮的集中荷载,并与梁体共同承受弯矩和抵抗变形,起到了保护主梁、桥面板,防止钢筋锈蚀的作用。桥面铺装技术问题已成为当下公路桥梁设计建造与养护维修的技术的关键,由于桥面铺装受力情况与一般路面不同,随着对桥面铺装层重视程度的增加,国内外对桥面铺装层的研究已经有了长足的进步,但具体到设计理论,设计规范,检测维修等方面尚存不足。国内外通车后不久铺装层便出现病害,而维修费用达新建费用数倍的例子比比皆是。混凝土桥面铺装病害的主要类型及其成因与桥梁结构形式,所在地区,施工条件,设计水平等密不可分。根据沥青混凝土桥面铺装的破坏特点,归纳了五大类损伤破坏类型,分别是:开裂、补坑与坑槽、表面变形、表面缺陷以及其他混杂破坏。实际上,桥面铺装的病害损伤的成因主要有:桥面结构特点引起损伤病害、正交异性钢桥面板的铺装技术认识不足引起的损伤病害、原材料配比和施工技术原因引起的损伤病害、运营后养护维修技术等原因引起的损伤病害等。

桥面铺装损伤病害成因不仅与材料自身强度有关，还与设计方面存在的问题、施工工艺和质量、交通及环境因素等密不可分；调平层的厚度及超载情况都对铺装层内应力有明显影响；沥青铺装层厚度是影响主梁梯度温度效应的主要因素；混凝土桥梁主梁的收缩徐变对桥墩处铺装层内纵向拉应力影响显著；施工缝缺陷及界面黏结缺陷极易导致铺装层内发生剪切破坏、拉应力破坏和铺装层脱空。大跨度钢桥的正交异性钢桥面铺装的损伤病害更与温度变形、严重超载等相关联。有关专家学者和工程界对公路和城市桥梁的桥面铺装进行了大量的材料和桥面结构的力学性能试验与计算分析研究工作，但是还有一些问题没有得到很好的解决。目前更多研究倾向于用复合材料和高性能的硅灰混凝土加复合聚酯纤维等，应用在正交异性钢桥面铺装方面，这还有待工程的进一步考验和证明。

11 新型钢箱组合结构拱桥的养护维修对策研究

11.1 新型钢箱组合结构拱桥的养护维修

世界各国钢桥防腐蚀涂装应用经历了一百多年,从早期的简单防护,到现代的长效防腐蚀,涂装工艺技术也不断发展。防腐涂层使用寿命从3～5年提高到50年以上,涂装对环境污染也得到了有效的控制。在现代桥梁建设中,重防腐蚀涂装体系和电弧喷涂加有机封闭复合涂装体系是最有发展前途的技术,特别是电弧喷涂技术可以使任何环境下建设钢桥的防腐蚀寿命提高到50年以上,是其他任何技术无法比拟的。而钢梁防腐能力的高低,在选择科学、合理的涂装配套体系的基础上,表面处理技术、涂装施工方法、施工技术规范、质量检测方法和质量管理等至关重要。

为保证钢桥在不进行大修的前提下仍能保持良好的使用状态,应对钢桥进行维护保养,并从规范着手,结合具体环境条件制定出严格的维修间隔时间,以及钢桥应保持的状态。钢桥定期的维修主要是罩涂面漆,应根据试验数据选择不仅具有良好的耐老化和耐酸雨性能,而且价格低廉、施工方便、耐污染性好的涂料。在城市周围地区的钢桥上也可使用聚氨酯面漆,因其可制成多种颜色而能与周围环境相协调的景观。

11.2 桥梁防腐蚀涂料及涂装技术

11.2.1 桥梁钢结构的防腐蚀涂料

桥梁钢结构可使用的涂料品种很多,大致可以归纳为几类:(1)红丹;(2)醇酸;(3)环氧类;(4)聚氨酯类;(5)丙烯酸类;(6)氟碳类;(7)热喷铝或锌类。涂料可根据结构的防腐要求及不同的条件配套选用。

随着环保意识的增强,绿色化学,绿色防腐涂料逐渐提到日程上来,有些涂料将被淘汰。例如红丹防锈涂料虽然其漆膜坚硬,附着力强,耐水和防锈性能优越,对钢材处理要求不高,在残留有锈蚀和氧化皮的表面也有很好的防锈效果,已广泛应用于各种钢铁结构,但是红丹防锈漆有毒,对人身不安全,也会造成环境污染,不能应用。

11.2.2 铁路钢桥的涂装体系

我国铁路桥梁已有近百年的历史,是铁路的关键、重要设备。目前在我国运营的铁路线上,钢桥的长度约占桥梁总长的7%～8%。

铁路桥梁的钢结构长年暴露室外,我国幅员辽阔,铁路线拉的很长,钢桥所处的环境条件很不相同,涉及了我国几乎所有的气候类型,如东北、华北、中原的钢桥分别处于寒冷、寒温、暖温、干燥性的气候条件,华东、华南的钢桥处于亚湿热、湿热、含有盐雾的海洋性的气候条件,西北的钢桥处于风沙性的气候条件,西南的钢桥处于湿热、酸雨性的气候条件,青藏线上的钢桥处于强紫外线的照射条件等。所处的外部环境不同，钢桥的腐蚀特性、腐蚀严重程度也不尽相同。

铁路钢桥无论国内外一般都是采用防腐蚀涂料进行防腐保护。我国铁路钢桥的涂料防腐蚀技术也是不断发展和逐渐完善的，20 世纪 50 年代，钢梁涂料保护寿命仅为 2～3 年；20 世纪 60 年代后期～80 年代，先后采用了红丹防锈底漆与灰铝锌醇酸面漆或灰云母氧化铁醇酸面漆配套体系，涂料保护寿命提高到了 10 年左右；20 世纪 90 年代采用环氧富锌防锈底漆、环氧云铁中间漆、灰铝粉石墨醇酸面漆配套系，涂料保护寿命达到了 15 年以上。目前，正在使用环氧富锌防锈底漆、环氧云铁中间漆、氟碳涂料面漆配套体系，以进一步延长铁路钢桥的维修、大修周期。国内外使用的涂料品种如表 11-1 所示。

表 11-1　国内外使用的涂料品种

国别	底漆	中间漆	面漆
中国	红丹防锈漆，富锌底漆	云铁环氧漆	灰云母氧化铁醇酸面漆，灰铝粉石墨醇酸面漆，聚氨酯面漆、氟碳涂料面漆等
德国	红丹醇酸底漆，油性红丹漆		云铁铝粉醇酸面漆
英国	锌黄酚醛底漆，富锌底漆		云铁酚醛面漆，云铁聚氨酯面漆
法国	红丹底漆		云铁面漆
美国	富锌底漆	流平罩漆，环氧漆	铝粉酚醛面漆，铝粉聚乙烯面漆，聚氨酯面漆
日本	富锌底漆，油性红丹底漆	云铁环氧漆	聚氨酯面漆，氯化橡胶面漆，醇酸面漆、氟碳涂料面漆

为了获得较好的保护效果，使保护涂装具有最佳的防腐耐久性能，要根据钢梁的不同部位及所处环境科学合理地配套选用不同涂料，制定出涂装体系。表 11-2 列出了我国铁路钢桥目前所使用的涂装体系。

表 11-2　铁路钢桥涂装体系

涂装体系	涂料(涂层)名称	每道干膜最小厚度(μm)	至少涂装道数	总干膜最小厚度(μm)	适用部位
1	特制红丹酚醛(醇酸)防锈底漆	35	2	70	桥栏杆、扶手、人行道托架、墩台吊篮、围栏和桥梁检查车等桥梁附属钢结构
	灰铝粉石墨或灰云铁醇酸面漆	35	2	70	
	电弧喷铝层	—	—	200	
2	环氧类封孔剂	20	1	20	钢桥明桥面的纵梁、上承板梁、箱型梁上盖板
	棕黄聚氨酯盖板底漆	50	2	100	
	灰聚氨酯盖板面漆	40	4	160	
3	无机富锌防锈防滑涂料	80	1	80	栓焊梁连接部分摩擦面
	电弧喷铝层	—	—	100	
4	环氧沥青涂料	60	4	240	非密封的箱形梁和箱形杆件内表面
	环氧沥青厚浆涂料	120	2	240	
5	特制环氧富锌防锈底漆或水性无机富锌防锈底漆	40	2	80	钢梁主体，用于气候干燥、腐蚀环境较轻的地区
	棕红云铁环氧中间漆	40	1	40	
	灰铝粉石墨醇酸面漆	35	2	70	

续上表

涂装体系	涂料(涂层)名称	每道干膜最小厚度(μm)	至少涂装道数	总干膜最小厚度(μm)	适用部位
6	特制环氧富锌防锈底漆或水性无机富锌防锈底漆	40	2	80	钢梁主体,用于腐蚀环境较严重的地区
	棕红云铁环氧中间漆	40	1	40	
	灰色丙烯酸脂肪族聚氨酯面漆	35	2	70	
7	特制环氧富锌防锈底漆或水性无机富锌防锈底漆	40	2	80	钢梁主体,用于酸雨、沿海等腐蚀环境严重、紫外线辐射强、有景观要求的地区
	棕红云铁环氧中间漆	40	1	40	
	氟碳面漆	30	2	60	

11.2.3 钢桥结构的涂装技术与方法

钢桥结构的涂装防腐技术,可划分为两种基本途径。一种是涂料防腐,另一种是金属涂层防腐。目前钢结构桥梁的几种主要防腐技术体系如下:

1)油漆涂料防腐体系

钢结构桥梁采用由底漆、中间漆和面漆组成的防腐油漆涂层对钢结构提供防腐蚀保护。主要有通过以下三方面作用:

(1)屏蔽作用:油漆涂层将钢铁与腐蚀环境机械地隔离开。

(2)钝化缓蚀作用:第一道车间底漆对钢铁有钝化缓蚀作用,但仅仅是增加油漆层附着力,防腐作用较弱。

(3)防腐底漆中添加锌粉(如富锌底漆),对钢铁提供阴极保护。

油漆涂层具有美丽的外观,工艺也较简单,多年来一直被采用。但重防腐油漆涂层的防腐寿命也只有 8～10 年。最多在建成后 10 年就需要进行例行维护,除去浮锈和旧漆,施工难度大,影响正常交通,维护效果也不可能达到建成初期水平。而且每隔 3～5 年就需维护,费用很高,旧油漆等还会污染环境。采用普通的油漆防护时,由于漆膜与钢铁基体的黏附强度低,耐冲刷和颗粒磨损能力低,使用过程中老化变质等原因,往往容易造成局涂层脱落、损坏,而使钢铁基体锈蚀,导致油漆层大面积起泡脱落。

2)GCM 防腐防护体系

GCM 防腐防护体系由隔离层、强度层和耐候层组成。其中形成隔离层的材料是树脂,为主要的耐腐蚀层;强度层为玻璃纤维增强塑料,可以加强隔离效果及有限地增加强度;耐候层是由树脂组成的胶衣层,含有一些耐候性、耐腐蚀性的添加剂,可根据需要任意着色,可模拟花纹,实现不同的光洁度。

3)电弧喷涂防腐体系

电弧喷涂是利用专用的喷涂设备,用电能将耐蚀金属材料熔融、雾化后喷涂至已预先喷砂除锈处理过的钢结构件表面,形成纯度高、结合力强的机械—冶金结合喷涂层;然后在电弧喷涂金属上均匀涂敷抑制腐蚀的封闭剂,它不仅进一步隔绝腐蚀介质的侵蚀,同时使电弧喷涂金属层与封闭涂层界面的阻抗增大,耐腐蚀性能大为增强,不是电弧喷涂层寿命与封闭涂层寿命的简单相加,而是二者之和的 1.5～2.3 倍,这是世界公认的复合涂层最佳协同效应。

11.3 桥梁钢结构热喷涂长效防腐蚀技术

11.3.1 热喷涂技术的特点

热喷涂锌、铝及其合金涂层对钢铁基体有双重保护作用。一方面,可以像涂料那样(尤其是经过封闭处理的涂层)起着物理覆盖作用,将钢铁与水和空气等腐蚀介质隔离开来,从而起到防护作用。另一方面,由于锌和铝的电化学性能比较活泼,电极电位比铁低,在这个腐蚀电池中,锌或铝是负极,铁则为正极,锌、铝失去电子,变成离子进入电解质溶液中而被腐蚀,其自由电子流向钢铁,使钢铁极化而受到保护。由于热喷涂时锌或铝呈熔融液滴喷射到经过糙化处理的钢铁表面上,熔滴有较大的热能,获得比有机涂层更牢固的结合强度,而且耐磨不会老化,因而具有更长的保护周期。

从热喷涂技术的原理及工艺过程分析,热喷涂技术具有以下一些特点:

(1)由于热源的温度范围很宽,因而可喷涂的涂层材料几乎包括所有固态工程材料,如金属,合金,陶瓷,金属陶瓷,塑料以及由它们组成的复合物等。因而能赋予基体以各种功能(如耐磨,耐蚀,耐高温,抗氧化,绝缘,隔热,生物相容,红外吸收等)的表面。

(2) 喷涂过程中基体表面受热的程度较小而且可以控制,因此可以在各种材料上进行喷涂(如金属、陶瓷、玻璃、纸张、塑料等),并且对基材的组织和性能几乎没有影响,工件变形也小。

(3)设备简单,操作灵活,既可对大型构件进行大面积喷涂,也可在指定的局部进行喷涂;既可在工厂室内进行喷涂也可在室外现场进行施工。

(4)喷涂操作的程序较少,施工时间较短,效率高,比较经济。随着热喷涂应用要求的提高和领域的扩大,特别是喷涂技术本身的进步,如喷涂设备的日益高能和精良,涂层材料品种的逐渐增多,性能逐渐提高,热喷涂技术近十年来获得了飞速的发展,不但应用领域大为扩展,而且该技术已由早期的制备一般的防护涂层发展到制备各种功能涂层;由单个工件的维修发展到大批的产品制造;由单一的涂层制备发展到包括产品失效分析,表面预处理,涂层材料和设备的研制,选择,涂层系统设计和涂层后加工在内的喷涂系统工程;成为材料表面科学领域中一个十分活跃的学科,并且在现代工业中逐渐形成像铸、锻、焊和热处理那样的独立的材料加工技术,成为工业部门节约贵重材料、节约能源、提高产品质量、延长产品使用寿命、降低成本、提高工效的重要的工艺手段,在国民经济的各个领域内得到越来越广泛的应用。

11.3.2 热喷涂长效防腐

常用的热喷涂防腐蚀涂层,主要是用于钢结构长效防腐蚀的热喷涂材料主要有锌(Zn)、铝(Al)及锌铝合金涂层。它们对钢结构的保护是基于物理隔离和电化学保护双重作用。

1) 锌(Zn)涂层

锌(Zn)是热喷涂防腐蚀技术中使用最早且使用最多的涂层材料。目前,在大气和淡水环境下服役钢结构的腐蚀防护仍以热喷涂锌涂层为首选办法。但是,对于高氯环境或近海钢结构热喷涂锌(Zn)涂层的长效保护作用并不好。锌(Zn)涂层腐蚀首先是在表面形成 ZnO,然后发生水化或快速碳酸化反应,在 NaCl 溶液的侵蚀下,局部 Cl^- 逐渐积累并在潮湿气氛共同作用下，难溶、密集的碳酸盐化合物被疏松、易于溶解的氯盐化合物所取代。腐蚀产物的易溶性是 Zn 涂层耐腐蚀性能不高的一个重要原因，同时腐蚀产物还会引起涂层起泡，减低涂层的附着力。喷锌涂层是国外应用最早的一种阴极保护涂层，20 世纪 60 年代以前长效防护大部分采用喷锌涂层。金属涂层腐蚀速率与其使用环境介质 pH 值密切相关。一般情况下，喷锌涂层用于弱碱性条件下。随着新型电弧线材喷铝技术的发展，目前喷锌涂层除继续在乡村大气、淡水、和偏碱性气氛中使用外，正在逐渐被喷铝涂层所代替。原因如下：

(1)锌涂层是一种牺牲阳极材料，因此喷锌涂层的腐蚀速率比喷铝涂层高，其耐蚀期与厚度成正比，要达到长效防腐目的，喷锌涂层应有一定厚度。

(2)锌的密度($7.0g/cm^3$)，比铝($2.7g/cm^3$)高 2.6 倍，因此喷涂相同厚度的涂层，锌的消耗量是铝的 2.6 倍，喷涂等效涂层厚度的情况下，锌比铝贵一倍。

(3)喷锌所形成的 ZnO 粉尘对人体呼吸道有害。

(4)喷锌时如果空气中 CO 含量不足，不能形成 $ZnCO_3$ 保护膜，而易形成疏松的 $Zn(OH)_2$ 在锌涂层上形成许多“白锈”，腐蚀率升高。

(5)由于工业区大气、城市区大气 SO_2 含量较高，使雨水酸度增加，也能破坏 $ZnCO_3$ 保护膜的稳定性，使锌涂层腐蚀率加快。

(6)锌与经表面处理的钢材平均结合强度仅为 6 MPa，而铝可达到 10～15 MPa。

2)铝(Al)涂层

热喷涂铝(Al)涂层与锌(Zn)涂层相比，硬度高、耐久性和抗冲蚀能力好。Al 涂层组织是由许多保护性的氧化物薄层包覆的片状物组成，它对点蚀和机械损伤比较敏感。经热喷涂得到的涂层组织内部和涂层表面都有较厚的 Al_2O_3 膜，涂层的耐蚀性主要依靠 Al_2O_3 的屏蔽作用。但是 Al_2O_3 膜导电率低，电极电位较母材正，即在表层破坏时基体钢结构会受到腐蚀，起不到电化学保护作用。铝是一种活性很强的金属，很容易与氧结合，生成一层致密、坚硬的氧化保护层，有效地防止铝涂层进一步氧化。而且喷涂过程中，铝变成负电性更强的活化状态，能更好地对钢铁基体起阴极保护作用。

由于喷涂层存在一定孔隙，因此喷涂后采用低黏度涂料，对涂层进行封孔处理并加一、二道面漆，成为以金属为基础的复合涂层，将进一步显著提高涂层防蚀能力，延长防护周期。

3)锌铝(Zn- Al)合金涂层

自从锌铝(Zn-Al)合金出现以来，各国研究人员对锌铝合金涂层进行了广泛的研究。20 世纪 80 年代美国 TAFA 公司对纯锌、纯铝、Zn-15Al 合金涂层进行了工业大气加速腐蚀试验，证实了 Zn-15Al 合金涂层有较好的耐腐蚀性能，并且涂层的抗冲蚀能力好于锌涂层。另外，它的微观组织结构是由块状的富锌相和呈连续框架网络结构富铝相组成。这一结构决定了它的抗红锈能力明显优于单金属涂层。Zn-Al 合金涂层被认为是替代 Zn 和 Al 涂层的极有发展前途的耐蚀金属涂层。

研究认为锌铝合金中铝重量比例到 30％时可取得较好的防腐效果，这种丝材由于锌铝比重相差悬殊，生产难度大，多年来一直是攻关课题，目前还没有这一比值的锌铝合金问世。近期国外出现了 85/15 锌铝合金丝(即锌：铝＝85：15)，1988 年国外开始生产，近期国内经过科研人员的不懈努力，也能生产 85/15(或 80/20)锌铝合金丝，并用于生产实践，85/15 锌铝合金涂层的特点：

(1)85/15 锌铝合金涂层气孔率很小，具有快速自然封孔。

(2)因较高的电化学势位差而具有持续的牺牲容量,能与锌丝相匹敌。

(3)铝基降低锌溶解,延长防护年限。

(4)从技术和审美角度看,85/15锌铝合金涂层可不用封孔,厚度可比纯锌涂层要求的小,比纯铝涂层要求的更小。

(5)85/15锌铝合金涂层在氯化钠或二氧化硫的大气环境下和地下防腐方面性能优良。

4)锌铝伪合金涂层

也有一些化工技术公司,在尝试研发锌铝伪合金涂层,即将锌铝分别制成同径金属丝,作为防腐涂层。使用直径相同的一根锌线材和一根铝线材,且线材送进的速度是同步,利用单枪双丝等速溶化的技术将金属喷至钢铁表面,则就可以得到锌-铝伪合金涂层,涂层中Zn、Al是以机械混合物的形式沉积在一起,两相的体积比大约为1∶1,即含铝量可达27.4%。

加速腐蚀试验证明伪合金同样具有优良的防腐效果。其原理是铝微粒在混合体涂层间构成网状骨架,阻止了先于铝腐蚀的锌的腐蚀生成物($ZnCl_2$、ZnO)的聚积和流失,反过来锌的腐蚀生成物把铝的网状构架中的小孔堵塞,且铝的氧化物(Al_2O_3)比较致密,这两种因素使将进入涂层更深层次的介质大大减少,腐蚀钢铁的速度自然就小多了。但是,目前锌铝伪合金没有相应标准支持,且在桥梁防腐领域较喷铝相比应用较少。

11.3.3　电弧喷涂长效防腐蚀工艺

钢结构的腐蚀防护经历了油漆防护、重防腐涂料防护、热浸镀锌防护、火焰喷涂防护和电弧喷涂防护的发展过程。火焰喷涂和电弧喷涂技术能够满足钢结构长效防腐蚀要求成为普遍采用的工艺方法。对环境污染严重的含重金属涂装底漆和大量有机挥发物的重防腐蚀涂料的使用在欧洲、北美地区已受到限制,更提高了人们对热喷涂防护的关注度。

英国是应用热喷涂防腐蚀技术最早的国家之一。在1939年首次采用热喷涂锌涂层方法保护新建的威尔士Menai海峡大桥的钢链和部分钢结构。15年后检查锌涂层基本完好,钢铁基体保护完好,无需修复。使用火焰喷涂防腐蚀初期取得了很好的防腐蚀效果。但是该喷涂方法不能解决涂层结合力相对较低、空隙率多、生产效率低的问题,特别是粉末火焰喷涂锌时烧损严重,限制了火焰喷涂在钢结构上的大面积应用。电弧喷涂相比火焰喷涂,大大提高了工作效率和工作安全性。特别是进入20世纪80年代,随着电弧喷涂技术的发展和高速电弧喷涂技术的出现,熔滴速度提高,雾化效果改善,涂层结合强度增大,孔隙率低。电弧喷涂已成为钢结构长效防腐蚀的首选办法。电弧喷涂锌、铝涂层外加有机封闭涂层的长效防腐蚀复合涂层能够实现30年内不维护的要求。电弧喷涂是利用燃烧于两根连续送进的金属丝之间的电弧来熔化金属,用高速气流把熔化的金属雾化,并对雾化的金属粒子加速使它们喷向工件形成涂层的技术。电弧喷涂是钢结构防腐蚀、耐磨损和机械零件维修等实际应用工程中最普遍使用的一种热喷涂方法。电弧喷涂系统一般是由喷涂专用电源、控制装置、电弧喷枪、送丝机及压缩空气供给系统等组成。电弧喷涂层与钢结构基体以机械镶嵌和微冶金的结合,提高了涂层结合力。在轻微碰撞或冲击下也能确保防腐涂层不起皮、不脱落,使得涂层质量完全满足长效防腐蚀的要求。

11.4　新型钢箱组合拱桥的养护检查车与平台

为了确保新型钢箱组合拱桥正常运营功能的发挥,对桥梁进行检查的养护检查车与平台是不可缺少的。养护检查车与平台可以是手动的，可以是机械装置，也可以是纯电力驱动技术的桥梁检查维修车与平台，因为必须解决新型钢箱组合拱桥桥梁断面复杂多变的问题。现代的智能桥梁检查维修车广义上讲，是一种智能“机器人”的概念，设计人员可以为它设计了几种“肢体动作”需要它去实现和完成，有了这个肢体动作的目标，才有的机器人构造的设计要求，这是检查车研发与制造的关键技术所在。需要桥梁检查维修车不仅可以过桥墩在系梁底部通过，还需要在拱桥的拱肋上作为检查维修平台能行走，实现对拱桥检修盲区的全覆盖。桥梁检查维修车和平台需要进一步优化设计和应用在复杂的新型桥梁结构上，还有许多值得进一步研究开发探讨的问题有待解决。

11.5 CFRP(复合碳纤维)吊杆的研究与应用

CFRP 材料属于第二代人工制造的纤维材料。FRP(Cabon Fiber Reinforced Polymer/Plastic)是一种新型复合材料，其主要包括碳纤维增强聚合物、芳纶纤维增强聚合物、玻璃纤维增强聚合物以及混杂纤维增强聚合物等，这主要关心的是碳纤维的增强聚合。

碳纤维根据所带基相的不同，其物理性能的变化很大。碳纤维可分为高强碳纤维，高模量碳纤维和一般碳纤维。PAN 基碳纤维是可以得到的强度最高的纤维类别，在加热处理以便能够提高模量时，纤维的强度会降低。中间相沥青纤维具有非常高的模量值，与石墨在 ITPa 的水准接近。无论是哪种碳纤维，都具有一种独特的性能——很强的抗疲劳破坏强度。碳纤维不经历蠕变和疲劳破坏这些特性，特别适合用在深海采油所用的牵引支架平台的拉力构件和桥梁上的短吊索或拉索等易疲劳构件。根据 Salama 的文献资料，碳纤维原丝在 296～861 MPa 的应力环境作用下，可以经受二百万次的循环作用。但是，钢管在 21～220 MPa 的应力作用下，循环三十万次就会破坏。对 PAN 和沥青基碳纤维进行了 2 3000 C 和 800 MPa 级别的蠕变研究，结果表明蠕变的变形非常小。另一方面，碳纤维的耐腐蚀能力很强，这是由碳原子本身的特性决定的。

碳纤维按照形式的分类可分为片材、型材、筋材、短纤维。最常见的片材是碳纤维布和碳纤维板，可应用在混凝土结构以及钢结构的加固维修中，筋材可以用作预应力筋和缆索材料，在桥梁结构中这两种形式的碳纤维应用比较广泛。

1)CFRP 材料的优点。

(1)轻质高强：FRP 材料的容重只有钢材的 1/5～1/4，顺纤维向强度较高，其抗拉强度可以达到高强钢丝的 2 倍以上，各种 FRP 筋的抗拉强度有所区别。CFRP 筋的抗拉强度较高，而 GFRP 筋的抗拉强度却相对较低，因此 CFRP 更适合于作缆索材料；强度一般是钢材的 20～50 倍，采用 FRP 材料会大大减轻结构的自重。在桥梁工程中，使用 FRP 结构、FRP 组合结构作为上部结构，会使桥梁的极限跨度大大增加，并且其自振频率高、内阻大，能够减小地震作用的影响。

(2)良好的耐腐蚀性。

(3)可以在酸、碱、氯盐、潮湿的环境中抗化学腐蚀，这是许多传统结构材料无法比拟的，可以很好地适应高腐蚀性的海洋大气和工业大气环境，将大大降低结构的维护费用和周期。

(4) FRP 材料的弹性性能好，应力—应变曲线接近于线性，在发生了较大的变形后会恢复原状，塑性变形很小，这对承受较大动载的结构非常有利。

(5) 抗疲劳性能优良，约为钢材的 3～4 倍。

(6) 短期徐变和松弛性能好。

(7) FRP 产品非常适合应用在工厂生产、现场安装的工业化施工过程中，非常有利于保证工程质量和进行工程建设的工业化。

(8) FRP 产品还有其他优势，例如透电磁波、绝缘、隔热、热胀系数、温度应力小等，这使得 FRP 结构、FRP 组合结构，在特殊场合中会起到无可取代的作用。

2)CFRP 材料的不足

(1)与传统的结构材料不同，CFRP 材料通常会表现为各向异性，纤维方向的强度和弹性模量较高，然后垂直纤维方向的强度和弹性模量很低。

(2)与钢材相比，大部分 FRP 产品的弹性模量比较低，在设计当中要充分考虑这个特点，对于材料刚度的不足应尽量使用几何刚度进行弥补，而且延伸率低，为钢丝的 1/4～1/5 左右。

(3)CFRP 材料的剪切强度仅为抗拉强度的 5%～20%，而金属的剪切强度却为其拉伸强度的 50%。这使得 FRP 构件的连接成为非常突出的问题。在 FRP 的结构中，连接部位通常是整个构件当中的薄弱环节。

(4)CFRP 材料强度的离散性能较大。钢材屈服强度的离散系数约为 0.1 左右，而 CFRP 产品的拉伸强度离散系数约为 0.15。

(5)与混凝土相比，一般 CFRP 材料的防火性能比较差。

CFRP 长期性能和抗冲击、抗损伤的问题有待研究与解决。目前，对 CFRP 的材料性能研究多为短期情况，对 CFRP 索在外界实际环境中的长期性能还没有充分了解。已有研究成果表明，冲击荷载和局部损伤对 CFRP 索的抗拉强度有明显影响。因此，如何提高 CFRP 的长期性能和抗冲击能力，以及合理评估损伤后的强度也是需要解决的问题。若能对 CFRP 缆索采取适当的防护措施，可避免长期性能下降和冲击、损伤的影响。

3)CFRP 材料前景

CFRP 因具有具有强度高、抗疲劳性能好等力学特性，是替代预应力钢绞线和钢丝束的理想材料之一。CFRP 由高强的碳纤维丝与聚合体组成，具有和钢材相当的弹性模量但是强度确远远高于钢材。最为重要的是碳纤维材料相对钢材具有无比优越的耐腐蚀性能。目前限制 CFRP 材料广泛应用的主要问题是其费用相比传统的钢材要高，但是对于大跨径的桥梁来说，由于 CFRP 优越的耐腐蚀特性，如果从桥梁的全寿命造价考虑，碳纤维材料的经济性也毫不逊色。当然，伴随着碳纤维材料在工程中的广泛应用，势必会推动碳纤维材料生产工艺的发展而最终也将降低碳纤维材料的价格。所以大跨径桥梁工程中采用碳纤维吊杆及系杆将会有很好的技术经济效益。

4)CFRP 在系杆拱桥中的应用

目前桥梁工程领域对于 CFRP 材料应用于桥梁工程的研究大多都集中在超大跨径的悬索桥及斜拉桥中，并且多为对其中的拉索进行替换对比分析研究。碳纤维增强塑料具有高强、耐腐蚀、弹性模量与钢相近以及抗疲劳性能好等优点，是制作斜拉索和吊索(吊杆)的理想材料。目前，国内外采用 CFRP 筋作为混凝土梁桥的预应力筋研究。CFRP 筋在日本应用最广泛，日本是在混凝土桥梁中采用 CFRP 绞线的第一个国家，目前已制定完成了相关的 CFRP 材料规程指南，其 CFRP 制造和应用等相关技术均处于世界的先进水平。

对于大跨径系杆拱桥的吊杆及系杆中的预应力束采用 CFRP 材料将是一个非常重要的

研究方向。目前学者的研究大都集中在对于采用 CFRP 吊杆的系杆拱桥的研究，且大都采用了数值模拟的方法，对于采用 CFRP 材料作为吊杆及系杆钢束材料的理论和试验研究还不多见。对这方面进行仔细的理论分析和系统的试验研究是很有必要的。

系杆拱桥的系杆、吊杆是平衡拱肋水平推力和把中横隔梁、桥面系的恒载与活载传递到拱肋的关键受力构件，它们的使用寿命关系到拱桥的整体寿命和安全。非常令人不安的是，有些拱桥（含其他拉索体系桥梁）建成仅仅几年、十几年就因拉索体系的腐蚀破损、而被迫换索，甚至发生事故桥梁工程界大量学者都对此问题进行了许多的研究与实践，但是目前为止，并未能有效地解决这方面的问题。

CFRP 材料的出现，使工程师看到了彻底解决此类腐蚀问题的希望。研究 CFRP 材料应用与系杆拱桥的可行性及经济性是非常必要的。新型 CFRP 材料的出现可能会为拱桥的发展带来新发展方向，CFRP 材料轻质高强的特点可使拱桥向更大跨度发展，已有的资料大部分都是对钢缆索悬索桥的研究，CFRP 材料用在拱桥方面的研究分析比较少。

CFRP 材料的力学特性是轻质高强，密度处在 1.5～2.0 g/cm^3 之间，其抗拉强度、弹性模量主要会受碳纤维含量的影响，强度一般在 2 000～3 000 MPa 左右，比高强钢丝和钢绞线高，弹性模量一般是 160 GPa 左右，其较小的密度让它具有较高的比强度以及比模量，但是其抗剪强度低，仅是抗拉强度的 5%～20%，因此 CFRP 筋的锚固性能较差。瑞士联邦材料试验和研究实验室（EMPA）从 1980 年以来一直在研究开发 CFRP，并且开发了一种锥形树脂浇铸的锚固装置，成功地用于斜拉桥 CFRP 索锚固，我国针对 CFRP 筋的锚固装置做了较多的研究，目前 CFRP 筋的锚固性能得到了很大改善。与钢材不同，CFRP 是一种线弹性材料，在受拉破坏之前不会表现出任何的塑性性能。除此之外，CFRP 导热性能好、耐高低温性能好、线膨胀系数小于钢材材料、具有较好的耐酸碱性、低松弛、疲劳性能好，而且由于 CFRP 拉索比钢索轻，其自振频率偏高，可以有效避免斜拉索风雨振。

参考文献

[1] 姚玲森．桥梁工程[M]．北京：人民交通出版社，1990.

[2] 裘伯永．桥梁工程[M]．北京：中国铁道出版社，2001.

[3] 张师定．桥梁建筑的结构构思与设计技巧[M]．北京：人民交通出版社，2002.

[4] 陈宝春，陈康明，赵秋．中国钢拱桥发展现状调查与分析[J]．中外公路，2011,31(2)：121-127.

[5] 高婧，陈宝春．钢拱桥发展综述：中国公路学会桥梁和结构工程分会 2005 年全国桥梁学术会议，宁波，2005[C].

[6] 雷俊卿．大跨度桥梁结构理论与应用[M]．北京：清华大学出版社，北京交通大学出版社,2015.

[7] 万敏．我国桥梁景观设计的现状与发展[J]．桥梁建设，2002(6):66-68.

[8] 石栋强，赵永国，张毅．基于可持续发展理念的桥梁景观设计[J]．中外公路,2009,29(4):351-353.

[9] 李春凯．我国桥梁景观发展与趋势分析[J]．科技资讯，2011(13):48.

[10] 宁贵霞，蔺鹏臻，刘凤奎．叠合系杆拱的设计构思[J]．兰州交通大学学报，2005,24(4):14-16.

[11] 宁贵霞，蔺鹏臻，赵延龙．钢管混凝土叠合系杆拱的结构稳定性分析[J]．兰州交通大学学报，2006,25(1):1-3.

[12] 宁贵霞，蔺鹏臻，张慧．叠合系杆拱桥主拱的内力分析[J]．兰州交通大学学报，2008,27(4):14-17.

[13] 夏超逸，雷俊卿．哈大高速铁路钢箱叠合拱桥拱脚局部应力分析[J]．北京交通大学学报，2010,34(4):84-87，92.

[14] 邵长宇．九堡大桥组合结构桥梁的技术构思与特色[J]．桥梁建设，2009(6):42-45.

[15] 孙玉泉．太原市南中环汾河桥主桥设计[J]．结构工程师，2008,24(6):23-28.

[16] 蒲黔辉，霍学晋，杨永清．基于统一理论的蝶形拱桥空间稳定性分析[J]．西南交通大学学报，2010,45(6):868-874.

[17] 陈列．高速铁路下承式钢系杆拱桥结构行为研究[D]．西南交通大学桥梁与隧道工程，2012.

[18] 陈列，郭建勋，李小珍．高速铁路钢系杆拱桥[M]．北京：中国铁道出版社，2010.

[19] 刘春彦．法国地中海线高速铁路桥梁的技术特点及建议[J]．铁道标准设计，2005(5)：38-43.

[20] 钱立新．世界高速铁路的发展水平和中国高速铁路的技术进展[J]．铁路采购与物流，2009,4(10):19-21.

[21] 陈铭儒．简述我国高速铁路的发展概况[J]．当代经济，2010(16):82-83.

[22] 李义兵．客运专线铁路桥梁设计新理念[J]．铁道标准设计，2007(2):1-4.

[23] 任征，瞿国钊．雁荡山 2×90 m 钢箱叠合拱桥设计研究[J]．铁道标准设计，2005(11):90-92.

[24] 阮正洁，齐金朋．甬台温铁路雁荡山特大桥 2×90 m 叠合拱钢桥施工技术[J]．铁道标准设计，2010(3)：57-62.
[25] 郝良秋，赵亚楠．哈大铁路客运专线新开河特大桥 138 m 钢箱叠拱桥“先梁后拱”施工技术[J]．铁道标准设计，2012(5)：109-112.
[26] 金成棣．预应力混凝土梁拱组合桥梁——设计研究与实践[M]．北京：人民交通出版社，2001.
[27] 叶红玲，隋允康．应力约束下连续体结构的拓扑优化[J]．北京工业大学学报，2006，32(4)：301-305.
[28] 刘帮俊，史慧彬．拓扑优化技术在桥梁规划设计中的应用[J]．公路交通技术，2006(1)：53-54，73.
[29] 童林，李传习，上官兴．钢管混凝土拱梁组合体系桥吊杆成桥索力的确定[J]．长沙交通学院学报，2004,20(3)：11-15.
[30] 邢云，赵荣欣，李博．系杆拱桥典型架设方法的施工控制研究[J]．桥梁建设，2012,42(1)：42-47.
[31] 贺栓海，何福照，张翔．拱桥的几何非线性分析——挠度理论[J]．中国公路学报，1991(03)：47-54.
[32] 贺拴海．拱桥挠度理论[M]．北京：人民交通出版社，1996.
[33] 贺拴海．桥梁结构理论与计算方法[M]．北京：人民交通出版社，2003.
[34] 田仲初．大跨度钢箱拱桥的施工控制关键技术与动力特性研究[D]．中南大学桥梁与隧道工程，2007.
[35] 陈淮，杜思义，何伟．中下承式拱桥建模与损伤识别[M]．北京：人民交通出版社，2012.
[36] 李玉刚．热喷涂技术在钢桥防腐中的应用[J]．表面技术，2007,01：87-89.
[37] 陈倩清，唐永刚，王景代．大跨度钢箱梁焊接变形控制研究[J]．江苏科技大学学报(自然科学版)，2007,03：91-94.
[38] 李玉刚．热喷涂技术在钢桥防腐蚀中的应用[J]．全面腐蚀控制，2007,04：5-7.
[39] 胡世华．焊接变形的结构工艺控制方法研究[J]．邢台职业技术学院学报，2005,05：63-64.
[40] 郝兴东．CFRP 系杆拱桥的受力性能研究[D]．长安大学，2013.
[41] 白成荣．钢箱拱桥中 CFRP 系杆受力性能试验研究[J]．湖南城市学院学报(自然科学版)，2011,02：5-9.
[42] 袁涛，贺定勇，蒋建敏．钢结构热喷涂长效防腐蚀技术的研究与发展[J]．腐蚀与防护，2008,04：207-210.
[43] 杜存山．我国铁路桥梁用涂料、涂装及发展[A]．第二届全国重防腐蚀与高新涂料及涂装技术研讨会论文集[C]．北京：中国工业防腐蚀技术协会，2004：6.
[44] 徐家栋．铁路钢梁桥的分部位、分等级涂装[A]．高速重载与普通铁路桥隧运营管理与检测修理技术论文集(上册)[C]．北京：中国铁道学会，2010：7.
[45] 陈侃．哈大客运专线开河 138m 下乘式钢箱拱桥桥面必选与设计[J]．《铁道标准设计》，2010(1).

[46] 刘彦明,张玉玲．严寒地区钢箱叠拱实体圆钢吊杆断裂韧性试验研究[J]. 高速铁路技术,2010(1).

[47] 雷俊卿．董春燕．中国钢桥的防腐蚀涂装现状与发展[J]. 北京交通大学学报,2006(4).

[48] 赵涛．大跨度钢箱叠合拱桥静力行为分析及稳定性研究[D]. 北京交通大学,2010.

[49] 张钊．高速铁路大跨度钢箱叠合拱桥制造及施工关键技术研究[D]. 北京交通大学,2011.

[50] 冯同同．大跨度钢箱叠合拱桥仿真计算分析[D]. 北京交通大学,2011.

[51] 谢远超,雷俊卿,郝良秋,张坤．Study on Composite Deck of Xinkai River Steel Box Stacked Arch Bridge in Harbin-Dalian High-speed Railway,ICRE2012 - International Conference on Railway Engineering,Beijing,2012.

[52] 郝良秋,张钊,谢建国,雷俊卿．Study on Construction Key Technologues of Long-span Double Steel Box Arch Bridge on High-speed Railway,ICRE2012 - International Conference on Railway Engineering,Beijing,2012.

[53] 张坤,雷俊卿．基于改善响应面法钢箱叠合拱桥梁端转角的可靠度分析[J]. 北京交通大学学报,2013(4).

[54] 张坤．高速铁路大跨度钢箱叠合拱桥理论研究与实桥试验 [D]. 北京交通大学,2014.

[55] 张坤,雷俊卿,曹珊珊．高速铁路钢箱叠合拱桥结构设计参数影响性研究[J]. 世界桥梁,2014(4).